本教材由广东省环境保护职业技术学校、广东环境保护工程职业学院、深圳市长隆科技有限公司联合编写。

环境水处理药剂

HUANJING SHUICHULI YAOJI

U0961959

主编 ◎ 黄树杰 董林辉

广东高等教育出版社
Guangdong Higher Education Press
·广州·

图书在版编目（CIP）数据

环境水处理药剂. 黄树杰，董林辉主编. —广州：广东高等教育出版社，2019. 8

ISBN 978 - 7 - 5361 - 6479 - 6

Ⅰ. ①环…　Ⅱ. ①黄…　②董…　Ⅲ. ①污水处理 - 水处理料剂　Ⅳ. ①X703. 3

中国版本图书馆 CIP 数据核字（2019）第 094397 号

出版发行	广东高等教育出版社 地址：广州市天河区林和西横路 邮政编码：510500　电话：（020）87551597　34667494 http://www. gdgjs. com. cn
印　　刷	佛山市浩文彩色印刷有限公司
开　　本	787 毫米 ×1 092 毫米　1/16
印　　张	14. 75
字　　数	348 千
版　　次	2019 年 8 月第 1 版　2019 年 8 月第 1 次印刷
定　　价	42. 00 元

序

随着我国社会经济的快速发展和城镇化进程的不断加速，废水排放总量不断攀升，并呈现出新的特点：工业废水排放量逐年下降但基数依旧庞大、城镇生活污水日益增加并成为污水主要来源、农村污水处理率低且设施严重不足。基于对水环境的深切忧虑，“十三五”期间已将加强水污染防治与城镇污水治理列为工作重点，各级政府也先后出台了一系列与环保相关的政策和法规文件，为建设水生态文明提供了坚实的制度和法律保障。在社会意识层面，公众的环境保护意识不断增强，对“蓝天碧水”充满着美好期望，对参与生态文明建设的积极性不断提升。这也是我们环境人肩负的重大责任。

在我国，水处理药剂于20世纪80年代开始蓬勃发展，成为水处理过程中必不可少的功能性材料，并取得了惊人的成就，药剂品种、技术服务、生产工艺、规模产能都已达到国际领先水平。除传统水处理药剂的质量提升、成本降低、适用范围拓宽外，还研发出一系列的新型水处理药剂，能够针对复杂水体的污染物进行有效的处理。通过投加新型水处理药剂的方法处理，可以减少工程改造和设备投入，减少人力、物力、财力的投入。但目前少有书籍能够系统、完整地阐述我们环境人在水处理药剂的研究和应用上取得的成绩。

《环境水处理药剂》是一本由职业院校和企业联合编写的关于水处理方面的专业书籍。该书的主编为从事水处理研究和应用工作多年的广东省环境保护职业技术学校高级工程师黄树杰和深圳市长隆科技有限公司资深水处理专家董林辉，其他编者也长期从事着水处理药剂的研发和应用工作，拥有丰富的水处理经验，所研发的水处理药剂已成功应用于各类废水处理，取得良好的社会效益、经济效益和生态效益。

本书紧跟现阶段及未来环保水处理方面的应用发展趋势，理论与实践操作并重，可作为高职院校相关专业教学、生态环境部门培训或污水处理从业人员的参考用书。希望本书关于水处理药剂方面的知识能对环境保护专业相关人员有所帮助，为“美丽生态中国”的环境建设贡献力量。

是为序。

同济大学环境科学与工程学院副院长　李风亭

2018 年 12 月于上海

前　言

目前，我国的水污染问题已相当严重。据调查，我国地下水有93.2%受到污染，地表水几乎全部混入了污染物；同时，我国人均淡水资源占有量较少，重复利用率相对较低。随着近几年国家经济的高速发展，人们的生活和生产活动造成了日益严重的水污染问题。“绿水青山就是金山银山。”大力发展水污染治理工程，既符合国家战略要求，也符合人们对美好生活环境的需求。而水处理药剂的使用在有效解决水污染治理问题的同时，也有利于提升水资源的利用效率，对构建环境友好型以及资源节约型社会主义社会具有重大意义，这也将会有效地促进水处理药剂行业的整体发展。

在水污染治理工程中，物理化学处理法是一种最常见和非常重要的处理手段，通过氧化、还原、中和、混凝等方法将水中大部分的污染物去除，而此方法的实现离不开水处理药剂，水处理药剂是环保领域用量最大的产品。随着国家各项关于水污染治理政策的出台以及各类污水排放标准的逐步提高，原有传统混凝剂已不能满足新标准的要求，一些新型和特效型水处理药剂应运而生。

水处理药剂在使用过程中发挥的效果，除与产品质量、使用环境相关外，还与使用者对水处理药剂的掌握程度密切相关。如何选择合适的药剂型号，如何确定最佳的投药量，如何确定最佳的pH、搅拌条件等，我们将会结合各行各业中水处理的应用案例说明水处理药剂的产品性能、适用范围、操作规范、注意事项与建议。在编写本书的过程中，我们同时开展了新型和特效型药剂的标准化工作，为水处理药剂的进步和升级发挥重要作用，为水处理药剂行业的规范化和持续发展做出了贡献。本书具有较强的实用性和指导性，在学习和阅读本书时，可参照书中的方法进行操作，有利于快速理解和掌握水处理药剂的相关知识。

本书可作为高等院校水处理相关专业的教材，也可作为从事水污染治理工程的技术人员学习的参考书，还可以作为生态环境行政主管部门的培训教材。感谢广东省环境保护职业技术学校、广东环境保护工程职业学院的多位教师在本书编写过程中给出的指导和建议；感谢林乐逵律师在本书编写出版过程中给予指导和建议；还要感谢深圳市长隆科技有限公司的研发工程师和技术工程师对水处理药剂向节约型、高效性、无二次污染和资源化的方向发展以及水处理药剂标准化所做的工作。

编　者

2018 年 12 月

目 录

第1章
绪　论

学习目标

1. 了解我国水资源状况。
2. 掌握水污染的定义，熟悉我国水污染现状、主要工业污染源排放情况。
3. 了解《水污染防治行动计划》的背景、目标与内容。
4. 了解国内外水处理药剂的发展情况及其特点。
5. 熟悉环保型水处理药剂的要求。
6. 掌握环保型水处理药剂、复合型水处理药剂和生物制剂水处理药剂的特点。

1.1　水污染与水处理形势

1.1.1　水资源概况

水是一种宝贵的自然资源，是一切生物赖以生存的物质基础；水是可以更新的自然资源，能通过自身的循环过程不断地复原。

地球总贮水量估计为13.9亿立方千米，其中海洋水就占97.41%，而淡水总量仅为0.36亿立方千米，其中除冰帽和冰川之外，可利用的淡水总量不足地球总贮水量的1%（见图1－1）。这部分淡水与人类的关系最密切，并且具有经济利用价值，虽然在较长时间内可以保持平衡，但在一定时间、空间范围内，其数量是有限的，并非取之不尽、用之不竭。

中国水资源总量为2.8万亿立方米，占世界水资源总量的7%，居世界第6位，次于巴西、俄罗斯、加拿大、美国和印度尼西亚。但中国人均水资源量为2 304立方米，处于缺水上下限（人均3 000～1 000立方米）的中值，在世界银行近年做连续资源统计的132个国家中居第82位，只有世界平均水平的31%，属于水资源紧缺的国家。

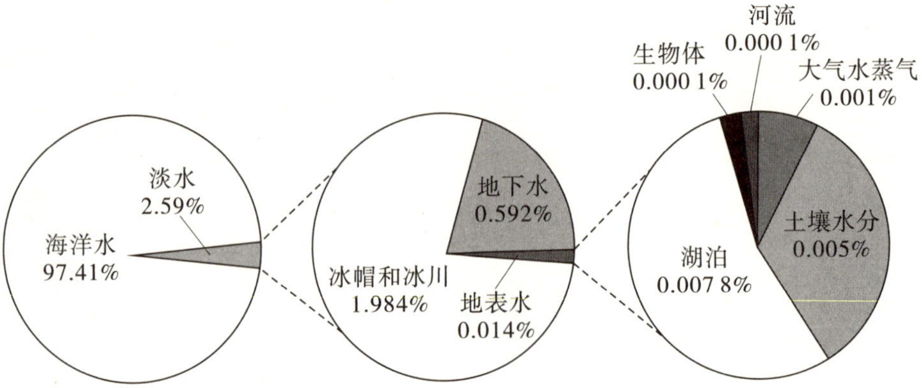

（a）地球总贮水量分布　（b）地球淡水分布　（c）地表水分布

图1－1　地球水资源概况

1.1.2　水污染现状

1.1.2.1　水污染的定义

水污染就是水体在循环过程中，接受过多杂质，超过其自净能力，导致其物理、化学、生物或者放射性等方面特性的改变，从而影响水的有效利用，危害人体健康或者破坏生态环境，造成水质恶化的现象。

1.1.2.2　主要污染源与污染现状

水体的循环过程包括社会循环与自然循环，水污染主要来自社会循环，由人类活动产生的污染物造成。按人类社会活动功能分类，污染源分为工业污染源、农业污染源和生活污染源。

根据中华人民共和国环境保护部、国家统计局、农业部于2010年2月11日发布的第一次全国污染源普查公报，截至2007年12月31日，全国各类污染源数量592.6万个，包括：工业源157.6万个、农业源289.9万个、生活源144.6万个、集中式污染治理设施4 790个。

各类污染源废水排放总量2 092.81亿吨，主要污染物排放总量：化学需氧量3 028.96万吨、氨氮172.91万吨、石油类78.21万吨、重金属（镉、铬、砷、汞、铅）0.09万吨、总磷42.32万吨、总氮472.89万吨。

全国各地区污染源分布情况见表1－1。

表 1－1　全国各地区污染源分布情况

单位：个

地　区	工业污染源	农业污染源	生活污染源	集中式污染治理设施	合　计
北京市	18 475	14 845	37 386	156	70 862
天津市	16 920	21 394	12 908	38	51 260
河北省	79 942	213 888	52 591	183	346 604
山西省	20 215	45 367	38 271	148	104 001
内蒙古自治区	11 416	74 450	41 571	99	127 536
辽宁省	47 948	213 605	59 552	125	321 230
吉林省	15 873	79 312	45 648	77	140 910
黑龙江省	13 988	171 201	48 110	47	233 346
上海市	48 755	13 776	37 417	113	100 061
江苏省	185 371	256 900	78 269	438	520 978
浙江省	313 445	101 759	81 449	345	496 998
安徽省	42 481	96 910	63 325	277	202 993
福建省	67 673	91 388	42 037	309	201 407
江西省	28 628	48 646	36 748	111	114 133
山东省	95 252	181 224	78 656	341	355 473
河南省	44 963	256 998	56 481	182	358 624
湖北省	27 533	195 228	46 082	126	268 969
湖南省	38 673	145 985	45 778	156	230 592
广东省	268 968	189 749	143 056	418	602 191
广西壮族自治区	23 174	90817	31 307	109	145 407
海南省	2 219	16 239	9 160	28	27 646
重庆市	30 530	39 279	50 112	178	120 099
四川省	49 167	138 624	103 669	199	291 659
贵州省	16 090	16 335	30 416	33	62 874
云南省	23 424	40 305	50 307	135	114 171
西藏自治区	231	573	3 205	8	4 017
陕西省	15 963	49 636	36 406	61	102 066

续上表

地　区	工业污染源	农业污染源	生活污染源	集中式污染治理设施	合　计
甘肃省	7 603	29 653	23 067	58	60 381
青海省	1 855	23 85	8 441	44	12 725
宁夏回族自治区	4 248	20 994	10 609	23	35 874
新疆维吾尔自治区	14 481	42 173	43 610	225	100 489
合　计	1 575 504	2 899 638	1 445 644	4 790	5 925 576

1. 工业污染源

工业污染源是指在工业生产中对环境造成有害影响的生产设备或生产场所。全国各类工业废水产生量738.33亿吨，排放量236.73亿吨。

工业源排放化学需氧量（COD）居前几位的行业：造纸及纸制品业176.91万吨、纺织业129.6万吨、农副食品加工业117.42万吨、化学原料及化学制品制造业60.21万吨、饮料制造业51.65万吨、食品制造业22.54万吨、医药制造业21.93万吨（见表1－2）。上述7个行业化学需氧量排放量合计占工业废水厂区排放口化学需氧量排放量的81.1%。

表1－2　工业源排放化学需氧量（COD）主要行业

行业类别	排放量/万吨
造纸及纸制品业	176.91
纺织业	129.6
农副食品加工业	117.42
化学原料及化学制品制造业	60.21
饮料制造业	51.65
食品制造业	22.54
医药制造业	21.93

工业源氨氮排放量居前几位的行业：化学原料及化学制品制造业13.16万吨、有色金属冶炼及压延加工业3.13万吨、石油加工炼焦及核燃料加工业2.57万吨、农副食品加工业1.79万吨、纺织业1.6万吨、皮革毛皮羽毛（绒）及其制品业1.49万吨、饮料制造业1.24万吨、食品制造业1.12万吨（见表1－3）。上述8个行业氨氮排放量合计占工业废水厂区排放口氨氮排放量的85.9%。

表 1-3　工业源氨氮排放主要行业

行业类别	排放量/万吨
化学原料及化学制品制造业	13.16
有色金属冶炼及压延加工业	3.13
石油加工炼焦及核燃料加工业	2.57
农副食品加工业	1.79
纺织业	1.6
皮革毛皮羽毛（绒）及其制品业	1.49
饮料制造业	1.24
食品制造业	1.12

2. 农业污染源

农业污染源是指在农业生产、畜牧养殖、水产养殖过程中对水环境造成有害影响的各种设施。全国农业源（不包括典型地区农村生活源）中主要水污染物排放（流失）量：化学需氧量 1 324.09 万吨、总氮 270.46 万吨、总磷 28.47 万吨、铜 2 452.09 吨、锌 4 862.58 吨。其中：

（1）种植业主要水污染物排放量：总氮流失量 159.78 万吨（其中：地表径流流失量 32.01 万吨、地下淋溶流失量 20.74 万吨、基础流失量 107.03 万吨），总磷流失量 10.87 万吨。

（2）畜禽养殖业主要水污染物排放量：化学需氧量 1 268.26 万吨、总氮 102.48 万吨、总磷 16.04 万吨、铜 2 397.23 吨、锌 4 756.94 吨，畜禽养殖业粪便产生量 2.43 亿吨、尿液产生量 1.63 亿吨。

（3）水产养殖业主要水污染物排放量：化学需氧量 55.83 万吨、总氮 8.21 万吨、总磷 1.56 万吨、铜 54.85 吨、锌 105.63 吨。

3. 生活污染源

生活污染源是指在城镇居民生活与第三产业服务过程中对水环境造成有害影响的各种因素。全国生活污水排放量 343.30 亿吨，其中主要水污染物排放量：化学需氧量 1 108.05万吨、总氮 202.43 万吨、总磷 13.80 万吨、氨氮 148.93 万吨、石油类（含动植物油）72.62 万吨。

资料来源：中华人民共和国环境保护部，中华人民共和国国家统计局，中华人民共和国农业部. 第一次全国污染源普查公报［R］.（2010-02-06）.

1.1.2.3 水环境质量现状

中华人民共和国环境保护部（简称环保部）监测结果显示，自2011年来，全国地表水，尤其是十大流域的水质不断改善。2014年十大流域优于Ⅲ类水质断面比例是71.7%，Ⅳ、Ⅴ类是19.3%，劣Ⅴ类是9%，相对于2012年、2011年都有所改善。相对于2012年，优于Ⅲ类水质断面比例提高了2.7%，劣Ⅴ类的比例下降了1.2%；相对于2011年，改善的程度更大一些，优于Ⅲ类水质断面比例提升了10.7%，劣Ⅴ类的比例下降了4.7%。

全国水环境的形势非常严峻。体现在三个方面：第一，就整个地表水而言，受到严重污染的劣Ⅴ类水体所占比例较高，全国约10%，有些流域甚至大大超过这个数，如海河流域劣Ⅴ类的比例高达39.1%。第二，流经城镇的一些河段，城乡接合部的一些沟渠塘坝污染普遍比较重，并且由于受到有机物污染，黑臭水体较多，导致受影响的群众多，公众关注度高，不满意度高。第三，涉及饮水安全的水环境突发事件的数量依然不少。

环保部门公布的调查数据显示，2012年，全国十大水系、62个主要湖泊分别有31%和39%的淡水水质达不到饮用水要求，严重影响人们的健康、生产和生活。

据监察部2014年的统计显示，近10年来我国水污染事件高发，水污染事故近几年每年都在1 700起以上。全国城镇中，饮用水源地水质不安全涉及的人口约1.4亿人。水利部近期公布的数据显示，目前我国水库水源地水质有11%不达标，湖泊水源地水质约70%不达标，地下水水源地水质约60%不达标。由此可见，我国目前水污染现状不容乐观，水污染治理任重道远。

资料来源：我国水污染事故年发1 700起[EB/OL].（2012－02－14）. http://www.h2o－china.com/news/101242.html

1.1.3 水污染防治行动计划

水环境保护事关人民群众切身利益，事关小康社会全面建成，实现中华民族复兴的中国梦。当前，我国一些地区水环境质量差、水生态受损重、环境隐患多等问题十分突出，影响和损害群众健康，不利于经济社会持续发展。为切实加大水污染防治力度，保障国家水安全，国务院特制定了《水污染防治行动计划》，又称《水十条》，国发〔2015〕17号）。

《水十条》在污水处理、工业废水、全面控制污染物排放等多方面要求进行强力监管并启动严格问责制，说明铁腕治污将进入“新常态”，这是我国环境保护领域的又一重大举措，充分彰显了国家全面实施大气、水、土壤治理三大战略的决心和信心。制定《水十条》是党中央、国务院实施全面建成小康社会、全面深化改革、全面依法治国重要战略，推进环境治理体系和治理能力现代化的重要内容，体现民意、顺应民心，必将对我国的环境保护、生态文明建设和美丽中国建设乃至整个经济社会发展方式的转变产生重要而深远的影响，意义重大。

1.1.3.1 主要工作目标

结合全面建成小康社会的目标要求，《水十条》确定的工作目标分为三个阶段。

第一阶段，到2020年，全国水环境质量得到阶段性改善，污染严重水体较大幅度减少，饮用水安全保障水平持续提升，地下水超采得到严格控制，地下水污染加剧趋势得到初步遏制，近岸海域环境质量稳中趋好，京津冀、长江三角洲、珠江三角洲等区域水生态环境状况有所好转。主要指标：长江、黄河、珠江、松花江、淮河、海河、辽河等七大重点流域水质优良（达到或优于Ⅲ类）比例总体达到70%以上；地级及以上城市建成区黑臭水体均控制在10%以内，地级及以上城市集中式饮用水水源水质达到或优于Ⅲ类比例，总体高于93%，全国地下水质量极差的比例控制在15%左右，近岸海域水质优良（一、二类）比例达到70%左右；京津冀区域丧失使用功能（劣于Ⅴ类）的水体断面比例下降15%左右，长江三角洲、珠江三角洲区域力争消除丧失使用功能的水体。

第二阶段，到2030年，力争全国水环境质量总体改善，水生态系统功能初步恢复。主要指标：全国七大重点流域水质优良比例总体达到75%以上，城市建成区黑臭水体总体得到消除，城市集中式饮用水水源水质达到或优于Ⅲ类比例总体为95%左右。

第三阶段，到21世纪中叶，生态环境质量全面改善，生态系统实现良性循环。

1.1.3.2 主要工作内容

《水十条》指出的主要工作内容可分为四大部分：

第一部分（1～3条）：提出了控制排放、促进转型、节约资源等任务，体现治水的系统思路。

第二部分（4～6条）：提出了科技创新、市场驱动、严格执法等任务，发挥科技引领和市场决定性作用，强化严格执法。

第三部分（7～8条）：提出了强化管理和保障水环境安全等任务。

第四部分（9～10条）：提出了落实责任和全民参与等任务，明确了政府、企业、公众各方面的责任。为了便于贯彻落实，每项工作都明确了牵头单位和参与部门。

延伸阅读

水污染防治行动计划①

水环境保护事关人民群众切身利益，事关全面建成小康社会，事关实现中华民族伟大复兴中国梦。当前，我国一些地区水环境质量差、水生态受损重、环境隐患多等问题十分突出，影响和损害群众健康，不利于经济社会持续发展。为切实加大水污染防治力

① 来源：《国务院关于印发水污染防治行动计划的通知》（国发〔2015〕17号）。

度，保障国家水安全，制定本行动计划。

总体要求：全面贯彻党的十八大和十八届二中、三中、四中全会精神，大力推进生态文明建设，以改善水环境质量为核心，按照“节水优先、空间均衡、系统治理、两手发力”原则，贯彻“安全、清洁、健康”方针，强化源头控制，水陆统筹、河海兼顾，对江河湖海实施分流域、分区域、分阶段科学治理，系统推进水污染防治、水生态保护和水资源管理。坚持政府市场协同，注重改革创新；坚持全面依法推进，实行最严格环保制度；坚持落实各方责任，严格考核问责；坚持全民参与，推动节水洁水人人有责，形成“政府统领、企业施治、市场驱动、公众参与”的水污染防治新机制，实现环境效益、经济效益与社会效益多赢，为建设“蓝天常在、青山常在、绿水常在”的美丽中国而奋斗。

工作目标：到2020年，全国水环境质量得到阶段性改善，污染严重水体较大幅度减少，饮用水安全保障水平持续提升，地下水超采得到严格控制，地下水污染加剧趋势得到初步遏制，近岸海域环境质量稳中趋好，京津冀、长三角、珠三角等区域水生态环境状况有所好转。到2030年，力争全国水环境质量总体改善，水生态系统功能初步恢复。到21世纪中叶，生态环境质量全面改善，生态系统实现良性循环。

主要指标：到2020年，长江、黄河、珠江、松花江、淮河、海河、辽河等七大重点流域水质优良（达到或优于Ⅲ类）比例总体达到70%以上，地级及以上城市建成区黑臭水体均控制在10%以内，地级及以上城市集中式饮用水水源水质达到或优于Ⅲ类比例总体高于93%，全国地下水质量极差的比例控制在15%左右，近岸海域水质优良（一、二类）比例达到70%左右。京津冀区域丧失使用功能（劣于Ⅴ类）的水体断面比例下降15个百分点左右，长三角、珠三角区域力争消除丧失使用功能的水体。

到2030年，全国七大重点流域水质优良比例总体达到75%以上，城市建成区黑臭水体总体得到消除，城市集中式饮用水水源水质达到或优于Ⅲ类比例总体为95%左右。

一、全面控制污染物排放

（一）狠抓工业污染防治。

取缔“十小”企业。全面排查装备水平低、环保设施差的小型工业企业。2016年底前，按照水污染防治法律法规要求，全部取缔不符合国家产业政策的小型造纸、制革、印染、染料、炼焦、炼硫、炼砷、炼油、电镀、农药等严重污染水环境的生产项目。（环境保护部牵头，工业和信息化部、国土资源部、能源局等参与，地方各级人民政府负责落实。以下均需地方各级人民政府落实，不再列出）

专项整治十大重点行业。制定造纸、焦化、氮肥、有色金属、印染、农副食品加工、原料药制造、制革、农药、电镀等行业专项治理方案，实施清洁化改造。新建、改建、扩建上述行业建设项目实行主要污染物排放等量或减量置换。2017年底前，造纸行业力争完成纸浆无元素氯漂白改造或采取其他低污染制浆技术，钢铁企业焦炉完成干熄焦技术改造，氮肥行业尿素生产完成工艺冷凝液水解解析技术改造，印染行业实施低排水染整工艺改造，制药（抗生素、维生素）行业实施绿色酶法生产技术改造，制革行业实施铬减量化和封闭循环利用技术改造。（环境保护部牵头，工业和信息化部等参与）

集中治理工业集聚区水污染。强化经济技术开发区、高新技术产业开发区、出口加工区等工业集聚区污染治理。集聚区内工业废水必须经预处理达到集中处理要求，方可进入污水集中处理设施。新建、升级工业集聚区应同步规划、建设污水、垃圾集中处理等污染治理设施。2017 年底前，工业集聚区应按规定建成污水集中处理设施，并安装自动在线监控装置，京津冀、长三角、珠三角等区域提前一年完成；逾期未完成的，一律暂停审批和核准其增加水污染物排放的建设项目，并依照有关规定撤销其园区资格。（环境保护部牵头，科技部、工业和信息化部、商务部等参与）

（二）强化城镇生活污染治理。

加快城镇污水处理设施建设与改造。现有城镇污水处理设施，要因地制宜进行改造，2020 年底前达到相应排放标准或再生利用要求。敏感区域（重点湖泊、重点水库、近岸海域汇水区域）城镇污水处理设施应于 2017 年底前全面达到一级 A 排放标准。建成区水体水质达不到地表水Ⅳ类标准的城市，新建城镇污水处理设施要执行一级 A 排放标准。按照国家新型城镇化规划要求，到 2020 年，全国所有县城和重点镇具备污水收集处理能力，县城、城市污水处理率分别达到 85%、95% 左右。京津冀、长三角、珠三角等区域提前一年完成。（住房城乡建设部牵头，发展改革委、环境保护部等参与）

全面加强配套管网建设。强化城中村、老旧城区和城乡接合部污水截流、收集。现有合流制排水系统应加快实施雨污分流改造，难以改造的，应采取截流、调蓄和治理等措施。新建污水处理设施的配套管网应同步设计、同步建设、同步投运。除干旱地区外，城镇新区建设均实行雨污分流，有条件的地区要推进初期雨水收集、处理和资源化利用。到 2017 年，直辖市、省会城市、计划单列市建成区污水基本实现全收集、全处理，其他地级城市建成区于 2020 年底前基本实现。（住房城乡建设部牵头，发展改革委、环境保护部等参与）

推进污泥处理处置。污水处理设施产生的污泥应进行稳定化、无害化和资源化处理处置，禁止处理处置不达标的污泥进入耕地。非法污泥堆放点一律予以取缔。现有污泥处理处置设施应于 2017 年底前基本完成达标改造，地级及以上城市污泥无害化处理处置率应于 2020 年底前达到 90% 以上。（住房城乡建设部牵头，发展改革委、工业和信息化部、环境保护部、农业部等参与）

（三）推进农业农村污染防治。

防治畜禽养殖污染。科学划定畜禽养殖禁养区，2017 年底前，依法关闭或搬迁禁养区内的畜禽养殖场（小区）和养殖专业户，京津冀、长三角、珠三角等区域提前一年完成。现有规模化畜禽养殖场（小区）要根据污染防治需要，配套建设粪便污水贮存、处理、利用设施。散养密集区要实行畜禽粪便污水分户收集、集中处理利用。自 2016 年起，新建、改建、扩建规模化畜禽养殖场（小区）要实施雨污分流、粪便污水资源化利用。（农业部牵头，环境保护部参与）

控制农业面源污染。制定实施全国农业面源污染综合防治方案。推广低毒、低残留农药使用补助试点经验，开展农作物病虫害绿色防控和统防统治。实行测土配方施肥，推广精准施肥技术和机具。完善高标准农田建设、土地开发整理等标准规范，明确环保要求，新建高标准农田要达到相关环保要求。敏感区域和大中型灌区，要利用现有沟、塘、窖等，配置水生植物群落、格栅和透水坝，建设生态沟渠、污水净化塘、地表径流集蓄池等设施，净化农田排水及地表径流。到2020年，测土配方施肥技术推广覆盖率达到90%以上，化肥利用率提高到40%以上，农作物病虫害统防统治覆盖率达到40%以上；京津冀、长三角、珠三角等区域提前一年完成。（农业部牵头，发展改革委、工业和信息化部、国土资源部、环境保护部、水利部、质检总局等参与）

调整种植业结构与布局。在缺水地区试行退地减水。地下水易受污染地区要优先种植需肥需药量低、环境效益突出的农作物。地表水过度开发和地下水超采问题较严重，且农业用水比重较大的甘肃、新疆（含新疆生产建设兵团）、河北、山东、河南等五省（区），要适当减少用水量较大的农作物种植面积，改种耐旱作物和经济林；2018年底前，对3 300万亩灌溉面积实施综合治理，退减水量37亿立方米以上。（农业部、水利部牵头，发展改革委、国土资源部等参与）

加快农村环境综合整治。以县级行政区域为单元，实行农村污水处理统一规划、统一建设、统一管理，有条件的地区积极推进城镇污水处理设施和服务向农村延伸。深化“以奖促治”政策，实施农村清洁工程，开展河道清淤疏浚，推进农村环境连片整治。到2020年，新增完成环境综合整治的建制村13万个。（环境保护部牵头，住房城乡建设部、水利部、农业部等参与）

（四）加强船舶港口污染控制。

积极治理船舶污染。依法强制报废超过使用年限的船舶。分类分级修订船舶及其设施、设备的相关环保标准。2018年起投入使用的沿海船舶、2021年起投入使用的内河船舶执行新的标准；其他船舶于2020年底前完成改造，经改造仍不能达到要求的，限期予以淘汰。航行于我国水域的国际航线船舶，要实施压载水交换或安装压载水灭活处理系统。规范拆船行为，禁止冲滩拆解。（交通运输部牵头，工业和信息化部、环境保护部、农业部、质检总局等参与）

增强港口码头污染防治能力。编制实施全国港口、码头、装卸站污染防治方案。加快垃圾接收、转运及处理处置设施建设，提高含油污水、化学品洗舱水等接收处置能力及污染事故应急能力。位于沿海和内河的港口、码头、装卸站及船舶修造厂，分别于2017年底前和2020年底前达到建设要求。港口、码头、装卸站的经营人应制订防治船舶及其有关活动污染水环境的应急计划。（交通运输部牵头，工业和信息化部、住房城乡建设部、农业部等参与）

二、推动经济结构转型升级

（五）调整产业结构。

依法淘汰落后产能。自2015年起，各地要依据部分工业行业淘汰落后生产工艺装备和产品指导目录、产业结构调整指导目录及相关行业污染物排放标准，结合水质改善要求及产业发展情况，制定并实施分年度的落后产能淘汰方案，报工业和信息化部、环境保护部备案。未完成淘汰任务的地区，暂停审批和核准其相关行业新建项目。（工业和信息化部牵头，发展改革委、环境保护部等参与）

严格环境准入。根据流域水质目标和主体功能区规划要求，明确区域环境准入条件，细化功能分区，实施差别化环境准入政策。建立水资源、水环境承载能力监测评价体系，实行承载能力监测预警，已超过承载能力的地区要实施水污染物削减方案，加快调整发展规划和产业结构。到2020年，组织完成市、县域水资源、水环境承载能力现状评价。（环境保护部牵头，住房城乡建设部、水利部、海洋局等参与）

（六）优化空间布局。

合理确定发展布局、结构和规模。充分考虑水资源、水环境承载能力，以水定城、以水定地、以水定人、以水定产。重大项目原则上布局在优化开发区和重点开发区，并符合城乡规划和土地利用总体规划。鼓励发展节水高效现代农业、低耗水高新技术产业以及生态保护型旅游业，严格控制缺水地区、水污染严重地区和敏感区域高耗水、高污染行业发展，新建、改建、扩建重点行业建设项目实行主要污染物排放减量置换。七大重点流域干流沿岸，要严格控制石油加工、化学原料和化学制品制造、医药制造、化学纤维制造、有色金属冶炼、纺织印染等项目环境风险，合理布局生产装置及危险化学品仓储等设施。（发展改革委、工业和信息化部牵头，国土资源部、环境保护部、住房城乡建设部、水利部等参与）

推动污染企业退出。城市建成区内现有钢铁、有色金属、造纸、印染、原料药制造、化工等污染较重的企业应有序搬迁改造或依法关闭。（工业和信息化部牵头，环境保护部等参与）

积极保护生态空间。严格城市规划蓝线管理，城市规划区范围内应保留一定比例的水域面积。新建项目一律不得违规占用水域。严格水域岸线用途管制，土地开发利用应按照有关法律法规和技术标准要求，留足河道、湖泊和滨海地带的管理和保护范围，非法挤占的应限期退出。（国土资源部、住房城乡建设部牵头，环境保护部、水利部、海洋局等参与）

（七）推进循环发展。

加强工业水循环利用。推进矿井水综合利用，煤炭矿区的补充用水、周边地区生产和生态用水应优先使用矿井水，加强洗煤废水循环利用。鼓励钢铁、纺织印染、造纸、石油石化、化工、制革等高耗水企业废水深度处理回用。（发展改革委、工业和信息化部牵头，水利部、能源局等参与）

促进再生水利用。以缺水及水污染严重地区城市为重点，完善再生水利用设施，工业生产、城市绿化、道路清扫、车辆冲洗、建筑施工以及生态景观等用水，要优先使用再生水。推进高速公路服务区污水处理和利用。具备使用再生水条件但未充分利用的钢铁、火电、化工、制浆造纸、印染等项目，不得批准其新增取水许可。自2018年起，单体建筑面积超过2万平方米的新建公共建筑，北京市2万平方米、天津市5万平方米、河北省10万平方米以上集中新建的保障性住房，应安装建筑中水设施。积极推动其他新建住房安装建筑中水设施。到2020年，缺水城市再生水利用率达到20%以上，京津冀区域达到30%以上。（住房城乡建设部牵头，发展改革委、工业和信息化部、环境保护部、交通运输部、水利部等参与）

推动海水利用。在沿海地区电力、化工、石化等行业，推行直接利用海水作为循环冷却等工业用水。在有条件的城市，加快推进淡化海水作为生活用水补充水源。（发展改

革委牵头，工业和信息化部、住房城乡建设部、水利部、海洋局等参与）

三、着力节约保护水资源

（八）控制用水总量。

实施最严格水资源管理。健全取用水总量控制指标体系。加强相关规划和项目建设布局水资源论证工作，国民经济和社会发展规划以及城市总体规划的编制、重大建设项目的布局，应充分考虑当地水资源条件和防洪要求。对取用水总量已达到或超过控制指标的地区，暂停审批其建设项目新增取水许可。对纳入取水许可管理的单位和其他用水大户实行计划用水管理。新建、改建、扩建项目用水要达到行业先进水平，节水设施应与主体工程同时设计、同时施工、同时投运。建立重点监控用水单位名录。到 2020 年，全国用水总量控制在 6 700 亿立方米以内。（水利部牵头，发展改革委、工业和信息化部、住房城乡建设部、农业部等参与）

严控地下水超采。在地面沉降、地裂缝、岩溶塌陷等地质灾害易发区开发利用地下水，应进行地质灾害危险性评估。严格控制开采深层承压水，地热水、矿泉水开发应严格实行取水许可和采矿许可。依法规范机井建设管理，排查登记已建机井，未经批准的和公共供水管网覆盖范围内的自备水井，一律予以关闭。编制地面沉降区、海水入侵区等区域地下水压采方案。开展华北地下水超采区综合治理，超采区内禁止工农业生产及服务业新增取用地下水。京津冀区域实施土地整治、农业开发、扶贫等农业基础设施项目，不得以配套打井为条件。2017 年底前，完成地下水禁采区、限采区和地面沉降控制区范围划定工作，京津冀、长三角、珠三角等区域提前一年完成。（水利部、国土资源部牵头，发展改革委、工业和信息化部、财政部、住房城乡建设部、农业部等参与）

（九）提高用水效率。

建立万元国内生产总值水耗指标等用水效率评估体系，把节水目标任务完成情况纳入地方政府政绩考核。将再生水、雨水和微咸水等非常规水源纳入水资源统一配置。到 2020 年，全国万元国内生产总值用水量、万元工业增加值用水量比 2013 年分别下降 35%、30% 以上。（水利部牵头，发展改革委、工业和信息化部、住房城乡建设部等参与）

抓好工业节水。制定国家鼓励和淘汰的用水技术、工艺、产品和设备目录，完善高耗水行业取用水定额标准。开展节水诊断、水平衡测试、用水效率评估，严格用水定额管理。到 2020 年，电力、钢铁、纺织、造纸、石油石化、化工、食品发酵等高耗水行业达到先进定额标准。（工业和信息化部、水利部牵头，发展改革委、住房城乡建设部、质检总局等参与）

加强城镇节水。禁止生产、销售不符合节水标准的产品、设备。公共建筑必须采用节水器具，限期淘汰公共建筑中不符合节水标准的水嘴、便器水箱等生活用水器具。鼓励居民家庭选用节水器具。对使用超过 50 年和材质落后的供水管网进行更新改造，到 2017 年，全国公共供水管网漏损率控制在 12% 以内；到 2020 年，控制在 10% 以内。积极推行低影响开发建设模式，建设滞、渗、蓄、用、排相结合的雨水收集利用设施。新建城区硬化地面，可渗透面积要达到 40% 以上。到 2020 年，地级及以上缺水城市全部达到国家节水型城市标准要求，京津冀、长三角、珠三角等区域提前一年完成。（住房城乡建设部牵头，发展改革委、工业和信息化部、水利部、质检总局等参与）

发展农业节水。推广渠道防渗、管道输水、喷灌、微灌等节水灌溉技术，完善灌溉用水计量设施。在东北、西北、黄淮海等区域，推进规模化高效节水灌溉，推广农作物节水抗旱技术。到2020年，大型灌区、重点中型灌区续建配套和节水改造任务基本完成，全国节水灌溉工程面积达到7亿亩左右，农田灌溉水有效利用系数达到0.55以上。（水利部、农业部牵头，发展改革委、财政部等参与）

（十）科学保护水资源。

完善水资源保护考核评价体系。加强水功能区监督管理，从严核定水域纳污能力。（水利部牵头，发展改革委、环境保护部等参与）

加强江河湖库水量调度管理。完善水量调度方案。采取闸坝联合调度、生态补水等措施，合理安排闸坝下泄水量和泄流时段，维持河湖基本生态用水需求，重点保障枯水期生态基流。加大水利工程建设力度，发挥好控制性水利工程在改善水质中的作用。（水利部牵头，环境保护部参与）

科学确定生态流量。在黄河、淮河等流域进行试点，分期分批确定生态流量（水位），作为流域水量调度的重要参考。（水利部牵头，环境保护部参与）

四、强化科技支撑

（十一）推广示范适用技术。

加快技术成果推广应用，重点推广饮用水净化、节水、水污染治理及循环利用、城市雨水收集利用、再生水安全回用、水生态修复、畜禽养殖污染防治等适用技术。完善环保技术评价体系，加强国家环保科技成果共享平台建设，推动技术成果共享与转化。发挥企业的技术创新主体作用，推动水处理重点企业与科研院所、高等学校组建产学研技术创新战略联盟，示范推广控源减排和清洁生产先进技术。（科技部牵头，发展改革委、工业和信息化部、环境保护部、住房城乡建设部、水利部、农业部、海洋局等参与）

（十二）攻关研发前瞻技术。

整合科技资源，通过相关国家科技计划（专项、基金）等，加快研发重点行业废水深度处理、生活污水低成本高标准处理、海水淡化和工业高盐废水脱盐、饮用水微量有毒污染物处理、地下水污染修复、危险化学品事故和水上溢油应急处置等技术。开展有机物和重金属等水环境基准、水污染对人体健康影响、新型污染物风险评价、水环境损害评估、高品质再生水补充饮用水水源等研究。加强水生态保护、农业面源污染防治、水环境监控预警、水处理工艺技术装备等领域的国际交流合作。（科技部牵头，发展改革委、工业和信息化部、国土资源部、环境保护部、住房城乡建设部、水利部、农业部、卫生计生委等参与）

（十三）大力发展环保产业。

规范环保产业市场。对涉及环保市场准入、经营行为规范的法规、规章和规定进行全面梳理，废止妨碍形成全国统一环保市场和公平竞争的规定和做法。健全环保工程设计、建设、运营等领域招投标管理办法和技术标准。推进先进适用的节水、治污、修复技术和装备产业化发展。（发展改革委牵头，科技部、工业和信息化部、财政部、环境保护部、住房城乡建设部、水利部、海洋局等参与）

加快发展环保服务业。明确监管部门、排污企业和环保服务公司的责任和义务，完善风险分担、履约保障等机制。鼓励发展包括系统设计、设备成套、工程施工、调试运行、维护管理的环保服务总承包模式、政府和社会资本合作模式等。以污水、垃圾处理和工业园区为重点，推行环境污染第三方治理。（发展改革委、财政部牵头，科技部、工业和信息化部、环境保护部、住房城乡建设部等参与）

五、充分发挥市场机制作用

（十四）理顺价格税费。

加快水价改革。县级及以上城市应于2015年底前全面实行居民阶梯水价制度，具备条件的建制镇也要积极推进。2020年底前，全面实行非居民用水超定额、超计划累进加价制度。深入推进农业水价综合改革。（发展改革委牵头，财政部、住房城乡建设部、水利部、农业部等参与）

完善收费政策。修订城镇污水处理费、排污费、水资源费征收管理办法，合理提高征收标准，做到应收尽收。城镇污水处理收费标准不应低于污水处理和污泥处理处置成本。地下水水资源费征收标准应高于地表水，超采地区地下水水资源费征收标准应高于非超采地区。（发展改革委、财政部牵头，环境保护部、住房城乡建设部、水利部等参与）

健全税收政策。依法落实环境保护、节能节水、资源综合利用等方面税收优惠政策。对国内企业为生产国家支持发展的大型环保设备，必须进口的关键零部件及原材料，免征关税。加快推进环境保护税立法、资源税税费改革等工作。研究将部分高耗能、高污染产品纳入消费税征收范围。（财政部、税务总局牵头，发展改革委、工业和信息化部、商务部、海关总署、质检总局等参与）

（十五）促进多元融资。

引导社会资本投入。积极推动设立融资担保基金，推进环保设备融资租赁业务发展。推广股权、项目收益权、特许经营权、排污权等质押融资担保。采取环境绩效合同服务、授予开发经营权益等方式，鼓励社会资本加大水环境保护投入。（人民银行、发展改革委、财政部牵头，环境保护部、住房城乡建设部、银监会、证监会、保监会等参与）

增加政府资金投入。中央财政加大对属于中央事权的水环境保护项目支持力度，合理承担部分属于中央和地方共同事权的水环境保护项目，向欠发达地区和重点地区倾斜；研究采取专项转移支付等方式，实施“以奖代补”。地方各级人民政府要重点支持污水处理、污泥处理处置、河道整治、饮用水水源保护、畜禽养殖污染防治、水生态修复、应急清污等项目和工作。对环境监管能力建设及运行费用分级予以必要保障。（财政部牵头，发展改革委、环境保护部等参与）

（十六）建立激励机制。

健全节水环保“领跑者”制度。鼓励节能减排先进企业、工业集聚区用水效率、排污强度等达到更高标准，支持开展清洁生产、节约用水和污染治理等示范。（发展改革委

牵头，工业和信息化部、财政部、环境保护部、住房城乡建设部、水利部等参与）

推行绿色信贷。积极发挥政策性银行等金融机构在水环境保护中的作用，重点支持循环经济、污水处理、水资源节约、水生态环境保护、清洁及可再生能源利用等领域。严格限制环境违法企业贷款。加强环境信用体系建设，构建守信激励与失信惩戒机制，环保、银行、证券、保险等方面要加强协作联动，于2017年底前分级建立企业环境信用评价体系。鼓励涉重金属、石油化工、危险化学品运输等高环境风险行业投保环境污染责任保险。（人民银行牵头，工业和信息化部、环境保护部、水利部、银监会、证监会、保监会等参与）

实施跨界水环境补偿。探索采取横向资金补助、对口援助、产业转移等方式，建立跨界水环境补偿机制，开展补偿试点。深化排污权有偿使用和交易试点。（财政部牵头，发展改革委、环境保护部、水利部等参与）

六、严格环境执法监管

（十七）完善法规标准。

健全法律法规。加快水污染防治、海洋环境保护、排污许可、化学品环境管理等法律法规制修订步伐，研究制定环境质量目标管理、环境功能区划、节水及循环利用、饮用水水源保护、污染责任保险、水功能区监督管理、地下水管理、环境监测、生态流量保障、船舶和陆源污染防治等法律法规。各地可结合实际，研究起草地方性水污染防治法规。（法制办牵头，发展改革委、工业和信息化部、国土资源部、环境保护部、住房城乡建设部、交通运输部、水利部、农业部、卫生计生委、保监会、海洋局等参与）

完善标准体系。制修订地下水、地表水和海洋等环境质量标准，城镇污水处理、污泥处理处置、农田退水等污染物排放标准。健全重点行业水污染物特别排放限值、污染防治技术政策和清洁生产评价指标体系。各地可制定严于国家标准的地方水污染物排放标准。（环境保护部牵头，发展改革委、工业和信息化部、国土资源部、住房城乡建设部、水利部、农业部、质检总局等参与）

（十八）加大执法力度。

所有排污单位必须依法实现全面达标排放。逐一排查工业企业排污情况，达标企业应采取措施确保稳定达标；对超标和超总量的企业予以“黄牌”警示，一律限制生产或停产整治；对整治仍不能达到要求且情节严重的企业予以“红牌”处罚，一律停业、关闭。自2016年起，定期公布环保“黄牌”“红牌”企业名单。定期抽查排污单位达标排放情况，结果向社会公布。（环境保护部负责）

完善国家督查、省级巡查、地市检查的环境监督执法机制，强化环保、公安、监察等部门和单位协作，健全行政执法与刑事司法衔接配合机制，完善案件移送、受理、立案、通报等规定。加强对地方人民政府和有关部门环保工作的监督，研究建立国家环境监察专员制度。（环境保护部牵头，工业和信息化部、公安部、中央编办等参与）

严厉打击环境违法行为。重点打击私设暗管或利用渗井、渗坑、溶洞排放、倾倒含有毒有害污染物废水、含病原体污水，监测数据弄虚作假，不正常使用水污染物处理设施，或者未经批准拆除、闲置水污染物处理设施等环境违法行为。对造成生态损害的责任者严格落实赔偿制度。严肃查处建设项目环境影响评价领域越权审批、未批先建、边批边建、久试不验等违法违规行为。对构成犯罪的，要依法追究刑事责任。（环境保护部牵头，公安部、住房城乡建设部等参与）

（十九）提升监管水平。

完善流域协作机制。健全跨部门、区域、流域、海域水环境保护议事协调机制，发挥环境保护区域督查派出机构和流域水资源保护机构作用，探索建立陆海统筹的生态系统保护修复机制。流域上下游各级政府、各部门之间要加强协调配合、定期会商，实施联合监测、联合执法、应急联动、信息共享。京津冀、长三角、珠三角等区域要于2015年底前建立水污染防治联动协作机制。建立严格监管所有污染物排放的水环境保护管理制度。（环境保护部牵头，交通运输部、水利部、农业部、海洋局等参与）

完善水环境监测网络。统一规划设置监测断面（点位）。提升饮用水水源水质全指标监测、水生生物监测、地下水环境监测、化学物质监测及环境风险防控技术支撑能力。2017年底前，京津冀、长三角、珠三角等区域、海域建成统一的水环境监测网。（环境保护部牵头，发展改革委、国土资源部、住房城乡建设部、交通运输部、水利部、农业部、海洋局等参与）

提高环境监管能力。加强环境监测、环境监察、环境应急等专业技术培训，严格落实执法、监测等人员持证上岗制度，加强基层环保执法力量，具备条件的乡镇（街道）及工业园区要配备必要的环境监管力量。各市、县应自2016年起实行环境监管网格化管理。（环境保护部负责）

七、切实加强水环境管理

（二十）强化环境质量目标管理。

明确各类水体水质保护目标，逐一排查达标状况。未达到水质目标要求的地区要制定达标方案，将治污任务逐一落实到汇水范围内的排污单位，明确防治措施及达标时限，方案报上一级人民政府备案，自2016年起，定期向社会公布。对水质不达标的区域实施挂牌督办，必要时采取区域限批等措施。（环境保护部牵头，水利部参与）

（二十一）深化污染物排放总量控制。

完善污染物统计监测体系，将工业、城镇生活、农业、移动源等各类污染源纳入调查范围。选择对水环境质量有突出影响的总氮、总磷、重金属等污染物，研究纳入流域、区域污染物排放总量控制约束性指标体系。（环境保护部牵头，发展改革委、工业和信息化部、住房城乡建设部、水利部、农业部等参与）

（二十二）严格环境风险控制。

防范环境风险。定期评估沿江河湖库工业企业、工业集聚区环境和健康风险，落实防控措施。评估现有化学物质环境和健康风险，2017年底前公布优先控制化学品名录，对高风险化学品生产、使用进行严格限制，并逐步淘汰替代。（环境保护部牵头，工业和信息化部、卫生计生委、安全监管总局等参与）

稳妥处置突发水环境污染事件。地方各级人民政府要制定和完善水污染事故处置应急预案，落实责任主体，明确预警预报与响应程序、应急处置及保障措施等内容，依法

及时公布预警信息。(环境保护部牵头，住房城乡建设部、水利部、农业部、卫生计生委等参与)

(二十三) 全面推行排污许可。

依法核发排污许可证。2015 年底前，完成国控重点污染源及排污权有偿使用和交易试点地区污染源排污许可证的核发工作，其他污染源于2017 年底前完成。(环境保护部负责)

加强许可证管理。以改善水质、防范环境风险为目标，将污染物排放种类、浓度、总量、排放去向等纳入许可证管理范围。禁止无证排污或不按许可证规定排污。强化海上排污监管，研究建立海上污染排放许可证制度。2017 年底前，完成全国排污许可证管理信息平台建设。(环境保护部牵头，海洋局参与)

八、全力保障水生态环境安全

(二十四) 保障饮用水水源安全。

从水源到水龙头全过程监管饮用水安全。地方各级人民政府及供水单位应定期监测、检测和评估本行政区域内饮用水水源、供水厂出水和用户水龙头水质等饮水安全状况，地级及以上城市自2016 年起每季度向社会公开。自 2018 年起，所有县级及以上城市饮水安全状况信息都要向社会公开。(环境保护部牵头，发展改革委、财政部、住房城乡建设部、水利部、卫生计生委等参与)

强化饮用水水源环境保护。开展饮用水水源规范化建设，依法清理饮用水水源保护区内违法建筑和排污口。单一水源供水的地级及以上城市应于2020 年底前基本完成备用水源或应急水源建设，有条件的地方可以适当提前。加强农村饮用水水源保护和水质检测。(环境保护部牵头，发展改革委、财政部、住房城乡建设部、水利部、卫生计生委等参与)

防治地下水污染。定期调查评估集中式地下水型饮用水水源补给区等区域环境状况。石化生产存贮销售企业和工业园区、矿山开采区、垃圾填埋场等区域应进行必要的防渗处理。加油站地下油罐应于 2017 年底前全部更新为双层罐或完成防渗池设置。报废矿井、钻井、取水井应实施封井回填。公布京津冀等区域内环境风险大、严重影响公众健康的地下水污染场地清单，开展修复试点。(环境保护部牵头，财政部、国土资源部、住房城乡建设部、水利部、商务部等参与)

(二十五) 深化重点流域污染防治。

编制实施七大重点流域水污染防治规划。研究建立流域水生态环境功能分区管理体系。对化学需氧量、氨氮、总磷、重金属及其他影响人体健康的污染物采取针对性措施，加大整治力度。汇入富营养化湖库的河流应实施总氮排放控制。到 2020 年，长江、珠江总体水质达到优良，松花江、黄河、淮河、辽河在轻度污染基础上进一步改善，海河污染程度得到缓解。三峡库区水质保持良好，南水北调、引滦入津等调水工程确保水质安全。太湖、巢湖、滇池富营养化水平有所好转。白洋淀、乌梁素海、呼伦湖、艾比湖等湖泊污染程度减轻。环境容量较小、生态环境脆弱，环境风险高的地区，应执行水污染物特别排放限值。各地可根据水环境质量改善需要，扩大特别排放限值实施范围。(环境

保护部牵头，发展改革委、工业和信息化部、财政部、住房城乡建设部、水利部等参与）

加强良好水体保护。对江河源头及现状水质达到或优于Ⅲ类的江河湖库开展生态环境安全评估，制定实施生态环境保护方案。东江、滦河、千岛湖、南四湖等流域于2017年底前完成。浙闽片河流、西南诸河、西北诸河及跨界水体水质保持稳定。（环境保护部牵头，外交部、发展改革委、财政部、水利部、林业局等参与）

（二十六）加强近岸海域环境保护。

实施近岸海域污染防治方案。重点整治黄河口、长江口、闽江口、珠江口、辽东湾、渤海湾、胶州湾、杭州湾、北部湾等河口海湾污染。沿海地级及以上城市实施总氮排放总量控制。研究建立重点海域排污总量控制制度。规范入海排污口设置，2017年底前全面清理非法或设置不合理的入海排污口。到2020年，沿海省（区、市）入海河流基本消除劣于Ⅴ类的水体。提高涉海项目准入门槛。（环境保护部、海洋局牵头，发展改革委、工业和信息化部、财政部、住房城乡建设部、交通运输部、农业部等参与）

推进生态健康养殖。在重点河湖及近岸海域划定限制养殖区。实施水产养殖池塘、近海养殖网箱标准化改造，鼓励有条件的渔业企业开展海洋离岸养殖和集约化养殖。积极推广人工配合饲料，逐步减少冰鲜杂鱼饲料使用。加强养殖投入品管理，依法规范、限制使用抗生素等化学药品，开展专项整治。到2015年，海水养殖面积控制在220万公顷左右。（农业部负责）

严格控制环境激素类化学品污染。2017年底前完成环境激素类化学品生产使用情况调查，监控评估水源地、农产品种植区及水产品集中养殖区风险，实施环境激素类化学品淘汰、限制、替代等措施。（环境保护部牵头，工业和信息化部、农业部等参与）

（二十七）整治城市黑臭水体。

采取控源截污、垃圾清理、清淤疏浚、生态修复等措施，加大黑臭水体治理力度，每半年向社会公布治理情况。地级及以上城市建成区应于2015年底前完成水体排查，公布黑臭水体名称、责任人及达标期限；于2017年底前实现河面无大面积漂浮物，河岸无垃圾，无违法排污口；于2020年底前完成黑臭水体治理目标。直辖市、省会城市、计划单列市建成区要于2017年底前基本消除黑臭水体。（住房城乡建设部牵头，环境保护部、水利部、农业部等参与）

（二十八）保护水和湿地生态系统。

加强河湖水生态保护，科学划定生态保护红线。禁止侵占自然湿地等水源涵养空间，已侵占的要限期予以恢复。强化水源涵养林建设与保护，开展湿地保护与修复，加大退耕还林、还草、还湿力度。加强滨河（湖）带生态建设，在河道两侧建设植被缓冲带和隔离带。加大水生野生动植物类自然保护区和水产种质资源保护区保护力度，开展珍稀濒危水生生物和重要水产种质资源的就地和迁地保护，提高水生生物多样性。2017年底前，制定实施七大重点流域水生生物多样性保护方案。（环境保护部、林业局牵头，财政部、国土资源部、住房城乡建设部、水利部、农业部等参与）

保护海洋生态。加大红树林、珊瑚礁、海草床等滨海湿地、河口和海湾典型生态系统，以及产卵场、索饵场、越冬场、洄游通道等重要渔业水域的保护力度，实施增殖放流，建设人工鱼礁。开展海洋生态补偿及赔偿等研究，实施海洋生态修复。认真执行围填海管制计划，严格围填海管理和监督，重点海湾、海洋自然保护区的核心区及缓冲区、海洋特别保护区的重点保护区及预留区、重点河口区域、重要滨海湿地区域、重要砂质岸线及沙源保护海域、特殊保护海岛及重要渔业海域禁止实施围填海，生态脆弱敏感区、自净能力差的海域严格限制围填海。严肃查处违法围填海行为，追究相关人员责任。将自然海岸线保护纳入沿海地方政府政绩考核。到2020年，全国自然岸线保有率不低于35%（不包括海岛岸线）。（环境保护部、海洋局牵头，发展改革委、财政部、农业部、林业局等参与）

九、明确和落实各方责任

（二十九）强化地方政府水环境保护责任。

各级地方人民政府是实施本行动计划的主体，要于2015年底前分别制定并公布水污染防治工作方案，逐年确定分流域、分区域、分行业的重点任务和年度目标。要不断完善政策措施，加大资金投入，统筹城乡水污染治理，强化监管，确保各项任务全面完成。各省（区、市）工作方案报国务院备案。（环境保护部牵头，发展改革委、财政部、住房城乡建设部、水利部等参与）

（三十）加强部门协调联动。

建立全国水污染防治工作协作机制，定期研究解决重大问题。各有关部门要认真按照职责分工，切实做好水污染防治相关工作。环境保护部要加强统一指导、协调和监督，工作进展及时向国务院报告。（环境保护部牵头，发展改革委、科技部、工业和信息化部、财政部、住房城乡建设部、水利部、农业部、海洋局等参与）

（三十一）落实排污单位主体责任。

各类排污单位要严格执行环保法律法规和制度，加强污染治理设施建设和运行管理，开展自行监测，落实治污减排、环境风险防范等责任。中央企业和国有企业要带头落实，工业集聚区内的企业要探索建立环保自律机制。（环境保护部牵头，国资委参与）

（三十二）严格目标任务考核。

国务院与各省（区、市）人民政府签订水污染防治目标责任书，分解落实目标任务，切实落实“一岗双责”。每年分流域、分区域、分海域对行动计划实施情况进行考核，考核结果向社会公布，并作为对领导班子和领导干部综合考核评价的重要依据。（环境保护部牵头，中央组织部参与）

将考核结果作为水污染防治相关资金分配的参考依据。（财政部、发展改革委牵头，环境保护部参与）

对未通过年度考核的，要约谈省级人民政府及其相关部门有关负责人，提出整改意见，予以督促；对有关地区和企业实施建设项目环评限批。对因工作不力、履职缺位等导致未能有效应对水环境污染事件的，以及干预、伪造数据和没有完成年度目标任务的，要依法依纪追究有关单位和人员责任。对不顾生态环境盲目决策，导致水环境质量恶化，造成严重后果的领导干部，要记录在案，视情节轻重，给予组织处理或党纪政纪处分，已经离任的也要终身追究责任。（环境保护部牵头，监察部参与）

十、强化公众参与和社会监督

（三十三）依法公开环境信息。

综合考虑水环境质量及达标情况等因素，国家每年公布最差、最好的10个城市名单和各省（区、市）水环境状况。对水环境状况差的城市，经整改后仍达不到要求的，取消其环境保护模范城市、生态文明建设示范区、节水型城市、园林城市、卫生城市等荣誉称号，并向社会公告。（环境保护部牵头，发展改革委、住房城乡建设部、水利部、卫生计生委、海洋局等参与）

各省（区、市）人民政府要定期公布本行政区域内各地级市（州、盟）水环境质量状况。国家确定的重点排污单位应依法向社会公开其产生的主要污染物名称、排放方式、排放浓度和总量、超标排放情况，以及污染防治设施的建设和运行情况，主动接受监督。研究发布工业集聚区环境友好指数、重点行业污染物排放强度、城市环境友好指数等信息。（环境保护部牵头，发展改革委、工业和信息化部等参与）

（三十四）加强社会监督。

为公众、社会组织提供水污染防治法规培训和咨询，邀请其全程参与重要环保执法行动和重大水污染事件调查。公开曝光环境违法典型案件。健全举报制度，充分发挥“12369”环保举报热线和网络平台作用。限期办理群众举报投诉的环境问题，一经查实，可给予举报人奖励。通过公开听证、网络征集等形式，充分听取公众对重大决策和建设项目的意见。积极推行环境公益诉讼。（环境保护部负责）

（三十五）构建全民行动格局。

树立“节水洁水，人人有责”的行为准则。加强宣传教育，把水资源、水环境保护和水情知识纳入国民教育体系，提高公众对经济社会发展和环境保护客观规律的认识。依托全国中小学节水教育、水土保持教育、环境教育等社会实践基地，开展环保社会实践活动。支持民间环保机构、志愿者开展工作。倡导绿色消费新风尚，开展环保社区、学校、家庭等群众性创建活动，推动节约用水，鼓励购买使用节水产品和环境标志产品。（环境保护部牵头，教育部、住房城乡建设部、水利部等参与）

我国正处于新型工业化、信息化、城镇化和农业现代化快速发展阶段，水污染防治任务繁重艰巨。各地区、各有关部门要切实处理好经济社会发展和生态文明建设的关系，按照“地方履行属地责任、部门强化行业管理”的要求，明确执法主体和责任主体，做到各司其职，恪尽职守，突出重点，综合整治，务求实效，以抓铁有痕、踏石留印的精神，依法依规狠抓贯彻落实工作，确保全国水环境治理与保护目标如期实现，为实现“两个一百年”奋斗目标和中华民族伟大复兴中国梦做出贡献。

1.2 水处理药剂的发展现状与趋势

1.2.1 水处理药剂的发展现状

水处理药剂是水处理过程中使用的化学药剂，广泛应用于工业与生产水处理、市政与饮用水处理、污水与废水处理、海水淡化处理等。

全球对水处理药剂的需求持续增加，预计从2014年的252.70亿美元增长到2019年的336.00亿美元。全球水处理药剂主要应用领域市场规模见表1－4。

表 1-4 全球水处理药剂主要应用领域市场规模

应用领域	2014 年市场规模/亿美元	2019 年预计市场规模/亿美元
工业与生产水处理	84.75	113.15
市政与饮用水处理	76.15	102.15
污水与废水处理	57.80	76.45
海水淡化处理	34.00	44.25
总　计	252.70	336.00

业太地区水处理药剂需求将持续提升。过去欧洲和美洲等西方市场一直都是水处理市场的重心，但近年来欧美市场规模增长速度开始放缓。与此同时，亚洲和非洲等新兴市场因城市的扩张和快速的工业化发展速度，水处理药剂市场需求快速增长。据统计，2010 年美国占全球水处理药剂市场份额的 41%，2013 年亚太地区的市场份额为 36.10%，美洲的市场份额为 27.70%，欧洲为 26.70%。

我国的水处理药剂市场处于快速增长的阶段，根据数据显示，2014 年我国的水处理药剂市场总规模为 47.75 亿美元，到 2019 年将达到 70.19 亿美元。我国水处理药剂主要应用于电力、石化、冶金、矿业、造纸、印染、纺织、污水处理、海水淡化等领域的水处理。电力、石化、冶金是国民经济中重要制造产业之一，其市场稳定性较高。2013 年，在我国水处理药剂市场中，工业需求占 62%，市政需求占 38%。

我国水处理药剂是随着现代水处理技术的引进而发展起来的，虽然开发时间比发达国家晚约 30 年，但发展速度很快，现已形成了自主研制、产业化的体系。至今，我国已有水处理产品 100 种以上，各种水处理药剂从产量到质量已基本满足国内需求，且部分产品已供出口。从技术上讲，有些产品的生产技术和性能已处于国际领先水平。

资料来源：中国产业信息网（https：//www.chyxx.com/）发布的《2016—2022 年中国污水处理药剂行业分析与市场深度调查报告》

1.2.2 我国水处理药剂行业的特点

1. 制造工艺和技术服务经验日益提高与丰富

水处理药剂技术包括水处理药剂的制造技术和水处理应用服务的技术。

（1）水处理药剂的制造技术，包括有机磷制造、聚合物制造和杀菌剂制造三大部分。我国水处理药剂的生产已能满足国内各种水处理的需求，有机磷以羟基亚乙基二膦酸（HEDP）为代表，聚合物以丙烯酸（酯）共聚物和聚丙烯酰胺为代表，杀菌剂以异噻唑啉酮为代表，都已完成了万吨级生产技术的开发，从工艺、设备、质量控制、环保等方面都保证了产品的稳定生产，并在节能、节材等成本控制上取得突破。

（2）水处理应用服务的技术，通过 30 年的不断探索实践，已造就了一批经验丰富、有理论功底的技术专家队伍；目前，石化、化肥、电力、冶金等现代工业企业都实现了冷却水的全循环，浓缩倍数提高至3～4倍，正在向一水多用、水系统综合处理发展，以节省更多的新鲜水。

2. 水处理药剂品类逐步齐全

我国现已可生产水处理药剂有100多种，按照水处理药剂的用途分，品种主要有絮凝剂、缓蚀剂、阻垢分散剂、杀菌灭藻剂及其他辅助剂等。品类逐步齐全，适用于各种水处理应用场合。

3. 水处理药剂生产能力具有相当规模

我国水处理药剂的生产已具有相当大的规模，且呈现逐年上升趋势，在国际上的地位举足轻重。据统计，2010年我国水处理药剂的产量已达70多万吨，销售额为82亿元。2015年我国水处理药剂行业需求量达到217.6万吨，预计到2020年我国水处理药剂行业需求量将达到345.6万吨。国内现代工业，如钢厂、电厂、石化厂、化肥厂、造纸厂等都离不开冷却水、工艺水、污水的处理，为水处理药剂行业带来一个欣欣向荣的市场，促进了水处理药剂行业快速发展。有机磷、聚丙烯酰胺产量已占据世界首位，并且大量出口，具有良好的国际竞争力。

1.2.3 水处理药剂的发展趋势

随着环保要求日趋严格，水处理标准不断提高，对水处理工艺、水处理药剂的要求也越来越高。水处理药剂的开发生产必须兼顾工艺、设备、质量控制、环保、节能、节材等因素，从单一的药剂向复合配方发展，从化学药剂向生物制剂发展。

1.2.3.1 环保型水处理药剂

环保型水处理药剂解决了传统水处理药剂产生二次污染、污泥产量大、处理效果不佳等问题。常见的环保型水处理药剂有絮凝剂、缓蚀阻垢剂、杀菌剂。

1. 环保型絮凝剂

常见的传统絮凝剂有硫酸亚铁、氯化铝等。但是传统絮凝剂的用药量大，且容易引入其他污染源，如氯化铝在使用中引入铝离子，对人体健康产生影响。聚合氯化铝、聚合硫酸铁等无机高分子絮凝剂吸附架桥能力强，在同等情况下加药量少；磁絮凝剂能通过磁力回收利用，污泥产量少。这两类絮凝剂皆是绿色环保型的水处理絮凝剂。

2. 环保型缓蚀阻垢剂

缓蚀阻垢剂以磷酸、有机磷为核心的品类居多。含磷药剂使水中微生物快速生长，一方面影响了水质，另一方面加大了药剂的使用量。近年来，缓蚀阻垢剂的配方从高磷向低磷、无磷转变，马来酸酐类共聚物、聚环氧琥珀酸（PESA）、聚天冬氨酸等药剂得到了应用。

3. 环保型杀菌剂

常用的杀菌剂分为氧化性杀菌剂及非氧化性杀菌剂。非氧化性杀菌剂能使微生物的特殊部位中毒进而导致微生物死亡。非氧化性杀菌剂不受水质影响，但容易引起环境污染，水中微生物易产生抗药性。二氧化氯、臭氧等氧化性杀菌剂则相对环保，其广谱性强，处理费用低，受环境影响相对较小，在水处理中有广泛的应用。

环保型水处理药剂在开发、生产、使用过程中，需要遵循如下要求：

（1）防止废物的产生，而不是废物产生后再来处理。

（2）合成方法应设计成能将所有的起始物质嵌入最终产物中。

（3）尽量减少化学合成中的有毒原料和产物。

（4）设计安全的化学产品，尽量使其无毒或毒性很小。

（5）使用无毒、无害的溶剂和助剂。

（6）合理使用和节省能源。

（7）原料应该可再生。

（8）减少不必要的衍生化步骤。

（9）采用高选择性催化剂。

（10）产物应能分解为无毒降解产物。

（11）分析方法需要进一步研究开发，使之能做到实时、现场监控，以防有害物质的形成。

（12）减少使用易燃、易爆物质，减少事故隐患。

1.2.3.2 复合型水处理药剂

复合型水处理药剂能够结合两种或多种药剂的优势，达到更好的处理效果。如聚合氯化铝（PAC）与二甲基二烯丙基氯化铵均聚物（PDADMAC）复配生成复合型絮凝剂，其对浊度、色度和总有机碳（TOC）的处理效果明显高于单独使用PAC；钨酸盐与聚天冬氨酸复配生成环境友好的复合缓蚀阻垢剂，其热稳定性好，不产生磷二次污染。

1.2.3.3 生物制剂水处理药剂

生物制剂水处理药剂是当前水处理药剂研发的热门方向，其中微生物絮凝剂的研究成果较多。微生物本身及其分泌物起到吸附架桥、电性中和的作用，使水中污染物沉淀、分离。微生物絮凝剂具有安全、无毒、来源广泛等优点，但筛选菌种工作烦琐，运输和储存难度较大，价格较高，目前实际应用案例甚少。

思考与练习

1. 我国工业源中排放化学需氧量有哪些行业？
2. 《水污染防治行动计划》第一阶段的目标与主要指标是什么？
3. 我国水处理药剂的主要应用在哪些行业领域？
4. 简述水处理药剂的发展趋势。

第2章 水处理基础知识

学习目标

1. 掌握污水的来源、水中的常见污染物及常用的水质指标。
2. 掌握污水处理的基本方法及常见的处理工艺。
3. 了解格栅、沉砂池、沉淀池、过滤池、曝气池、气浮池、混合反应池等常见污水处理设施的日常运行管理。
4. 了解污水处理设施中常见的异常故障及相应的解决办法。

2.1 概述

2.1.1 污水来源

污水按来源可分为生活污水、工业废水和降水。

生活污水是指人们日常生活中产生的废水。其特点是水中含有大量天然有机物质和病原微生物及氮、磷、洗涤剂等。生活污水中的有机物极不稳定，容易腐化而产生恶臭。细菌和病原体以生活污水中有机物为营养而大量繁殖，可导致传染病蔓延。因此，生活污水应妥善收集，处理后可排放至水体、灌溉农田或再利用。

工业废水是指工业生产中所产生的废水。其特点是水中往往不仅含有大量有机物、无机物，有的同时还含有大量的氰化物、重金属等有毒、有害物质。这类污水对水体及土壤的污染比较严重，是水污染控制与管理的重点对象。

降水是指雨水或冰雪融水，一般比较清洁，可直接排入水体，但量大流急，往往会积水成灾，阻碍交通，淹没房屋。初期雨水带有屋面、地面上的各种污染物质，必须经过妥善收集并处理。

在排水工程中，排入城镇排水系统的污水称为城镇污水。在分流制排水系统中，用不同管渠分别收集和输送各种废水；在合流制排水系统中，用同一管渠收集和输送各种污水，包括生产废水和截留的雨水。

2.1.2 水污染物

水中的污染物质种类繁多，按其性质可分为无机物质、有机物质和生物体；按其形态可分为悬浮物质、胶体物质和溶解性物质；根据其特性可分为物理性污染物、化学性污染物和生物性污染物三大类。

1. 物理性污染物

水体中的物理性污染物主要指悬浮物、热与放射性污染物，主要表现在悬浮物对水体的污染。

2. 化学性污染物

化学性污染物主要包括有机污染物和无机污染物。

有机污染物又分为：①有机无毒物质，如碳水化合物、蛋白质、氨基酸等；②有机有毒物质，如有机农药、多环芳烃、芳香胺等。无机污染物又分为：①无机无毒物质，主要有酸、碱和一些无机盐类；②无机有毒物质，如汞、镉、铅、砷、铬、钡、氟化物等。

化学性污染物是最主要的水污染物质。

3. 生物性污染物

生物性污染物指废水中的致病微生物及其他有害的生物体，主要包括病毒、病菌、寄生虫卵等各种致病体。

2.1.3 水质指标

水质，即水体质量。衡量水质好坏的指标有很多种，一般分为物理性指标、化学性指标和生物性指标。

物理性指标主要有温度、色度、臭味、浊度、透明度、总固体量、悬浮固体量、溶解固体量、可沉固体量、电导率、电阻率等。

化学性指标主要有pH值、硬度、各种阳离子、各种阴离子、总含盐量、重金属、氰化物、多环芳烃、溶解氧（DO）、化学需氧量（COD）、生化需氧量（BOD）、总需氧量（TOD）、总有机碳（TOC）等。

生物性指标主要有细菌总数、总大肠菌群数、各种病原细菌、病毒等。

2.1.4 废水处理的基本方法

废水处理的原则是将废水中所含的各种污染物与水分离或加以分解，使其变质而失去污染水质的特性，从而使废水得到净化。

现代废水处理技术，按其原理可分为物理处理法、化学处理法、物理化学处理法和生物化学处理法四大类。按处理程度可分为一级处理、二级处理和深度处理：一级处理主要去除水中的油类、酸碱物质以及可以截留的悬浮物；二级处理主要去除水中经一级处理后残留的细小悬浮物、胶体及可溶性的有机物和大部分氮和磷等；深度处理是为了进一步去除水中经二级处理后仍未能去除的污染物质，如难降解的有机物、重金属离子，以及较大程度地去除氮和磷等无机物质。

废水处理过程中会产生大量污泥。污泥中含有大量的有机物、细菌、寄生虫卵和生产废水带来的重金属离子等，需要做稳定化、无害化处理与处置。

2.2 物理处理法

物理处理法就是利用物理作用，分离去除废水中呈悬浮状态的污染物质，有筛滤法、沉淀法、上浮法等。

2.2.1 格栅与筛网

1. 格栅

格栅通常由一组平行的金属栅条构成，一般安置在废水处理流程的前端，倾斜或垂直置于污水流经的渠道上，用以去除废水中较大的悬浮物、漂浮物、纤维物质和固体颗粒物质，从而保证后续处理设备或构筑物的正常运行，减轻后续处理的负荷。

格栅，按形状可分为平面格栅和曲面格栅；按栅条间隙可分为粗格栅（50 ~ 100 mm）、中格栅（10 ~ 40 mm）和细格栅（3 ~ 10 mm）；按栅渣清除方式可分为人工清除格栅、机械清除格栅和水力清除格栅。

废水处理厂通常设有中、细两道或两道以上的格栅。城市污水处理厂一般都采用机械格栅除污机。图 2 - 1 所示为回转式格栅除污机。

图 2 - 1　回转式格栅除污机

2. 筛网

一些工业废水含有较细小的悬浮物，特别是纤维类悬浮物和食品工业的动植物残渣与碎屑，它们不能被格栅截留，也难以用沉淀法去除，通常采用筛网对其进行截留。

筛网是用金属丝或纤维丝编制而成的，按孔眼大小可分为粗筛网和细筛网；按其工作方式可分为固定筛和旋转筛。

2.2.2 调节池

无论是工业废水还是生活污水，其水量和水质在24小时之内都是有波动的。这种变化对于污水处理设备正常发挥其净化功能是不利的，甚至设备还可能遭到破坏。所以，在通常情况下应在废水处理系统之前设置调节池，用以进行水量的调节和水质的均化，以保证废水处理的正常进行。此外，酸性废水和碱性废水也可以在调节池内中和；短期排出的高温废水也可通过调节以平衡水温。调节池设置是否合理，对后续处理设施的水处理能力、基建投资、运转费用等有着较大的影响。

调节池根据其调节功能分为水量调节池、水质调节池和事故贮存（调节）池。

1. 水量调节池

水量调节池只调节水量，它是一般的水池，依靠其最高和最低水位差形成的容积贮存水即可。其进水管位于最高水位或以上，出水管位于最低水位或以下。水量调节池一般位于泵站之前，往往与泵站的吸水井合建或单独建在泵站前。

2. 水质调节池

水质调节池的目的是均衡水质。为达到此目的，可采用如下方法：

（1）采用空气、机械或水力循环搅拌方法。

采用空气曝气的方法混合和防止悬浮物在池内沉淀，也可对废水作预除臭和预生化处理。这种方法适合于废水量不大、需要预曝气以及处理厂有压缩空气可供使用时，但如果废水含大量表面活性物质、存在挥发性有害物、溶解有有害气体、曝气后产生有害物、曝气后由于空气中的二氧化碳（CO_2）而产生沉淀物或有毒挥发物时，不宜采用。

采用机械搅拌的优点是混合效果好、占地少，但电耗大。

采用水力循环搅拌是用水泵抽吸池内水再通过穿孔管将其分配回水池，优点是简单易行，但动力消耗较大。

（2）采用穿孔导流槽式水质调节池。

穿孔导流槽令同时进入的废水经过不同的流程，使前后进入该调节池的废水相混合。

3. 事故贮存（调节）池

工业废水处理系统用于处理正常生产的废水，不可能应对因生产事故造成物料泄漏或因生产的需要而周期冲击性排放废水的处理。为此，应设立事故贮存（调节）池贮存该部分废水，待事故结束后，再以小流量逐渐将该部分废水排入废水调节池。

2.2.3 沉砂池

污水中通常含有一定数量的无机物，如砂粒。沉砂池的功能是去除比重较大的无机颗粒（如砂粒、煤渣等，其相对密度约为2.65）。沉砂池一般设在泵站之前以减小无机颗粒对水泵、管道的磨损，也可设在沉淀池之前以减轻沉淀池的负荷及改善污泥处理构筑物的处理条件。

常用的沉砂池有平流式、曝气式和旋流式三种。城市污水处理厂多采用曝气式沉砂池和旋流式沉砂池。

1. 平流式沉砂池

平流式沉砂池实际上是一条比入流渠道宽而深的明渠，明渠底部设有锥斗，采取重力法排砂。由于过水断面增大，渠内水流速度下降，使污水所夹带的砂粒在重力作用下沉淀到渠底锥斗处，并通过底部的排砂管排出，达到去除污水中砂粒的目的。平流式沉砂池的结构如图 2－2 所示。

它具有截留无机颗粒效果好、工作稳定、构造简单、排沙方便等优点。但也有不少缺点，如沙中夹有有机物，使沉砂的后续处理增加了难度；占地大，配水不均匀；容易出现短流和偏流；等等。

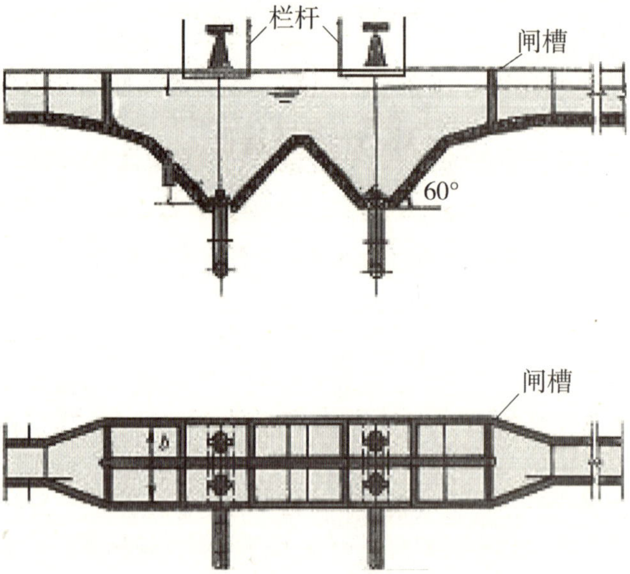

图 2－2　平流式沉砂池结构示意图

2. 曝气式沉砂池

曝气式沉砂池（见图 2－3）是长形的池体，在沿池壁一侧距池底 60～90 cm 高度处设曝气装置，而在其下部设置集砂斗。在穿孔管曝气的作用下，砂粒互相摩擦并受曝气的剪切力，能够去除砂粒上附着的有机污染物，有利于取得较为纯净的砂粒。砂粒在重力和旋流力的综合作用下，沉到池底与水分离。从曝气沉砂池中排出的沉砂，有机物只占 5% 左右，一般搁置一段时间也不会腐败发臭，这是曝气沉砂池获得普遍应用的原因。

在小规模的污水处理中常用砂斗收集和排出砂粒；规模较大时一般用机械刮砂机，或用移动式的砂泵抽吸和排出砂粒。

图 2－3　曝气式沉砂池

3. *旋流式沉砂池*

旋流式沉砂池是利用水力旋流作用使砂粒与有机物分开，同时加速砂粒的下沉并使有机物随水流带走的沉砂装置。

沉砂池由流入口、流出口、沉砂区、砂斗、搅拌装置和涡轮驱动装置以及排砂系统等组成。图 2－4 所示为旋流式钟式沉砂池结构示意图。污水由流入口切线方向流入沉砂区，进水渠道设一跌水堰，使可能沉积在渠道底部的沙子向下滑入沉砂池；还设有一挡板，使水流及砂子进入沉砂池时向池底流动，并加强其附壁效应。在沉砂池中间设有可调速的桨板，使池内的水流保持环流。桨板、挡板和进水水流组合在一起，旋转的涡轮叶片使砂粒呈螺旋形流动，促进有机物和砂粒的分离。由于所受离心力不同，相对密度较大的砂粒被甩向池壁，在重力作用下沉入砂斗；而较轻的有机物，则在沉砂池中间部分与砂子分离，有机物随出水旋流带出池外。通过调整转速，可以达到最佳的沉砂效果。砂斗内的沉砂可以采用空气提升、排砂泵排砂等方式排除，再经过砂水分离达到清洁排砂的标准。

旋流式沉砂池具有占地小、除砂效率高、操作环境好、设备运行可靠等特点，但对水量的变化有较严格的适用范围，对细格栅的运行效果要求较高。

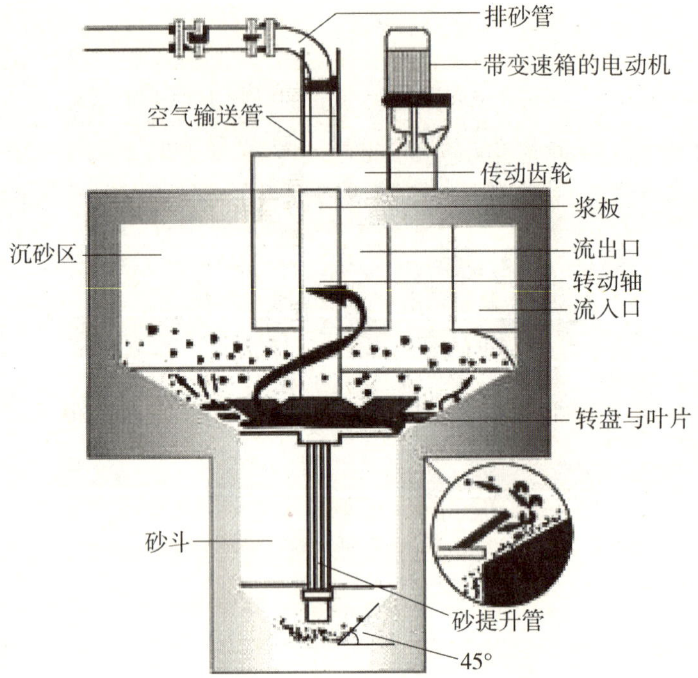

图 2-4　旋流式钟式沉砂池结构示意图

2.2.4　沉淀池

沉淀池是将废水中密度大于水的固体物质，在重力作用下下沉，从而与水分离的污水处理构筑物。在各种废水处理系统中，沉淀池是必不可少的处理设施。

沉淀池按在废水处理流程中的位置不同，通常可分为初次沉淀池和二次沉淀池。在污水处理系统中，设置在生化反应池前面的沉淀池称为初次沉淀池，其目的是去除污水中的可沉降悬浮污染物，降低后续处理系统的负荷。在污水处理系统中，设置在生化反应池后面的沉淀池称为二次沉淀池，其目的主要是将水中的污泥与水分离，使出水澄清。

沉淀池按水流方向，可分为平流式、竖流式、辐流式和斜板（管）沉淀池四种形式。每种沉淀池均由进水区、沉淀区、缓冲区、污泥区和出水区五个部分组成。

1. 平流式沉淀池

平流式沉淀池的池体水平断面呈长方形，有效水深一般为 2 ~ 3 m，其结构示意如图 2-5 所示。污水从池体的一端流入，沿着水平方向流向另一端，悬浮物在重力作用下沉到池底。澄清水从池体的另一端出水槽流出。有刮泥机的沉淀池，污泥通过链带式刮泥机收集到污泥斗，再通过排泥管利用池内水压排走，或用虹吸管方式排走。无刮泥机的平底池，可采用吸泥机排泥或穿孔管排泥。

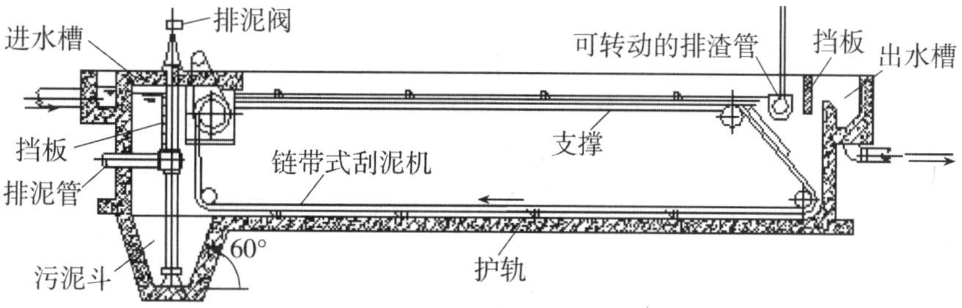

图 2－5　平流式沉淀池结构示意图

2. 竖流式沉淀池

竖流式沉淀池又称立式沉淀池，是池中废水竖向流动的沉淀池。池体平面图形为圆形或方形，其结构示意如图 2－6 所示。水由设在池中心的进水管自上而下进入池内，管下设伞形挡板使废水在池中均匀分布后沿整个过水断面缓慢上升，悬浮物沉降进入池底锥形沉泥斗中，澄清水从池四周沿周边溢流堰流出。

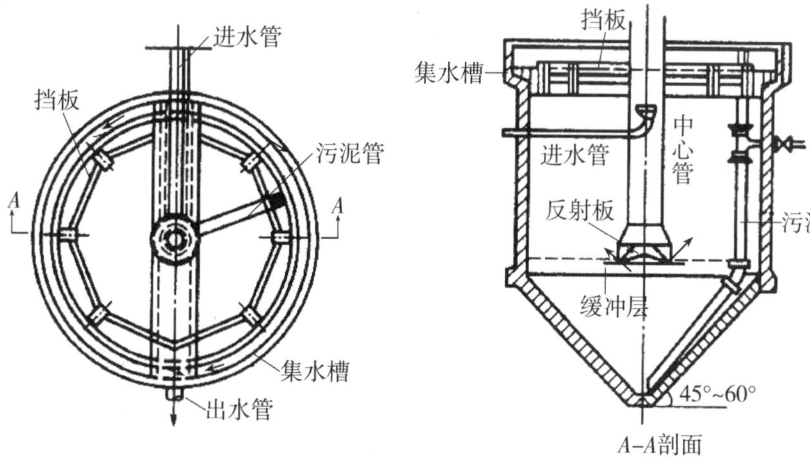

图 2－6　竖流式沉淀池结构示意图

3. 辐流式沉淀池

辐流式沉淀池池体平面多为圆形，也有方形的。其直径（或边长）6～60 m，最大可达 100 m，池周水深 1.5～3 m，池底坡度不宜小于 0.05°。其结构示意如图 2－7 所示。废水自池中心进水管进入池内，沿半径方向向池周缓缓流动。悬浮物在流动中沉降，并沿池底坡度进入污泥斗，澄清水从池周边溢流出水渠。

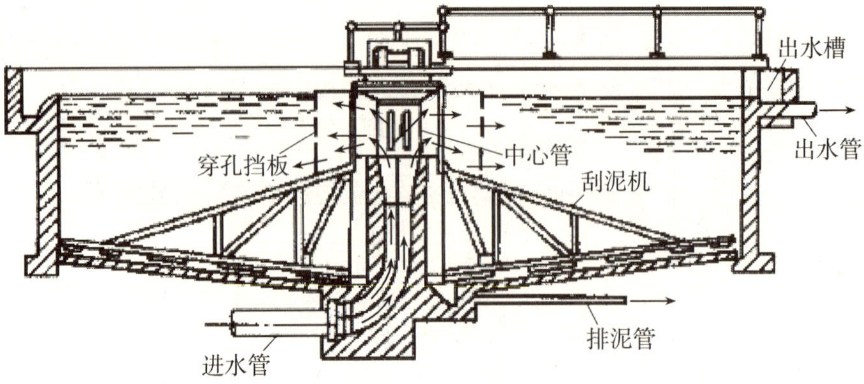

图 2－7　辐流式沉淀池结构示意图

辐流式沉淀池多采用回转式刮泥机收集污泥，刮泥机刮板将沉至池底的污泥刮至池中心的污泥斗，再借重力或污泥泵排走。

平流式、竖流式、辐流式沉淀池的优缺点及适用条件的比较见表 2－1。

表 2－1　三种沉淀池的比较

池型	优　点	缺　点	适用条件
平流式沉淀池	（1）沉淀效果好 （2）对冲击负荷和温度变化的适用能力较强 （3）施工简易，造价较低	（1）池子配水不易均匀 （2）采用多斗排泥时，每个污泥斗需要单独设排泥管各自排泥，操作工作量大；采用链带式刮泥机排泥时，链带的支撑件和驱动件都浸于水中，易锈蚀	（1）适用于地下水位高及地质较差地区 （2）适用于大、中、小型污水处理厂
竖流式沉淀池	（1）排泥方便，管理简单 （2）占地面积小	（1）池子深度大，施工困难 （2）对冲击负荷和温度变化的适应能力较差 （3）造价较高 （4）池径不宜过大，否则布水不匀	适用于处理水量不大的小型污水处理厂
辐流式沉淀池	（1）多为机械排泥，运行较好，管理较简单 （2）排泥设备已趋定型	机械排泥设备复杂，对施工质量要求高	（1）适用于地下水位较高地区 （2）适用于大、中型污水处理厂

4. 斜板（管）沉淀池

斜板（管）沉淀池是指在沉淀区内设有斜板（管）的沉淀池。在平流式或竖流式沉淀池的沉淀区内利用倾斜的平行板或平行管道（有时可利用蜂窝填料）分割成一系列浅层沉淀层，便形成了斜板（管）沉淀池。被处理的和沉降的沉泥在各浅层沉淀层中相互运动并分离，根据其相互运动方向分为逆（异）向流、同向流和侧向流三种不同分离方式。每两块平行斜板间（或平行管内）相当于一个很浅的沉淀池。

这种类型沉淀池的优点是：①利用了层流原理，提高了沉淀池的处理能力；②缩短了颗粒沉降距离，从而缩短了沉淀时间；③增加了沉淀池的沉淀面积，从而提高了处理效率。其过流率可达 36 m^3/（m^2・h），比一般沉淀池的处理能力高出 7 ~ 10 倍，是一种新型高效沉淀设备。

2.2.5 隔油池

隔油池是利用废水中悬浮物和水的比重不同而使其分离的装置。隔油池的构造多采用平流式，含油废水通过配水槽进入平面为矩形的隔油池，沿水平方向缓慢流动，在流动中轻油上浮水面，由集油管或设置在池面的刮油机推送到集油管中流入脱水罐；在隔油池中沉淀下来的重油及其他杂质，积聚到池底污泥斗中，通过排渣管进入污泥管中。经过隔油处理的废水则溢流入排水渠排出池外，进行后续处理，以去除乳化油及其他污染物。图 2－8 所示为平流式隔油池结构示意图。

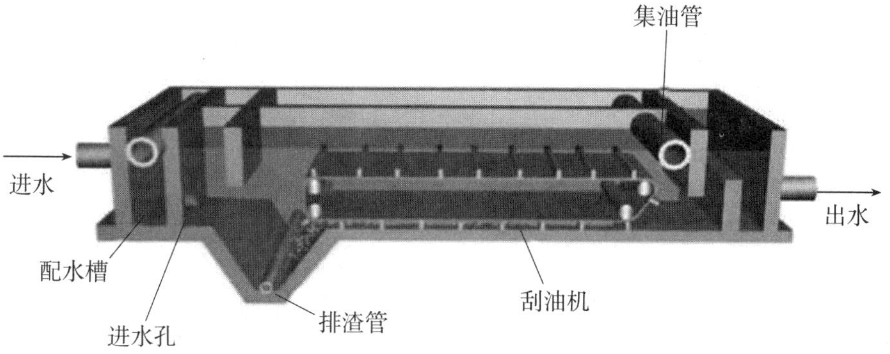

图 2－8　平流式隔油池结构示意图

2.3 化学处理法

废水的化学处理是利用化学反应的原理及方法来分离回收废水中的污染物，或是改变它们的性质，使其无害化的一种处理方法。化学法处理的对象主要是废水中可溶解的无机物和难以生物降解的有机物或胶体物质。

废水化学处理法常用的方法有：中和法、化学沉淀法、氧化还原法、消毒等。

2.3.1 中和法

1. 废水的中和处理

中和法就是使废水进行酸碱的中和反应，调节废水的酸碱度（pH），使其呈中性或接近中性或适宜下一步处理的 pH 值范围。

酸碱废水的来源很广，化工厂、化学纤维厂、金属酸洗与电镀厂等在制酸或用酸过程中，都排出大量的酸性废水。有的含无机酸如硫酸、盐酸等，有的含有机酸如醋酸等，也有的是几种酸并存的情况。酸具有强腐蚀性，碱危害程度较小，但在排至水体或进入其他处理设施前，均须先对酸碱废液进行回收，再对低浓度的酸碱废水进行中和处理。通常废水中除含有酸或碱以外，还含有悬浮物、金属盐类、有机物等杂质，对酸碱废水的回收与处理产生一定影响。

2. 处理方法与设备

通常采用的废水中和方法有均衡法和 pH 直接控制法。

（1）均衡法。

在均衡池中，将酸性废水和碱性废水相混合以达到中和的目的。由于工业废水的水量和水质一般是不均衡的，往往随生产的变化而变化，为了进行水量的调节和水质的均衡，减小高峰流量和高浓度废水的影响，需设置足够容积的均衡池作为预处理的一种设施或中和设备。若废水中和后不能达到规定的 pH 值时，还需稍加废酸或废碱进行适当的调节。

（2）pH 直接控制法。常用的方法有酸碱废水中和法、投药中和法和过滤中和法等。

①酸性废水的中和。常采用投碱中和法与过滤中和法。

投碱中和法所采用的药剂有石灰、废碱、石灰石和电石渣等，但最常用的是将石灰制成乳液湿投，或将石灰石粉碎成细粒后干投。所需处理设备包括废水调节池、石灰乳配制槽或石灰石粉碎机、投药装置、混合反应池、沉淀池以及污泥干化床等。

过滤中和法常以粒状的石灰石、大理石、白云石或电石渣等作为中和的滤料，酸性废水通过滤料进行中和过滤，如中和硫酸废水时，宜采用白云石滤料。主要设备有普通中和滤池（含升流式和降流式两种）和滚筒式中和器，石灰石滤料置于旋转滚筒中与酸性废水进行中和。

②碱性废水的中和。常采用投酸中和法和烟道气中和法。

投酸中和法是采用废强酸或酸性废水进行中和处理，所用设备和中和程序与酸性废水中和法相同。

烟道气中和法是利用烟道气中的二氧化碳与二氧化硫溶于水中形成的酸来中和碱性废水的。具体做法是将烟道气通入碱性废水中，或利用碱性废水作为除尘的喷淋水。两种做法均可得到良好的处理效果，但处理后废水中的悬浮物含量大为增加，硫化物、耗氧量和色度也都有所增加，还需对废水进行补充处理。

2.3.2 化学沉淀法

废水化学沉淀处理法是通过向废水中投加可溶性化学药剂，使之与其中呈离子状态的无机污染物产生化学反应，生成不溶于或难溶于水的化合物沉淀析出，从而使废水净化的方法。投入废水中的化学药剂称为沉淀剂，常用的有石灰、硫化物和钡盐等。

根据沉淀剂的不同，沉淀处理法可分为：①氢氧化物沉淀法，即中和沉淀法，是从废水中除去重金属有效而经济的方法；②硫化物沉淀法能更有效地处理含金属废水，特别是经氢氧化物沉淀法处理仍不能达到排放标准的含汞、含镉废水；③钡盐沉淀法，常用于电镀含铬废水的处理。

化学沉淀法是一种传统的水处理方法，广泛应用于水质处理中的软化过程，也常应用于工业废水处理，以去除重金属和氰化物。

2.3.3 氧化还原法

通过化学药剂与废水中的污染物进行氧化还原反应，从而将废水中的有毒有害污染物转化为无毒或者低毒物质的方法，称为氧化还原法。

在氧化还原反应中，参加化学反应的原子或离子有电子得失，因而引起化合价的升高或降低。失去电子的过程叫氧化，得到电子的过程叫还原。

根据有毒有害物质在氧化还原反应中被氧化或还原，废水中的氧化还原法又可分为药剂氧化法和药剂还原法两大类。在废水处理中常采用的氧化剂有空气中的氧、纯氧、臭氧、氯气、漂白粉、次氯酸钠、三氯化铁等。常用的还原剂有硫酸亚铁、氯化亚铁、铁屑、锌粉、二氧化硫等。

1. 化学氧化法

化学氧化法中常用的方法有臭氧氧化法、氯氧化法、高锰酸钾氧化法等。

（1）臭氧氧化法。臭氧的氧化性在天然元素中仅次于氟，可分解一般氧化剂难以分解的有机物，并且不产生二次污染，因此广泛地应用于消毒、除臭、脱色，以及除酚、氰、铁、锰等。臭氧氧化处理系统中的主要设备是臭氧接触反应器。

（2）氯氧化法。在氯氧化法中的氯系氧化剂包括氯气、氯的含氧酸及其钠盐、钙盐和二氧化氯。氯氧化法除了用于消毒外，还可用于氧化废水中的某些有机物和还原性物质，如氰化物、硫化物、酚、醇、醛、油类，以及用于废水的脱色、除臭等。例如在 pH 值大于 8.5 的碱性条件下用氯气进行氧化，可将氰化物氧化成无毒物质。

（3）高锰酸钾氧化法。高锰酸钾氧化法主要用于去除废水中的酚、SO_2、H_2S 等。在饮用水的处理中，这种方法主要用来杀灭藻类、除臭、除味、除铁、除锰等。该法的优点是处理后的水没有异味，氧化剂容易投配；主要缺点是处理成本高。

2. 化学还原法

化学还原法主要用于处理含铬、含汞废水。

处理含铬废水的还原过程：在酸性条件下，向含铬废水中投加亚硫酸氢钠，将六价铬还原为三价铬；随后投加石灰或氢氧化钠，生成氢氧化铬沉淀；最后将沉淀物从废水中分离出来，达到处理的目的。通过化学还原法可将六价铬转化为三价铬，大大减小了铬的毒性。

处理含汞废水常用金属还原剂，废水中的汞离子被还原为金属汞而置换析出，金属本身被氧化为离子而进入水中。可用于还原汞的金属有铁粉、锌粉、铜粉和铝粉等。

2.3.4 消毒法

水中的致病微生物可分为细菌、原生动物、蠕虫及病毒等四大类。消毒对饮用水是必不可少的处理工艺。城市污水、生活污水、医院废水、屠宰场废水、食品加工厂废水、饲养场废水、皮革厂废水以及某些生化实验室废水中都或多或少地含有某些致病微生物，未经消毒就排放这类废水，将引起严重的卫生问题。因此，这类废水必须进行消毒处理。

消毒方法包括物理法和化学法两大类：

物理法消毒有加热、光照、超声波及辐射等方式，其中，紫外光照消毒法在水处理中应用较多。

化学法消毒是通过向水中投加消毒剂来杀灭致病微生物，目前使用的消毒剂主要有多种氧化剂（如氯及其化合物，溴、碘、臭氧、过氧化氢等）、某些重金属离子（如银、铜等）、合成洗涤剂、季铵盐、酸和碱等，其中以氧化剂类消毒剂最为常见。

2.4 物理化学处理法

物理化学法是利用物质的传质作用来分离去除废水中处于各种形态（包括悬浮、溶解和胶体状态）的污染物或将其转化为无害物质的方法。主要方法有：混凝法、气浮法、过滤法、吸附法、离子交换法、膜分离技术等。

2.4.1 混凝法

化学混凝法简称混凝法，在废水处理中可以用于预处理、中间处理和深度处理的各个阶段。除了除浊、除色之外，混凝法对高分子化合物、动植物纤维物质、部分有机物质、油类物质、微生物、某些表面活性物质、农药，以及汞、镉、铅等重金属，都有一定的清除作用，在废水处理中的应用十分广泛。其优点是：设备费用低，处理效果好，操作管理简单。

1. 混凝法的基本原理

废水中的微小悬浮物和胶体粒子很难用沉淀方法除去，它们在水中能够长期保持分散的悬浮状态而不自然沉降，具有一定的稳定性。混凝法就是向水中加入混凝剂来破坏这些细小粒子的稳定性，使其互相接触而聚集在一起，再形成絮状物并下沉分离的处理方法。前者称为凝聚，后者称为絮凝，一般将这两个过程统称为混凝。具体地说，凝聚是指使胶体脱稳并聚集为微小絮粒的过程，而絮凝则是使微小絮粒通过吸附、卷带和架桥作用而形成更大的聚体的过程。

影响混凝效果的因素有：废水的 pH，水温，废水中的杂质成分、性质、浓度以及搅拌。

（1）废水的 pH 值。水的 pH 能影响颗粒表面的电荷和絮凝体的沉淀过程，它是一个很重要的参数。经验表明，每一种混凝剂都有一个适用的 pH 值范围，在此范围内，经混合凝聚后废水的残余浊度最小。废水的 pH 对混凝效果的影响视混凝剂品种而异。例如，以硫酸铝为混凝剂，当 pH 值在 5.7～7.8 范围内时，形成如 $Al(OH)^{2+}$、$Al(OH)^{+}$ 和 $Al(OH)_3$ 等带正电荷的离子和胶体，有较好的混凝效果；若 pH 值 >8.2 时，则会使 $Al(OH)_3$ 胶体溶解，产生 AlO_2^- 等负离子，对含有负电荷胶体的废水无法起凝聚作用，影响处理效果。用三价铁盐为混凝剂，pH 值在 6.0～8.4 之间都有较好的处理效果。

（2）水温。水温对混凝效果有明显的影响，无机盐类混凝剂的水解是吸热反应，低水温不利于水解进行，特别是硫酸铝，当水温低于 5 ℃时，水解速度极慢。同时，水温低时黏度大，也不利于脱稳胶粒的相互絮凝，影响处理效果。这时可投加高分子助凝剂以改善处理效果，或用气浮法代替沉淀法作为后续处理过程。

（3）废水中的杂质成分、性质、浓度。例如天然水中以含黏土类杂质为主，需投加混凝剂量较小，而当废水中含大量的有机物时，需加入较多的混凝剂才有混凝效果。废水中杂质的影响较为复杂，实际应用时还应以实验结果为依据，来选择混凝剂和确定投加量。

（4）搅拌。搅拌对混合、反应、凝聚几个阶段的效果都有影响，因此，搅拌一定要适度。在混凝剂混合阶段，一般要求快速、剧烈地搅拌，以使混凝剂迅速、均匀地扩散到水中，创造良好的水解和聚合条件，使胶体脱稳并借助颗粒的布朗运动和湍动的水流而凝聚，此阶段不要求形成大的絮凝体；在混凝反应阶段，要求形成大而具有良好沉淀性能的絮凝体，此时过于激烈的搅拌反而会打碎已凝聚的絮状沉淀物，不利于混凝沉淀，因此此阶段的搅拌强度和水流速度应随絮凝体的增大而降低。

2. 混凝剂

（1）混凝剂的分类。混凝剂可分为无机混凝剂、有机混凝剂和高分子混凝剂三类。国内多采用铝盐、铁盐类无机混凝剂。有机混凝剂和高分子混凝剂近年来也有很大发展，作用远比无机混凝剂优越，特别是高分子混凝剂由于具有以下优点而日益受到重视：

①生成的絮凝物大、易沉降分离。

②生成的絮凝物强度大、不易被破坏。

③生成的污泥量少，污泥的沉降、脱水性能良好。

④用量小（为无机凝聚剂的 $\frac{1}{30}\sim\frac{1}{200}$）。

⑤不易受 pH、温度和其他共同存在的盐类的影响。

⑥和无机混凝剂并用可取得更好的效果。

（2）混凝剂的选择及应用条件。混凝剂的选择及使用量要根据废水的具体性质而定，总的原则是所用的混凝剂必须价廉、易得，使用量少，效率高，生成的混凝物易沉降分离。使用无机混凝剂时要注意其适用的 pH 值范围，一般在投加无机盐混凝剂后再添加 pH 调节剂。对于高分子混凝剂，为了充分发挥其在水中的化学架桥作用，应选用能在水中均匀分散且具有吸附活性基因（含非离子型、阳离子型和阴离子型三类）的高分子化合物、水溶性高分子化合物。为了使高分子混凝剂在水中处于较大的分散状态，一般先用纯水或软水溶解配成一定浓度的溶液，然后再加到待处理废水中。因为这些高分子化合物往往会受到水质（如含有钙、铁盐和氧化剂的废水）的影响，使分子的扩散和离子基的离解受到抑制，导致处理效果下降。

铝盐、铁盐和聚丙烯酰胺是常用的几种混凝剂。

3. 助凝剂

当单用混凝剂不能取得较好的效果时，可以投加某种称为助凝剂的辅助药剂来调节、改善混凝条件，提高处理效果。常用的助凝剂有：聚丙烯酰胺（PAM）、活化硅胶、骨胶、海藻酸钠、氯气、氧化钙等。助凝剂主要起以下几个作用：

①投加酸性或碱性物质来调整废水 pH。

②投加活化硅胶、骨胶、PAM 等改善絮凝体结构，利用高分子助凝剂的吸附架桥作用以增强絮凝体的密实性和沉降性能。

③投加氯、臭氧等氧化剂，在采用 $FeSO_4$ 时，可将 Fe^{2+} 氧化为 Fe^{3+}，当废水中有机物过高时，也可使其氧化分解，破坏其干扰作用或使胶体脱稳，以提高混凝效果。

常用的混凝剂有：聚丙烯酰胺、活化硅胶、骨胶、海藻酸钠、氯气、氧化钙等。

2.4.2 气浮法

气浮法就是在废水中通入细小而均匀的气泡使难沉降的固体颗粒或细小的油粒等乳状物粘附上许多气泡，成为一种絮凝体，借助气泡上浮的作用将乳状物带到水面上来，形成浮渣或浮油而被除去。气浮法可以从废水中分离出脂肪、油类、纤维和其他低密度的固体污染物，可用于浓缩活性污泥处理法排出的污泥以及化学混凝处理过程中产生的絮状化学污泥等。目前在给水、工业废水和城市污水处理方面气浮法都有应用。加压溶气气浮法流程示意如图 2－9 所示。

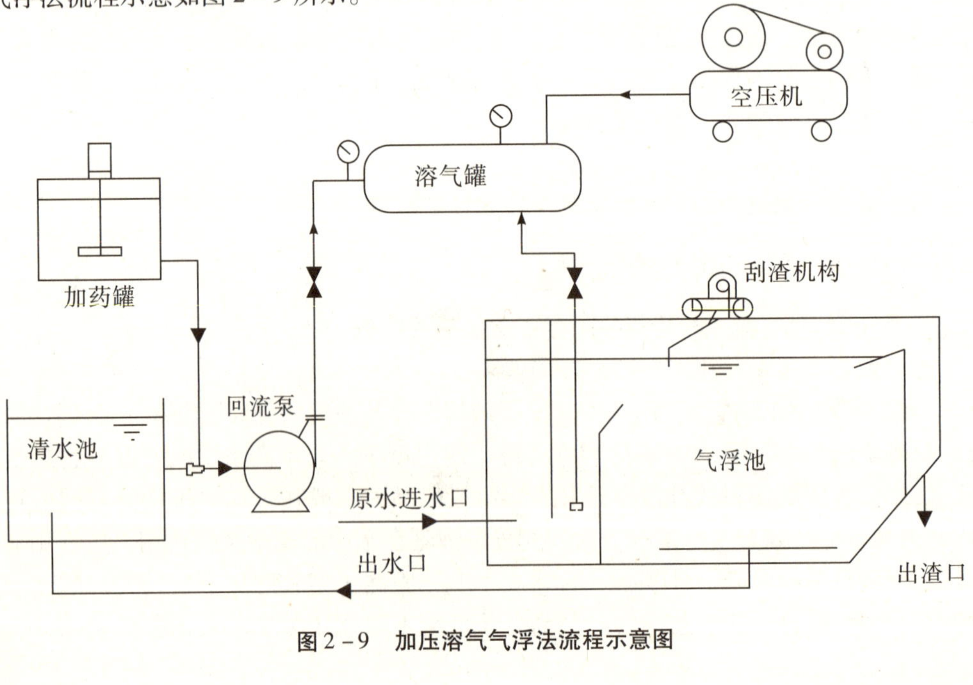

图 2－9　加压溶气气浮法流程示意图

气浮法按照产气方式的不同，可分为溶气气浮法、充气气浮法和电解气浮法等，不同气浮法之间的比较见表 2－2。

表 2－2　几种气浮法的比较

类型	溶气气浮法	充气气浮法	电解气浮法
产气方式	（1）加压溶气 （2）真空释气	（1）压缩空气通过微孔板 （2）机械力高速剪切空气	电解池极板产生的氢气和氧气
气泡直径	加压：50～150 μm 真空：20～100 μm	0.5～1.0 mm	氢气泡：≤30 μm 氧气泡：≤60 μm
表面负荷	5～10 $m^3/(m^2\cdot h)$	5～10 $m^3/(m^2\cdot h)$	10～50 $m^3/(m^2\cdot h)$
适用范围	给水净化、生活污水、工业废水处理。可取代给水和废水处理中的沉淀和澄清处理；可用于废水深度处理的预处理及污泥浓缩	矿物浮选。生活污水、工业废水处理，如油脂、羊毛等废水的初级处理。表面活性剂的泡沫分离	工业废水处理；含各种金属离子、油脂、乳酪、色度和有机物的废水处理

2.4.3　过滤法

过滤指以石英砂等粒状滤料层截留水中的悬浮杂质，从而使水变得澄清的工艺过程。其主要作用：①降低水的浊度；②水中有机物、细菌乃至病毒等将随水的浊度降低而被部分去除。

过滤过程是一个包含多种作用的复杂过程。它包括输送和附着两个阶段，只有将悬浮粒子输送到滤料表面并使之与滤料表面接触，才能产生附着作用，且附着后不再移动才算是被滤料截留成功。

过滤装置的主体是过滤池（图 2－10 所示为普通重力式快滤池结构示意图）或过滤罐，常用的滤料有石英砂、无烟煤、陶粒、塑料珠以及纤维球等。过滤工艺包括过滤和反冲洗两个工作过程。

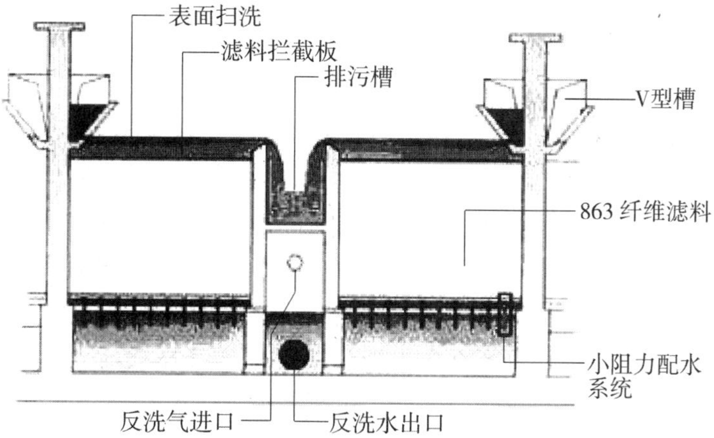

图 2－10　普通重力式快滤池结构示意图

2.4.4 吸附法

吸附法是利用多孔性固体物质吸收分离水中污染物的水处理过程。吸附分离水中污染物的固体物质称作吸附剂，常用的吸附剂有活性炭、活化煤、焦炭、煤渣、树脂、木屑等。

水处理过程中常采用吸附过滤床对水进行吸附法处理，可去除水中重金属（如汞、铬、银、镍、铅等）离子，有时也用于水的深度处理。

影响吸附的主要因素有：①吸附剂的物理、化学性质；②吸附质的物理、化学性质；③废水的 pH；④废水的温度；⑤共存物的影响；⑥接触时间。

常见的吸附剂有活性炭（见图 2－11）、树脂吸附剂（吸附树脂）、腐殖酸类吸附剂。

吸附工艺包括吸附和再生两个工作过程，有静态间歇吸附和动态连续吸附两种方式。吸附设备有固定床、移动床、流动床等形式。

图 2－11　活性炭吸附剂

2.4.5 离子交换法

废水的离子交换处理法是借助于离子交换剂中的交换离子与废水中的离子进行交换而去除废水中有害离子的方法。

离子交换剂有无机质和有机质两类。无机质主要是天然物质海绿砂或合成沸石，有机质有磺化煤和树脂。离子交换剂由两部分组成，一是不参加交换过程的惰性物母体，如树脂的母体是由高分子物质交联而成的三维空间网络骨架；二是联结在骨架上的活性基团（带电官能团）。母体本身是电中性的。活性基团包括可离解为同母体紧密结合的惰性离子和带异号电荷的可交换离子。可交换离子为阳离子（活性基团为酸性基）时，称作阳离子交换树脂；可交换离子为阴离子（活性基团为碱性基）时，称作阴离子交换树脂。

离子交换工艺包括交换、反洗、再生、淋洗四个过程。离子交换的运行方式有静态运行和动态运行两种。交换设备有固定床、移动床、流动床等，图 2－12 所示为固定床离子交换设备。

图 2－12　固定床离子交换设备

2.4.6　膜分离技术

利用具有选择透过性能的薄膜，在外力推动下对溶液中的双组分或多组分溶质进行分离、提纯、浓缩的方法，统称为膜分离法。

与传统的分离技术相比，膜分离技术具有以下特点：

（1）效率高。传统分离技术的最小分离极限是微米（μm），而膜分离技术可分离颗粒大小为纳米（nm）的物质。

（2）能耗低。膜分离过程不发生相变，与其他方法相比能耗较低。例如在海水淡化过程中，反渗透法耗能最低。

（3）应用范围广。膜分离技术不仅适用于有机物、无机物、细菌和病毒的分离，而且还适用于溶液中大分子与无机盐的分离、一些共沸物或近沸物等特殊溶液体系的分离。

（4）占地小。作为一种新型的水处理方法，与常规水处理方法相比，膜分离法的设备紧凑、占地面积小。

（5）操作方便。容易实现自动化操作，便于运行管理，可以频繁启动或停止。

根据分离精度和驱动力的不同，膜分离技术可分为不同的种类，如表 2－3 所示。

表 2－3　膜分离技术的分类

种类	膜的功能	分离驱动力	透过物质	被截留物质
微滤	脱除颗料尺寸物质	压力差	水、溶剂和溶解物	悬浮物、大分子有机物
超滤	脱除溶液中的胶体、各类大分子	压力差	溶剂、离子和小分子	蛋白质、各类酶、细菌、病毒、胶体、微粒子

续上表

种类	膜的功能	分离驱动力	透过物质	被截留物质
反渗透和纳滤	脱除溶液中的盐类及低分子物质	压力差	水和溶剂	无机盐、糖类、氨基酸、有机物等
透析	脱除溶液中的盐类及低分子物质	浓度差	离子、低分子物、酸、碱	无机盐、糖类、氨基酸、有机物等
电渗析	脱除溶液中的离子	电位差	离子	无机离子、有机离子
渗透汽化	溶液中的低分子及溶剂间的分离	压力差、浓度差	蒸汽	液体、无机盐、乙醇溶液
气体分离	气体混合物中不同组分的气体分离	浓度差	气体	气体

2.5 废水生物处理法

生物处理法是污水处理中应用最广泛且比较有效的一种方法。它是利用自然界中存在的各种微生物，将污水中的有机物分解和向无机物转化，达到净化水质、消除其对环境污染和危害的目的。

按照微生物对氧的需求，生物处理法可分为好氧、厌氧（含缺氧）两大类；按微生物生长方式的不同又可分为悬浮生长、固着生长、混合生长三大类。此外，还可以按照操作条件和用途等的不同进行分类。

好氧生物处理是指在污水中有分子氧存在的条件下，利用好氧微生物包括兼养微生物降解有机物，使其稳定、无害化的处理方式。厌氧生物处理指在没有分子氧及化合态氧存在的条件下，利用兼性细菌与厌氧细菌降解和稳定有机物的生物处理方法。

常用的好氧生物处理工艺包括：普通活性污泥法、氧化沟、间歇式活性污泥法、生物接触氧化法、生物转盘以及曝气生物滤池等。常用的厌氧生物处理工艺包括：水解酸化池、普通厌氧消化池、厌氧接触法、厌氧滤池、上流式厌氧污泥床反应器（UASB）、内循环厌氧反应器（IC）、厌氧流化床以及膨胀颗粒污泥床反应器（EGSB）等。在废水处理工程实践中，往往是将厌氧、缺氧、好氧工艺进行合理组合，以弥补不同处理方法的缺陷，达到理想的处理效果。A/O（厌氧—好氧）脱氮工艺、A^2/O（厌氧—缺氧—好氧）脱氮除磷工艺等是常用的多种处理方法相结合的组合工艺。

2.5.1 活性污泥法

1. 活性污泥

活性污泥是由多种好氧微生物与兼性厌氧微生物（在某些情况下还可能有少量厌氧微生物）与废水中的有机、无机固体物混凝交织在一起形成的絮状物。使活性污泥起到净化功能的主体是细菌，多数是革兰阴性菌，此外还有大量的原生动物和后生动物，以及微生物代谢残留物和一些从污水中夹带的惰性有机物、无机物等。

活性污泥的含水率在99%左右，密度为1.002～1.006 g/m^3。其结构疏松，表面积很大，对有机污染物有着强烈的吸附和氧化（分解）能力。此外，活性污泥还具有良好的自身凝聚和沉降性能。

2. 活性污泥法的原理及环境影响因素

活性污泥法的工艺原理是在人工充氧的曝气池中，利用活性污泥去除废水中的有机物，然后在二沉池中使污泥与水分离，大部分污泥再回流到曝气池中，多余部分则排出。

普通活性污泥法的处理系统由以下几部分组成：①曝气池；②曝气系统；③二沉池；④污泥回流系统；⑤剩余污泥排放系统。其示意图见图2－13。

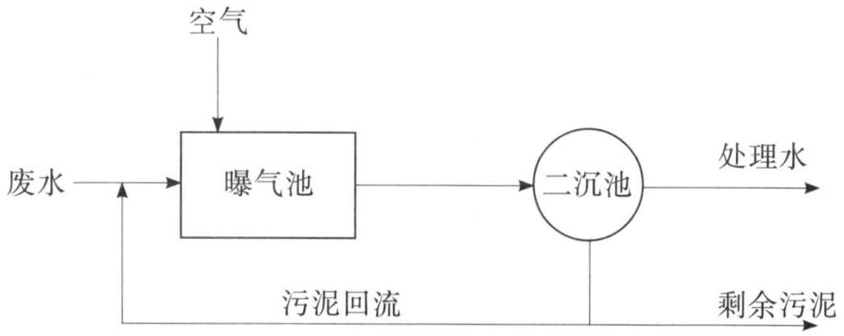

图2－13　普通活性污泥法的处理系统示意图

活性污泥法净化废水的能力强、效率高、占地面积少、臭味轻微，但产生剩余污泥量大，另外需要消耗一定的电能来向废水中不断供氧。

影响活性污泥性能的环境因素主要有：①溶解氧（好氧处理中，一般在1.5～2 mg/L为宜）；②水温（好氧处理中，宜在15～25 ℃的范围内）；③pH值（一般以6.5～9为宜）；④营养料［一般要求BOD_5（生化需氧量）∶N∶P＝100∶5∶1为宜］；⑤有毒物质（重金属、一些非金属化合物、油类物质等）数量亦应加以控制。

3. 活性污泥的性能评价指标

活性污泥的性能评价指标主要有以下几项。

（1）生物相观察：即利用光学显微镜或电子显微镜，观察活性污泥中的细菌、真菌、原生动物及后生动物等微生物的种类、数量、优势度及其代谢活动等状况，在一定程度上反映整个系统的运行状况。

（2）混合液悬浮固体浓度（MLSS）：指曝气池中单位体积混合液中活性污泥悬浮固体的质量，也称为污泥浓度。MLVSS代表混合液悬浮固体中有机物的含量。

（3）污泥的沉降比（SV）：指曝气池混合液静止30 min后沉淀污泥的体积分数，通常采用1L的量筒测定污泥沉降比。

（4）污泥体积指数（SVI）：指曝气池混合液沉淀30 min后，每单位质量干泥形成的湿污泥的体积，常用单位为mL/g。

污泥体积指数（SVI）能较好地反映出活性污泥的松散程度、凝聚和沉降性能。一般城市污水正常运行条件下的SVI值在100～150 mL/g之间。SVI值过低，说明泥粒细小，无机质含量高，缺乏活性；SVI值过高，说明污泥的沉降性能不好，并且已有产生膨胀现象的可能。如果SVI＞200 mL/g，污泥难于分离，容易产生污泥膨胀。

（5）污泥龄（SRT）：又称污泥平均停留时间，指每日新增的污泥平均停留在曝气池中的天数，也就是曝气池全部活性污泥平均更新一次所需的时间（单位为d），或工作着的活性污泥总量与每日排放污泥量的比值。

4. 活性污泥法的运行方式

活性污泥法的运行方式主要有以下几种。

（1）传统推流式：污水和回流污泥在曝气池的前端进入，在池内呈推流式流动至池的末端，而充氧设备设置是沿池长均匀布置的，因此会出现前半段供氧不足、后半段供氧超过需要的现象。

（2）渐减曝气法：渐减曝气所布置的扩散器使曝气强度沿流程递减，使得供气量与各部位混合液的需氧量大致成正比。这样可以节省能量，提高处理效率。

（3）阶段曝气法：采用分点进水方式，入流污水在曝气池中分3～4点进入，均衡了曝气池内有机污染物的需氧量，提高了曝气池的工作能力，减轻了水量的冲击负荷。

（4）完全混合法：进入曝气池的污水很快被池内已存在的混合液所稀释、匀化。因此，池液的组成变化较小，污水在曝气池内分布均匀，有机负荷率（F/M）均等，各部分有机污染物降解工况相同，微生物群体的组成和数量几近一致，曝气池内混合液的需氧速率均衡。

（5）高负荷曝气法：在系统与曝气池的构造方面与传统推流式活性污泥相同，但曝气停留时间为1.5～3 h，曝气池活性污泥处于生长旺盛期。其主要特点是有机容积负荷或污泥负荷高，处理效果低。

（6）延时曝气法：曝气时间很长，剩余污泥少而稳定，无须消化，可直接排放。本工艺还具有处理过程稳定性高，对进水水质、水量变化适应性强，不需要初沉池等优点。

（7）吸附—生物降解工艺法（AB法）：处理效果稳定，具有抗冲击负荷和pH变化的能力。该工艺装备还可以根据经济实力进行分期建设。

（8）氧化沟：氧化沟是延时曝气法的一种特殊形式，它的池体狭长，池深较浅，在沟槽中设有表面曝气装置。其曝气装置的转动推动沟内液体迅速流动，具有曝气和搅拌两个作用。

（9）序批式活性污泥法（SBR法）：其操作流程由进水、反应、沉淀、出水、闲置五个基本过程组成，从污水流入开始至闲置阶段结束构成一个周期，所有处理过程都是在同一个设有曝气或搅拌装置的反应器内依次进行，混合液始终留在池中，从而不需另外设置沉淀池。

活性污泥法具有处理能力强、出水水质好等优点，是当今世界范围内应用最广泛的一种废水生物处理工艺。但是，它存在基建与运行费用较高、能耗较大、管理较复杂、易出现污泥膨胀和污泥上浮，以及对氮、磷等营养物质去除效果有限等问题。

2.5.2 生物膜法

生物膜法是依靠附着生长在固体介质表面的微生物来去除废水中的溶解性有机污染物，是一种污水土地处理的人工强化法。

生物膜去除污染物质的过程为：含有机分子的水→生物膜附着生长在载体表面→改良载体表面→浮游微生物细胞变成不可解吸细胞→摄取并消耗水中的营养物质→产生胞外多聚物，将生物膜紧紧地结合在一起→进入水中。这一过程如图 2－14 所示。

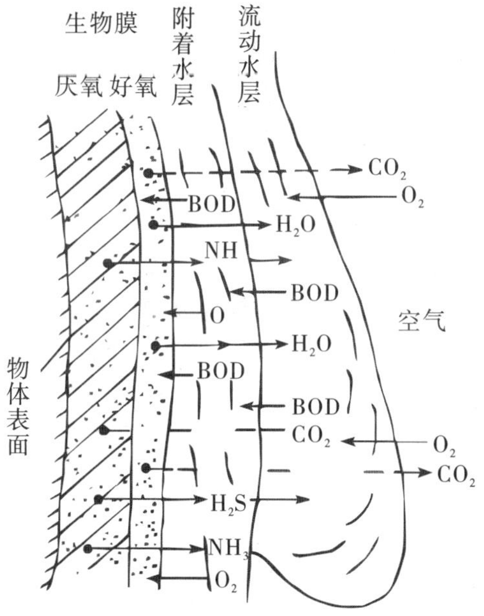

图 2－14　生物膜去除污染物质过程示意图

1. 生物膜法的特征

与活性污泥法相比，生物膜法主要有如下特征。

（1）生物相特征。

①生物多样化。能够形成一个复杂稳定的复合生态系统。

②食物链长。形成细菌—真菌—原生动物—后生动物—微型动物的长食物链，生物膜上能够栖息高水平的生物，污泥量低于活性污泥法。

③能存活世代时间较长的微生物。由于呈固着态，生物固体平均停留时间长，因此在生物膜上能够生长世代时间较长、增殖速度较慢的微生物。

④生物膜法可分段进行并有利于培养优势菌种。

（2）工艺特征。

①对水质、水量变动具有较强的适应性，耐冲击负荷，并能够处理低浓度的污水，生物膜反应器受水质水量变化而引起的有机负荷和水力负荷波动的影响较小，即使有一段时间中断进水或工艺遭到破坏，反应器的性能也不会受到致命影响，恢复起来也较快。

②污泥沉降性能良好，易于固液分离；剩余污泥产量少，能降低污泥处理和处置的

费用。

③生物量多，处理能力大，净化功能显著提高。

④易于运行管理，节能，减少污泥膨胀问题。

2. 生物膜法的种类

生物膜法按接触方式的不同，可分为填充式（如生物滤池、生物转盘）和浸渍式（如接触氧化法、生物液化床）。

（1）生物滤池。

普通生物滤池由滤床（滤料等）、布水设备（进水口、布水器等）、排水系统（集水沟、排水渠、出水口等）、通风系统和池体五部分组成（其示意图见图 2－15）。污水通过布水管从滤池顶上洒下，经滤料表面时，各种微生物随污水吸附于滤料上，不断生长繁殖成一层微生物膜。这一层膜对不断通过的污水中的有机物有很强的吸附、吸收和降解能力，从而使废水得到净化。

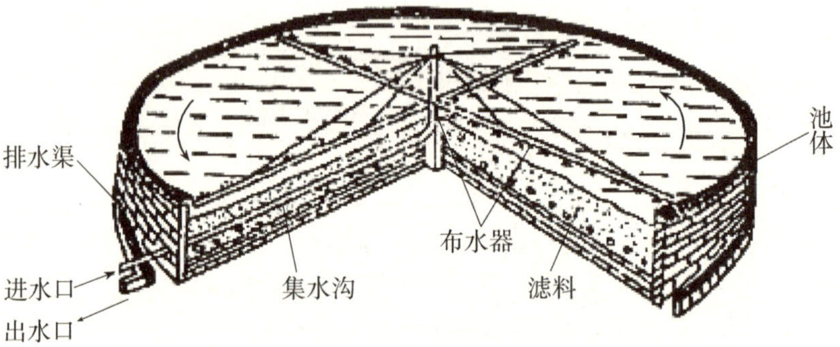

图 2－15　普通生物滤池的构造示意图

生物滤池的优点是：能耗低；无污泥回流，操作简单；二沉池无污泥膨胀问题；污泥浓缩脱水性能好；抗冲击负荷能力强。存在问题有：出水水质较差；对低温有较强的敏感性；产生气味；生物膜脱附难以控制等。

（2）生物接触氧化法。

生物接触氧化法是一种浸渍式生物膜法，又称“淹没式生物滤池法”或“接触曝气法”。它兼有活性污泥法和生物膜法的特点。

生物接触氧化法的中心处理构筑物为生物接触氧化池，它是由池体、填料、布水布气装置等几部分组成（示意图见图 2－16）。池体的作用除了提供污水净化的场所外，还要考虑填料，布水、布气等设施的安装。一般总高度为 3.5～6 m。填料是接触氧化池的核心，直接影响着生物接触氧化处理的效率。布水布气装置的作用是保证气、水均匀，防止死区，以便使所有填料均能发挥作用。

3. 生物膜法的主要缺点

（1）需要较多的填料和支撑结构，在不少情况下基建投资超过活性污泥法。

（2）出水常常携带较大的脱落的生物膜片，大量非活性细小悬浮物分散在水中使处理水的澄清度降低。

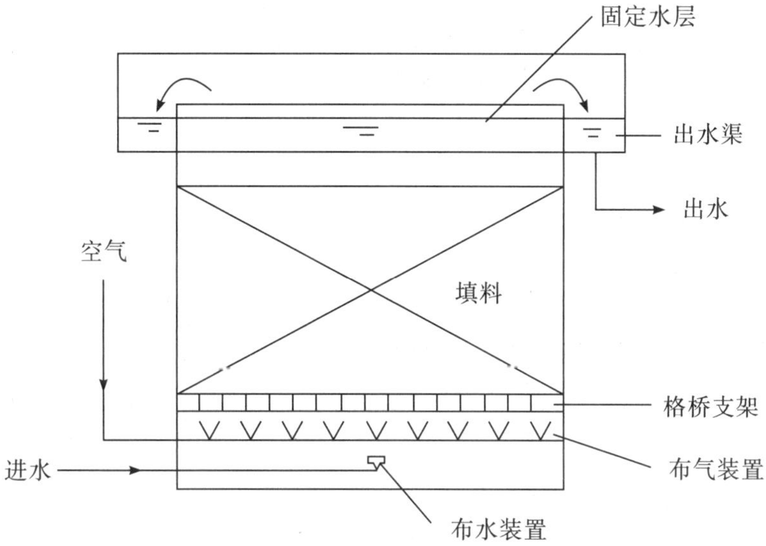

图 2－16　生物接触氧化池示意图

2.5.3　厌氧生物处理

废水厌氧生物处理是指在无分子氧的条件下，通过厌氧微生物（包括兼氧微生物）的作用，将废水中的各种复杂有机物分解转化为甲烷和二氧化碳等物质的过程，也称厌氧消化。影响厌氧生物处理的主要因素有：pH、温度、生物固体停留时间（污泥龄）、搅拌和混合、营养与 C/N 比、有毒物质等。

1. 厌氧生物处理的过程

厌氧生物处理通常分为三个阶段：

第一阶段为水解发酵阶段：复杂的有机物在厌氧菌胞外酶的作用下，首先被分解为简单的有机酸；简单的有机酸在产酸菌的作用下经过厌氧发酵和氧化转化成乙酸、丙酸、丁酸等。

第二阶段为产酸产气阶段：产氢产乙酸菌把第一阶段中产生的中间产物转化为乙酸和氢气，并有二氧化碳生成。

第三阶段为产甲烷阶段：产甲烷菌把第一阶段至第二阶段产生的乙酸、氢气和二氧化碳等转化为甲烷。

厌氧生物处理可以在中温（35～38 ℃）进行（中温消化），也可在高温（52～55 ℃）进行（高温消化）。因为在厌氧生物处理过程中需考虑各项因素对产甲烷菌的影响，产甲烷菌在这两个温度段时，活性最高，处理效果最好。

2. UASB 反应器

上流式厌氧污泥床反应器（UASB）是一种非常高效的厌氧反应器。其构造如图 2－17 所示。在反应器的底部有一个高浓度、高活性的颗粒污泥层，污水自下而上通过厌氧污泥床反应器，大部分的有机物在这里被转化成 CH_4 和 CO_2。由于气态产物（消化气）的搅动，在颗粒污泥层之上形成一个悬浮污泥层。反应器上部设有气、液、固三相分离器，被分离的消化气从上部导出，被分离的污泥则自动滑落到悬浮污泥层。出水则从反应器上部的澄清区流出。由于在反应器内可以培养出大量厌氧颗粒污泥，使反应器的负荷很大，对于一般的高浓度有机废水，当水温在 30 ℃左右时，负荷率可达 10～20 kg COD/（m^3·d）。

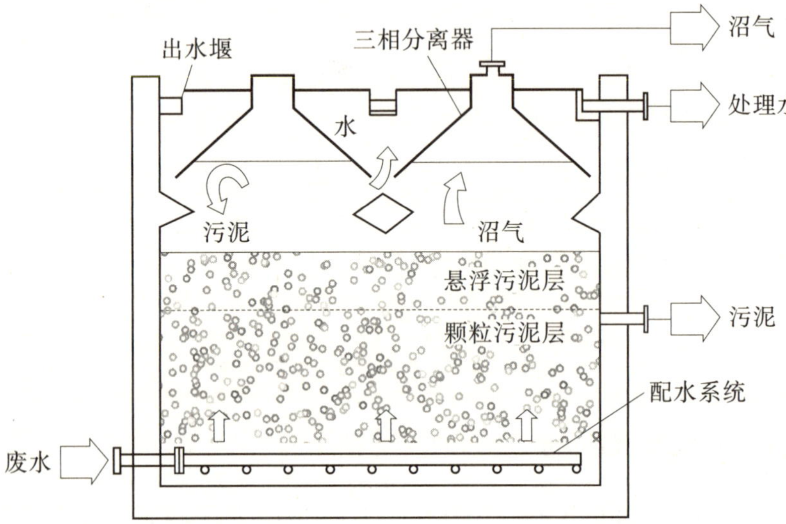

图 2－17　上流式厌氧污泥床的构造示意图

3. 厌氧生物处理的优缺点

（1）厌氧生物处理的优点。

①厌氧废水处理技术成本低、经济性好。

②厌氧处理不但耗能少，而且能产生大量的能源。

③厌氧废水处理负荷高、占地少，处理系统规模灵活，可大可小，设备简单，易于操作。

④厌氧方法可以处理高浓度的有机废水。

⑤厌氧方法产泥量少，剩余污泥脱水性能好。

⑥厌氧方法对营养物的需求量少，其生物耗氧量（BOD）：N：P＝(350～500)：5：1。

⑦厌氧方法的菌种（如厌氧污泥颗粒）沉降性能好，生物活性保存期长。

（2）厌氧生物处理的缺点。

①厌氧方法虽然负荷高、进水浓度高且有机物去除性绝对量高，但其出水的化学耗氧量（COD）浓度高于好氧处理，一般不能达标排放。

②厌氧反应器初次启动过程缓慢，一般需要 8～12 周的时间，其主要原因是厌氧细菌增殖缓慢。

③厌氧过程常常会产生异味（产生 CH_4、H_2S 及挥发性有机物等），控制不好易给周围环境带来污染与危害。

④厌氧微生物对毒性物质较为敏捷，如果对于有毒废水性质了解不足或操作不当，则在严重时可能会导致反应器运行条件的恶化。

思考与练习

1. 污水按来源不同可分为哪几种？污水中常见的污染物及水质指标有哪些？

2. 格栅有什么作用？其有哪几种类型？

3. 污水处理厂为什么要进行污水调节？有哪几种调节池？

4. 沉砂池主要去除什么污染物？有哪几种类型？

5. 沉淀池有什么作用？有哪些结构形式？一般由哪几个部分组成？

6. 根据沉淀剂的不同，化学沉淀法可分为哪几种？

7. 在废水处理中，常用的氧化剂与还原剂有哪些？

8. 在废水处理中，常用的混凝剂有哪些？影响混凝效果的因素有哪些？

9. 什么叫作气浮法？气浮法常用来去除哪些污染物？

10. 过滤过程一般分为哪几个阶段？常用的滤料有哪些？

11. 什么叫作吸附法？常用的吸附剂有哪些？

12. 什么叫作活性污泥？活性污泥法处理系统一般由哪几部分组成？活性污泥的性能评价指标主要有哪些？

13. 什么叫作 SBR 法？SBR 法操作周期一般包括哪几个基本过程？

14. 什么叫作生物膜法？与活性污泥法相比，生物膜法主要有哪些特征？

15. 什么叫废水厌氧生物处理？厌氧生物处理有哪些优缺点？

第3章
水处理药剂基本知识

学习目标

1. 掌握絮凝剂的分类、品种、选择及效果影响因素。
2. 掌握消毒剂的分类、品种、选择及效果影响因素。
3. 了解阻垢剂、缓蚀剂、浮选剂的类别及品种。
4. 了解全自动加药装置。

3.1 基本知识

3.1.1 絮凝剂

3.1.1.1 絮凝剂的定义

目前絮凝剂尚没有一个统一的概念，相对较准确的观点是：凡是用来使水溶液中的溶质、胶体或悬浮颗粒产生絮状沉淀的物质都叫絮凝剂。无论投加的是无机物还是有机物，只要能发生絮状沉淀过程，都可称之为絮凝剂。若某絮凝剂含有两种或两种以上的物质发挥絮凝作用，则把该絮凝剂称为复合絮凝剂。

3.1.1.2 絮凝剂的作用

(1) 对化学耗氧量（COD）的影响。

絮凝剂在用水与废水处理过程的固液分离中占有重要的地位。人们早已注意到利用混凝法或絮凝净化技术来脱除水中的细微颗粒。减少胶体物质与降低水中 COD 值密切相关，即絮凝剂能简单有效地脱除 80% ~95% 的悬浮物质和 65% ~95% 的胶体物质，因而对降低水中 COD 值有着重要的作用。

（2）消毒杀菌的作用。

絮凝剂去除水中细菌、病毒的效果稳定，通过絮凝净化，一般能把水中 90% 以上的微生物与病毒带入污泥，使水处理过程中进一步消毒、杀菌变得比较容易。

（3）除磷脱色的作用。

日益受到重视的水体富营养化、废水脱色等问题，通过采用无机絮凝剂可以得到改善。无机絮凝剂兼有除磷、脱色等效能，比生物除磷、脱色效果要好。

（4）改善污泥脱水。

污泥脱水问题是当今废水处理的主要问题。目前最行之有效的办法是通过投加适当的无机化学药剂和阳离子高分子絮凝剂改善污泥形状，使下一步机械脱水便于处理。

3.1.1.3 絮凝剂的分类

絮凝剂的分类方法有多种。按成分的不同，一般可将其分为无机絮凝剂、有机絮凝剂，以及近年来兴起的生物絮凝剂；若根据分子量的高低、官能团的特性及官能团离解后所带电荷的性质，可进一步分为高分子、低分子、阳离子型、阴离子型和非离子型等絮凝剂。絮凝剂的分类如表 3－1 所示。

表 3－1　絮凝剂的分类

主要分类		典型代表物
无机絮凝剂	无机低分子型	硫酸铝、硫酸铁、氯化铁
	无机高分子阳离子型	聚合氯化铝，聚合硫酸铝
	无机高分子阴离子型	聚合硅酸
	无机高分子阳离子复合型	聚氯化铝铁、聚硫酸铝铁、聚磷氯化铁
	无机高分子阴阳离子复合型	聚硅酸硫酸铁铝、聚硅酸氯化铝、聚硅酸硫酸铝、聚硅酸氯化铁
有机絮凝剂	合成有机高分子型	聚丙烯酰胺、聚氯乙烯
	天然有机高分子型	淀粉衍生物、甲壳素、木质素、腐殖酸
微生物絮凝剂	微生物絮凝剂	细菌、霉菌、酵母菌

1. 无机絮凝剂

无机絮凝剂主要分为铝系絮凝剂、铁系絮凝剂和聚硅酸类絮凝剂三类。

（1）铝系絮凝剂。

明矾、硫酸铝和铝酸钠等铝盐都属于铝系低分子絮凝剂，很早以前就被使用，也是应用最为广泛的一类絮凝剂。这类絮凝剂的主要作用机理是通过对水中胶体颗粒的压缩双电层作用、吸附架桥作用及沉淀物卷扫作用，使胶体颗粒脱稳，从而聚集、沉降。19世纪末美国最先将铝系（硫酸铝）絮凝剂用于水处理中，之后铝系絮凝剂因其卓越的混凝沉降性能而被广泛采用。即使是现在，世界上仍有大多数污水处理厂使用铝系絮凝剂。

①铝系低分子絮凝剂。尽管铝盐已被广泛使用，但铝是一种对人体有害的物质，它进入人体后，会在一些机体组织中积蓄，使体内必需的营养元素和微量元素沉积，无法被吸收，影响人体生理功能，导致出现诸如铝性脑病、铝性贫血等中毒病症。此外，铝盐溶液的 pH 范围小，对解决城市供水管网的电化学腐蚀问题造成一定的影响。

②铝系高分子絮凝剂。为解决低分子絮凝剂的问题，铝系高分子絮凝剂应运而生。铝系高分子絮凝剂包括聚合氯化铝（PAC）、聚合硫酸铝（PAS）、聚合磷酸铝（PAP）等高分子铝盐以及含铝复合型絮凝剂（如聚硫酸氯化铝、聚磷酸氯化铝）等。聚合氯化铝（PAC）是最常用的铝系高分子絮凝剂。因为 PAC 对高浊度、低浊度、高色度及低温水都有较好的混凝效果，其效能在许多方面优于明矾等传统铝盐，如铝残留量少，投加量小，絮凝体形成速度快且易沉淀，水温及 pH 的适应范围广。但其投加量不宜过多，否则会使水变浑浊。PAC 的生产方法有中和法、凝胶法和热分解法等。

想一想：铝系低分子絮凝剂对人体有害吗？

（2）铁系絮凝剂。

由于铝盐对身体的危害性，人们开始寻找一类可以替代铝盐的絮凝剂。在20世纪30年代，人们发现了铁系絮凝剂，其不仅安全无毒，可避免二次污染，而且还有混凝能力强、沉降快、水温和 pH 适应范围广、价格便宜等特点。尤其是在低温条件下，铁盐的混凝效果明显优于铝盐。但其腐蚀性强，对设备要求高，且铁盐絮凝剂中的 Fe^{3+} 与水中腐殖质等有机物可形成水溶性污染物，使自来水带色，所以要慎重选取。

①铁系低分子絮凝剂。简单的铁盐絮凝剂主要有三氯化铁、硫酸亚铁、氯化亚铁等。与铝盐絮凝剂类似，铁盐絮凝剂也从简单的低分子向高分子方向发展。

②铁系高分子絮凝剂。聚合硫酸铁（PFS）广泛应用于净水处理和污水处理。PFS 与聚胺、二甲基二烯丙基氯化铵均聚物、阳离子聚合物、强无机氧化剂等进行复配，具有非常好的复合性能，如复配有机—聚合硫酸铁絮凝剂性能优异、产品稳定。复合后的絮凝剂对于低温低浊度水、高浊度水、市政污水、印染废水等均具有良好的处理效果。除 PFS 以外，还有聚合磷酸铁（PFP）、聚合氯化铝铁（PAFC）、聚合硫酸铝铁（PAFS）、聚合硅酸铝铁（PAFS）、聚合磷氯化铁（PPFC）、聚合硫酸氯化铁（PASC）、聚合氯化硫酸铁（PFCS）等复合型絮凝剂。它们比 PAC 和聚合氯化铁（PAF）分子量大，混凝效果好，广泛用于石化厂、钢铁厂、煤矿和印染废水的处理。

（3）聚硅酸类絮凝剂。

聚硅酸絮凝剂是在20世纪30年代才开始应用的一种新型絮凝剂，此类絮凝剂的组分在通常条件下带负电荷，属阴离子高分子絮凝剂。其吸附架桥能力增强，聚合度增大，处理效果强，形成的矾花大而易于沉降。但这种絮凝剂在储存时易发生自聚反应，析出硅胶而失去混凝功能，因此只能现场制备，从而限制了其应用和推广。

2. 有机絮凝剂

有机絮凝剂主要分为合成有机高分子絮凝剂和天然有机高分子絮凝剂。

（1）合成有机高分子絮凝剂。

自1960年以来，人工合成的有机高分子絮凝剂已在水处理及污泥处置中得以广泛应用。根据所带电荷性质的不同，合成有机高分子絮凝剂可分为阳离子型、阴离子型、非离子型和两性型，水处理中使用较多的是前三类絮凝剂。

阳离子型有机高分子絮凝剂主要是分子重复单元中含有正电荷的氨基（$—NH_3^+$）、亚氨基（—NH—）或季铵基（R_4N^+）的水溶性聚合物，主要品种有二甲基二烯丙基氯化铵与丙烯酰胺的共聚物或均聚物和聚乙烯基咪唑啉等。由于阳离子型有机高分子絮凝剂兼具强电中和与吸附架桥作用，目前我国对此类絮凝剂的研究开发力度正在不断加强。

阴离子型有机高分子絮凝剂主要是分子重复单元中包含—COOM（其中M为氢离子或金属离子）基团或$—SO_3H$基团的水溶性聚合物，主要品种有部分水解的聚丙烯酰胺（包括聚丙烯酸钠）和聚磺基苯乙烯。其中以聚丙烯酰胺用得最多，其产量约占合成有机高分子絮凝剂生产总量的80%。它是一种线型高分子化合物，分子量在150万~2 000万之间。

非离子型有机高分子絮凝剂的主要品种有未水解的高分子聚丙烯酰胺和聚氧化乙烯。“未水解”是指在聚丙烯酰胺分子重复单元中，已水解的酰胺基占全部酰胺基的比例低于3%，而不是完全没有水解。

合成有机高分子絮凝剂已广泛用于造纸、土建、化工、钢铁、机械等各种废水处理中，但由于聚电解质的毒性，其应用受到一定的限制。与无机絮凝剂相比，有机高分子絮凝剂具有用量少、絮凝速度快、生成污泥量少等优点。

（2）天然有机高分子絮凝剂。

在近代水处理中，通过化学改性的天然高分子化合物仍是一类重要的絮凝剂。其特点是分子量分布广、活性基团点多、结构多样化等，尤为突出的是它安全无毒，具有良好的环境可接受性。但此类絮凝剂由于电荷密度较小、分子量较低、易发生生物降解而失去絮凝活性等原因，其应用少于合成有机高分子絮凝剂。目前，天然有机高分子絮凝剂的主要品种有淀粉类、半乳甘露聚糖类、纤维素衍生物类、微生物多糖类及动物骨胶类等五大类。

3. 微生物絮凝剂

微生物絮凝剂（MBF）是20世纪80年代后期开发出来的第三代絮凝剂。该絮凝剂是利用生物技术，通过微生物发酵抽提而得到的一种新型、高效、价廉的水处理药剂。

微生物絮凝剂的絮凝机理有三种：桥联作用、电中和作用和卷扫作用。由于絮凝剂的分子量较大，一个絮凝剂分子可以同时和几个悬浮颗粒结合，因此在适宜的条件下微生物絮凝剂可以迅速形成网状结构而沉积，表现出很强的絮凝能力。与无机絮凝剂或有机絮凝剂相比，微生物絮凝剂具有高效、无毒、可消除二次污染、适用范围广、脱色效果独特的特点。微生物絮凝剂虽然有诸多优点，但其产量小、成本高，因此如何降低微生物絮凝剂的生产成本、提高生产效率，是扩大其应用的关键所在。

4. 复合型絮凝剂

（1）无机—无机复合型。无机—无机复合型絮凝剂大致可归纳为金属离子复合型、酸根复合型以及多种离子复合型。多种金属离子（如铝离子、铁离子等）的参与聚合，可使多元聚合物除具有单元无机高分子絮凝剂的共同优点外，还因异核金属离子的交错排列，能形成更长、更稳定的分子链，包裹吸附更多的溶胶粒子，而具有桥长、单元多、絮体大而稳定的特点，同时兼具卷扫混凝作用。金属离子复合型主要包括聚合氯化铝铁（PAFC）、聚合硫酸铝铁（PAFS）、聚合硅酸氯化铝铁（PSAF）等。

（2）无机—有机复合型。无机高分子絮凝剂对各种复杂成分的水处理适用性强，但生成絮体小，且投药量大，生成污泥量大；相比之下，有机高分子絮凝剂用量少，絮凝速度快，生成污泥量少；有机高分子絮凝剂可带—COO—、—NH—、—OH 等亲水基团，可具链状、环状等多种结构，利于污染物进入絮体，脱色性好。两者的结合使用效果优于单用，是絮凝剂的一个发展方向。以聚合氯化铝（PAC）中加入聚丙烯酰胺（PAM）为代表，这类絮凝剂既有电荷中和能力，又有吸附架桥性能，因而使得混凝效果大大提高，吸附活性增强。

5. 微生物—无机或有机复合絮凝剂

用量大、成本高等问题严重地制约着微生物絮凝剂的大规模生产，使其在工业上的应用受到很大的限制。

3.1.2 消毒剂

目前，污水的消毒方法通常有物理法和化学法两种。

3.1.2.1 物理法

物理消毒法是指采用紫外线消毒，即通过紫外灯放射出紫外线，利用 C 波段（254 nm）紫外光对细菌及病原微生物的高效广谱杀灭能力，使水得到有效的消毒和净化。

3.1.2.2 化学法

化学消毒法是指投加液氯、次氯酸钠、二氧化氯等强氧化剂杀灭污水中有害的病原微生物，这些强氧化剂能与细菌和病毒的蛋白质结合，使其变性，从而使病原微生物致死，有效地降低了水中的细菌数量。

污水处理中应用的化学消毒剂主要有卤素消毒剂（包括氯气、液氯、二氧化氯、次氯酸钠等）、臭氧和过氧乙酸。除了本身的化学性质外，化学消毒剂的杀菌能力还与水质情况有关。

1. 氯气

氯气（Cl_2）的消毒杀菌能力强、成本低，但氯气消毒受水 pH 的影响，pH 值升高，其消毒性能大为下降。且氯气消毒的副产物有 20 多种，主要是三卤甲烷（THMs）和其他卤化物（如卤代丙烯腈、卤代酮、卤代醋酸、三氯硝基甲烷、氯化氰、甲醛、乙醛等），三卤甲烷已被确认为致癌物。美国安全水法中，一溴二氯甲烷、二氯乙酸、溴酸盐等都被列为可疑致癌物。美国国家癌病研究所研究结果表明，二氯甲烷、溴二氯甲烷、二溴氯甲烷、溴仿等约 6 种氯化消毒副产物具有致突变性。

自 20 世纪 40 年代起，氯气消毒就是使用最为广泛的污水消毒方法，在预防水传播疾病方面起着主要的作用。我国在 20 世纪 80 年代建设的城市污水厂，多数都建有加氯消毒设施，包括加氯机、氯库、混合接触池等。

2. 液氯

液氯（Cl_2）是一种黄色透明液体，有剧毒、溶于水，具有窒息性刺激臭味，能与有机化合物、无机化合物结合，杀菌能力强，运行费用低，广泛应用于自来水出水消毒，近年在污水厂中也有应用。但整个加氯系统所需构筑物面积大，土建投资及设备投资较高，除了加氯设备外，还需设置氯气泄漏吸收装置，使用过程中存在泄漏氯气伤害人员、动物、植物等安全隐患，维护工作量大。

3. 二氧化氯

二氧化氯（ClO_2）是一种高效的强氧化剂而不是氯化剂，其有效氯含量为氯气的 263%，很低浓度的二氧化氯就能氧化许多无机物。它对微生物细胞壁有较强的吸附和穿透能力，可有效地氧化细胞内含巯基的酶，还可以快速地抑制微生物蛋白质的合成来破坏微生物，因此二氧化氯除对一般细菌有杀灭作用外，对芽胞、病毒、藻类、异养菌、铁细菌、硫酸盐还原菌和真菌等均有很好的杀灭作用。二氧化氯消毒杀菌剂是美国 20 世纪 80 年代开发的最新强力杀菌消毒剂。经美国食品药品监督管理局（FDA）和美国环境保护署长期试验确认，其也被世界卫生组织（WHO）确认为一种安全、高效的广谱强力杀菌剂。

4. 臭氧

臭氧（O_3）能迅速杀灭水中的细菌，并且灭菌范围广，可以杀死水中的细菌、病毒、芽孢等各种微生物。其对水质有很好的净化功能，可以去除水中超标的铁、锰和硬度，使有机物在臭氧和活性炭作用下去除，消除水中异味，同时使水中的含氧量增加，使水更加清澈透明，没有残留物。臭氧消毒后分解为氧气，克服了氯消毒的余氯气味和产生有机氯化物及紫外线无持续灭菌能力的缺点。但臭氧由于制取设备复杂，运行费用高，消毒后也可能存在消毒副产物（DBPs），因而一直没有得到推广。

5. 次氯酸钠

次氯酸钠（NaClO）是一种强碱弱酸盐，与水的亲和性能很好，能以任意比溶解于水，在水中不会产生游离分子氯，因此一般难以生成卤代化合物。成品次氯酸钠不存在液氯、二氧化氯等药剂因泄漏而造成对人、畜毒害的安全隐患，使用时不需要泄漏吸收装置，运输、储存方便，对周围环境影响小，而且药剂设备所需投资少。

3.1.3 阻垢剂

常用的冷却水阻垢剂有三大类：天然产物阻垢剂、磷酸化合物阻垢剂和聚合物阻垢剂。

1. 天然产物阻垢剂

单宁、木质素磺酸钠等是常见的天然产物阻垢剂，在不同的工业都有一定的应用。单宁是一种使用较早的阻垢剂，它对碳酸钙和硫酸钙有较好的稳定作用。木质素磺酸钠又称磺化木质素，是造纸工业的副产品，其来源方便、价格低廉、热稳定性好，是一种常用的阻垢剂，又是控制铁垢和悬浮物的良好分散剂。木质素磺酸钠是通过减弱颗粒间的吸引力、阻止沉降作用而防止结垢的，缺点是其组成往往不够稳定，性能有波动。

2. 磷酸化合物阻垢剂

常用的磷酸化合物阻垢剂分为无机聚磷酸盐、有机磷酸酯和有机多元膦酸三大类。

3. 聚合物阻垢剂

聚合物阻垢剂的发展使水处理技术进入了一个新的阶段，近年来发展十分迅速。聚合物阻垢剂可分为天然聚合物阻垢剂和合成聚合物阻垢剂。

（1）天然聚合物阻垢剂。20 世纪 60 年代初，曾采用木质素、单宁、腐殖酸钠、淀粉、纤维素等天然聚合物作为阻垢剂，但是由于天然聚合物产品在水处理应用中投加量大（50～200 mg/L），费用高，且在高温高压下易分解，杂质含量高，因而现在极少使用。

（2）合成聚合物阻垢剂。合成聚合物阻垢剂克服了天然聚合物的缺点，直接促进了磷系、铂系缓蚀剂的快速发展。合成聚合物阻垢剂经历了从聚合物到二元、三元和多元共聚物的发展历程，目前已有多种品种问世。

3.1.4 缓蚀剂

缓蚀剂是指以适当的浓度和形式存在于环境（介质）中，可以防止或减缓材料腐蚀的化学物质或复合物，因此缓蚀剂也被称为腐蚀抑制剂。

与其他金属防护方法比较，添加缓蚀剂具有明显的优点：①操作简单方便，在介质中添加少量即可；②基本上不改变介质环境；③保持金属材料原先的物理及机械性能，几乎不增加设备投资；④价格适宜，防护成本低廉，经济效益明显；⑤见效快，金属防腐效果明显；⑥适应范围广，可应用于水溶液、酸性或碱性溶液、有机溶剂及大气等各种复杂环境。由于添加缓蚀剂拥有上述优点，使其应用非常广泛，如应用于油气田的开采及石油化工生产、酸化清洗、防污水腐蚀、工业用水等各种工业实际生产。

缓蚀剂根据其产品化学构成成分，可分为无机缓蚀剂和有机缓蚀剂。无机缓蚀剂主要有铬酸盐、亚硝酸盐、硅酸盐、聚磷酸盐、钼酸盐、锌盐等。有机缓蚀剂主要有胺类、醛类、硫化合物、杂环化合物、有机磷、季铵盐类、咪唑啉类以及一些聚合物类等。有机缓蚀剂一般含有不饱和双键、π键，或含有以电负性比较大的原子为中心的极性基团，如—CHO、R ═R、R—OH、—N ═N—、═NH、—SH 等官能团。

3.1.5 浮选剂

废水中通入气泡后，并非任何悬浮物都能与之黏附，且并非都能随气泡顺利地上浮到水面，这与其颗粒大小、润湿性及气泡粒径息息相关。因此，我们需要在废水中加入合适的浮选剂，使废水及废水中的悬浮物的物理、化学性质得到一定改变，从而提高气浮法的净化效率。浮选剂的种类很多，可以根据不同的性质对其进行分类。具体见表3－2。

表3－2 浮选剂的分类

分类原则	具体种类
化学成分	无机浮选剂、有机浮选剂、复合浮选剂、生物浮选剂
分子量	高分子浮选剂、低分子浮选剂
官能团和表面荷电性质	阳离子型浮选剂、阴离子型浮选剂、非离子型浮选剂

1. 无机浮选剂

无机浮选剂已经广泛应用于水处理领域。其按阴离子成分不同可分为盐酸系和硫酸系两类；按金属盐不同可分为铝盐系和铁盐系两类；按分子量不同可分为低分子系和高分子系两大类。近年来，研究人员发现聚合铝铁结合了聚合铝和聚合铁的优点，并且针对不同的污染物具有更好的应用性能和更强的适应性，因此其已经成为各国学者研究的重点和热点。与此同时，国内针对聚氯化铝铁和聚硫酸铝铁的研究已经取得了初步的研究成果，并且得到了广泛的推广和应用。

2. 有机高分子浮选剂

有机高分子浮选剂根据其来源不同，可以分为天然高分子和合成高分子两大类。与无机浮选剂相比，有机高分子浮选剂具有投药量少、浮选剂种类选择性大、去除效果明显、应用范围广、适应性强、处理效果好、无后续污染等优点。有机高分子浮选剂大分子中可带羟基、氨基、羧基等多种亲水基团，而且具有多种分子结构，对污染物具有很强的吸附作用，广泛应用在各种工业废水的处理工艺中。

大多数有机高分子浮选剂具有较多缺点，因此单独应用实例较少。与此相比，天然改性高分子浮选剂在应用上具有无毒、易生物降解、原料来源广、价格低等优点，具有极高的应用价值。

3. 复合浮选剂

复合浮选剂结合单体浮选剂的优点，具有更加广阔的应用前景。复合浮选剂根据原材料的组成可分为无机复合浮选剂、有机复合浮选剂以及无机—有机复合浮选剂三类。无机复合浮选剂根据复合的离子类型又可分为阴离子复合型和阳离子复合型两类。阳离子复合型浮选剂主要是铁、铝的复合。我国通过一系列化学工艺从各类天然矿物中制得各类铁、铝聚合物，获得了良好的效果。阴离子复合型浮选剂中具有多价态阴离子，能使铝（铁）浮选剂的聚合度增大、表面正电荷增加，从而强化污染物的凝聚。复合浮选剂不仅能解决许多单一浮选剂无法解决的问题，同时还具有缓蚀、杀菌等附加作用，具有良好的应用前景。

4. 生物浮选剂

借助某些微生物在新陈代谢过程中分泌的具有良好吸附性能的高聚物做浮选剂也能获得良好的效果，而且微生物浮选剂不存在二次污染，具有使用安全、方便、絮凝效果好等特点。因此，微生物浮选剂的开发与应用日益受到关注，具有良好的应用前景。国内外许多专家学者开展了生物浮选剂的相关研究，如利用某种淀粉杆菌将玉米淀粉转化为黏多糖—微生物胶，进而将其沉淀分离而得到相关生物产品。中国科学院微生物研究所等单位已在新菌种培育筛选、酶制剂稳定性研究等方面取得了可靠成果，工业化生产应用预计几年内能取得较大的突破。但是，由于目前生物技术尚不成熟，生物浮选剂的工业化生产和应用还难以实现，从而限制了它的发展。

3.2 水处理药剂的选择

3.2.1 絮凝剂的选择和应用

无机絮凝剂，主要是指无机低分子絮凝剂，在应用过程中有较多缺点，如需投加量较大、絮体松散且含水率高、固液两相分离困难、处理效果不好且运行成本高，另外残留在水中的 Al^{3+} 会导致二次污染、影响植物的正常生长、危害人体健康，Fe^{3+} 对设备有腐蚀作用、使处理后的水带有颜色、影响水质等。正是因为无机絮凝剂的这些不足之处使得其发展速度缓慢。

高分子絮凝剂，主要有无机高分子絮凝剂和有机高分子絮凝剂两种，其中无机高分子絮凝剂具有投加量较少、形成的絮体大而密实且不易破碎、无腐蚀性等优点，所以在水处理行业的应用最为广泛。但是无机高分子絮凝剂也有一些缺点，如降解困难、价格高等，因此，目前对无机高分子絮凝剂的研究开发的关键在于性能优化和降低成本。合成有机高分子絮凝剂具有相对分子质量大、官能团多以及投加量小、固液两相分离容易、适应范围广等优点，因此其应用较广泛。但制备合成高分子絮凝剂的单体以及它自身水解、降解的产物有一定的毒性，如聚丙烯酰胺的单体丙烯酰胺，是一种致癌物质且具有神经毒性，其应用也应有一定的节制，不适合于大量使用和饮用水的处理。且随着絮凝剂原料成本的上涨和严格要求其生物降解性能，研制价格低廉、性能优异、易于生物降解的天然高分子絮凝剂即成为目前絮凝剂研究的重点和方向。无机高分子絮凝剂和有机高分子絮凝剂的应用比较见表 3－3。

表 3－3　无机高分子絮凝剂和有机高分子絮凝剂的应用比较

项　目	无机高分子絮凝剂	有机高分子絮凝剂
悬浮物	架桥吸附优	架桥吸附优
无机物	凝聚絮凝优	凝聚絮凝略差
有机物	凝聚絮凝略差	凝聚絮凝优
胶体粒子	极为有效	效果一般
粗大粒子	效果一般	极为有效
上清液澄清度	较差	较好

微生物絮凝剂不但绿色环保且具有无毒无污染、使用效果好、适用范围广、生物降解容易等优点，但是微生物絮凝剂原材料价格过高、絮凝剂产量较低，难以规模化生产，所以目前还没有达到工业生产水平，应用也很受限。在水处理过程中无机絮凝剂和有机絮凝剂不能同时加入，致使工艺操作复杂，设备多、处理成本高，而复合型絮凝剂正是克服了上述缺点，如无机—有机复合絮凝剂，同时具有无机絮凝剂和有机高分子絮凝剂的快速脱稳、强吸附架桥等特性，因此应用范围比其他类的絮凝剂要广，对各种工业废水都有较好的处理效果，特别是对含悬浮物浓度较低或较高的水质、有色废水等的处理效果好。目前，需要处理的废水一般是较复杂、稳定的分散体系，处理起来非常困难，仅用单一的絮凝剂来处理，很难满足处理的需要。所以，复合絮凝剂的应用是一种必然的趋势。不同絮凝剂的总体絮凝效果对比见表 3－4。

表 3－4　不同絮凝剂的絮凝效果对比

絮凝剂	矾花情况	矾花生成速度	沉降时间
无机小分子絮凝剂	矾花松散、体积小	慢	长
无机高分子絮凝剂	密实、体积较大	快	较短
有机高分子絮凝剂	密实、体积大	快	短
微生物絮凝剂	较密实、体积较大	快	较短
无机—有机复合絮凝剂	密实、体积大	快	短

目前，我国在无机絮凝剂的开发应用方面研究得比较多，无机絮凝剂用于水处理的技术也已很成熟，在各种污水处理中都取得了较好的应用效果。有机高分子絮凝剂在水处理中的应用越来越广泛，尤其是对有机物的去除效果好，因此有机高分子絮凝剂越来越受到人们的重视，逐渐成为研究的热点。但是，我国对各类絮凝剂的开发应用还存在一些问题，比如絮凝剂的种类较少，尚未达到工业生产规模，以聚丙烯酰胺类絮凝剂为

例，其中阳离子型聚丙烯酰胺只占6%，而且相对分子质量偏低，效果比进口的要差，而国外阳离子型聚丙烯酰胺类絮凝剂占60%以上，应用较广泛。今后，絮凝剂的研究重点是开发各种新型复合絮凝剂及绿色环保型絮凝剂，减少二次污染；在增加絮凝剂品种的同时对各种絮凝剂的作用机理进行深入研究，探讨影响絮凝剂作用效果的各种因素，拓展絮凝剂的应用范围，提高絮凝剂的絮凝沉降效果。此外，还要促进絮凝剂生产工艺的改进，降低成本，努力实现各种絮凝剂的大规模量产，降低价格，以满足各行业污水的处理要求。

3.2.2 消毒剂的选择和应用

理想的消毒剂应具有的特性范围广泛，在选用消毒剂时，应考虑如表3－5中所列的特性。

表3－5 理想消毒剂的特性

特 性	说 明
可得性	能大量取得且价格合理
除臭能力	消毒并能除臭
均匀性	溶液组分必须均匀
与异物的相互作用	除细菌细胞外不被其他有机物吸收
不腐蚀、不污渍	不损伤金属外观，不污损衣服
不毒害高级生物	应对微生物有毒而不致毒于人类及其他生物
穿透性	应有能力穿透表面
安全性	应能安全地运输、储存、操作及应用
溶解性	应能在水中或细胞中溶解
稳定性	长时间不用时，杀菌能力的损失应很少

选择城市污水消毒技术应遵循的原则：①技术上必须成熟，在国内或国外已有大量的应用实例证明其可靠性；②尽可能选用无二次污染的技术；③运行成本要合理；④总投资应可接受。

城市污水经过一级或二级处理（活性污泥法和膜法）后，水质改善，细菌含量也大幅度减少，但其绝对值仍很大，并存在病原菌的可能。因此，污水排入水体前应进行消毒。消毒剂的选择如表3－6所示。

表 3－6 消毒剂的选择

消毒剂	优 点	缺 点	适用条件
液氯	效果可靠、投配简单、投量准确、价格便宜	氯化形成的余氯及某些含氯化合物低浓度时对生物有毒害，当污水含工业污水比例大时，氯化可能生成致癌化合物	适用于大、中型规模的污水处理厂
漂白粉	投加设备简单、价格便宜	除同液氯所具缺点外，还有投加量不准确、溶液调制不便、劳动强度大等缺点	适用于出水水质较好、排入水体卫生条件要求高的污水处理厂
臭氧	消毒效率高，并能有效地降解污水中残留的有机物、色、味等。污水中 pH、温度对消毒效果影响小，不会产生难处理或生物积累性残余物	投资大、成本高、设备管理复杂	—
次氯酸钠	原料价廉易得，投量准确，消毒副产物少	需要特质氯片及专用消毒器，消毒水量小	适用于医院、生物制品所等小型污水处理站

理想的消毒剂应具有杀菌效果强、较久的持续消毒作用、前驱物质不具毒性和使用价格低廉等特点。通过如表 3－7 所示的各种消毒剂的特点对比可知，臭氧、二氧化氯是较好的消毒剂。它们在消毒、杀菌、去除异味等方面都有特效，尤其是在处理饮用水时可抑制三卤甲烷（THMs）的产生。不足之处是 ClO_2 消毒会产生 ClO_2^-、ClO_3^-，臭氧消毒缺乏余氯的持续消毒能力。另外，紫外线也是一种较为理想的消毒剂。根据管道直饮水的特定意义及适用场合，选用消毒剂时应以保证水的卫生、洁净、健康为首位，因此若能采取一定的措施，使水得以循环回流，使用 O_3、紫外线进行管道直饮水消毒是较为理想的选择。

表 3－7 各种消毒剂的特点

消毒剂	Cl_2	ClO_2	O_3	NH_2Cl	$KMnO_4$
消毒效果	好	很好	极好	一般	一般
除臭味	无	好	很好	无	好
THMs	极明显	无	无	无	无
去除 THMs	无	很好	很好	无	无

续上表

消毒剂	Cl_2	ClO_2	O_3	NH_2Cl	$KMnO_4$
致癌物生成	明显	不明显	不明显	不清	无
毒性物质生成	明显	不明显	不明显	不清	无
除铁/锰	不明显	极好	较好	无	好
去氨作用	极好	无	无	无	无

3.3 水处理药剂的效果影响因素

3.3.1 絮凝剂

絮凝剂的作用效果取决于多种因素的综合作用，影响絮凝效果的因素主要有絮凝剂的性质、絮凝剂的组成和结构、絮凝剂的剂量、水体温度及 pH 以及絮凝剂的应用条件等。

为了简化影响因素，有人将絮凝体视为均匀的球体，但实际上絮凝体的大小、形状、结构等因素较大地影响着絮凝体在流体中的传输和去除。对于无机高分子絮凝剂而言，聚合度越大，相对分子质量越大，絮凝效果就越好；对于有机高分子絮凝剂而言，除了聚合度的影响外，还与絮凝剂的结构有很大的关系，如线性结构的絮凝剂的絮凝效果要比环状或支链结构的絮凝剂的作用效果好，且絮凝剂的相对分子质量越大，吸附位点多，携带的电荷量就多，其电中和能力就强，架桥能力和网捕作用也就越强。在不同的作用环境下，每一种絮凝剂都有一个最佳投加量，高于或者低于这个最佳投加量都会使絮凝作用效果变差。絮凝剂投加量少时，絮凝作用不够完全，而投加量过多时则会导致胶体的再稳定现象，絮凝效果同样不好。有研究结果表明，絮凝剂的最佳投剂量大约为水体中固体粒子表面吸附大分子物质达到饱和时的一半的吸附量，因为此时大分子物质在固体颗粒上的架桥概率最大。pH 会影响絮凝剂的性质和胶粒表面的电荷情况，因此会影响絮凝剂和胶粒之间的吸附、电中和、氢键等作用。

3.3.2 消毒剂

以 ClO_2 为例，影响消毒剂效果的主要因素有消毒剂投加量、接触时间以及使用消毒剂的温度等。

1. 消毒剂的投加量

由于 ClO_2 只是有选择地与某些有机物进行氧化反应，并将其降解为含氧基团为主的产物，不产生氯化有机物。因此，ClO_2 的加入剂量越大，其杀菌效果越高。但随着 ClO_2 加入剂量的增大，其在水中的溶解趋于饱和，过多地增加 ClO_2 剂量不但使一部分 ClO_2 气体不溶于水而逸出，增加制取设备和原料的不必要损耗，同时还会导致产生难闻的气味。

因此，在消毒时需要通过试验确定合适的投加量。

2. 消毒剂的接触时间

接触时间越长，ClO_2杀灭病原体的效果越好，但接触时间不宜过长，否则不但会增加装置负荷和原料损耗，而且在水中可能会产生亚氯酸盐（ClO_2^-）和低浓度的氯酸盐（ClO_3^-）等副产物，降低 ClO_2的杀菌效力。因此，选择消毒时间时应考虑其他因素的影响。

3. 消毒剂的使用温度

ClO_2对细菌的灭活效果随着温度的升高而增强。温度高，灭菌时间相对缩小，但ClO_2在水中的溶解度将会下降，温度太高，其在水中的含量就会变少，其有效浓度可能达不到将污水中的细菌全部杀灭的要求。因此，在对医院污水消毒时，温度也是应该考虑的因素之一。

3.3.3 缓蚀剂

影响缓蚀剂缓蚀作用的因素有很多，主要因素如下。

1. 金属材料的性质及表面状态

多数缓蚀剂对金属的缓蚀作用具有针对性。在同一腐蚀介质中，添加同一种缓蚀剂对不同的金属材料有着不同的缓蚀效果。金属表面是否存在油污和腐蚀产物、表面粗糙程度等都会影响缓蚀剂的缓蚀效果。

2. 环境介质

（1）介质的组成。介质的组成是影响缓蚀作用的重要因素。一般缓蚀剂都具有较强的环境针对性，缓蚀剂的结构及其性质必须要适应环境，能够分散于介质中，不应与介质发生氧化还原、中和等化学反应，即其结构不会在介质环境中遭到破坏，性质不会发生改变，以免造成缓蚀剂失效。

（2）环境的 pH。大多缓蚀剂的缓蚀作用都有一个合适有效的 pH 值范围。

（3）流动速度。当缓蚀剂扩散不良而影响保护效果时，增加媒介流速可使缓蚀剂能够平均地扩散到金属表面，有助于缓蚀率的增长。但当流速加快时，缓蚀率可能会降低，因为流速增大，此时缓蚀剂成为腐蚀的激发剂，腐蚀也加快。媒介流速对缓蚀率的影响，在不一样的使用浓度时还会出现相反的变动。

（4）微生物。微生物种类繁多，无处不在。腐蚀介质中存在各种大量微生物，会影响腐蚀和缓蚀作用。

（5）温度。温度对缓蚀剂缓蚀效果有着重要的影响。具体表现为下面几种情况：在较低温度范围内，缓蚀效果很好，随着温度的升高，缓蚀效果下降；在一定范围内，温度对缓蚀效果影响不大，超出某一温度，缓蚀效果明显下降；随着温度的升高，缓蚀效率也提高。

3．缓蚀剂的浓度

在实际使用中，从节约原则来说，应以保障效果及减少缓蚀剂耗费量来全面考量确认实际缓蚀剂的用量。缓蚀速率与浓度的关系存在极限，即在某一浓度时缓蚀效果最好，浓度过低或过高都会使缓蚀率降低。

3.4 水处理药剂的配制和投加

水处理药剂不管是固体产品还是液体产品，在使用时都需要配制使用溶液，现多使用自动化投药装置。全自动加药箱是通过在线检测系统、全自动加药系统来控制，该自动控制系统可以确保加药的精准性，通过化学药剂的投放，有效防止循环水系统中出现的结垢、腐蚀、细菌滋生等问题。图 3－1 所示为 EasyDo—卡巴茨智能加药系统示意图。

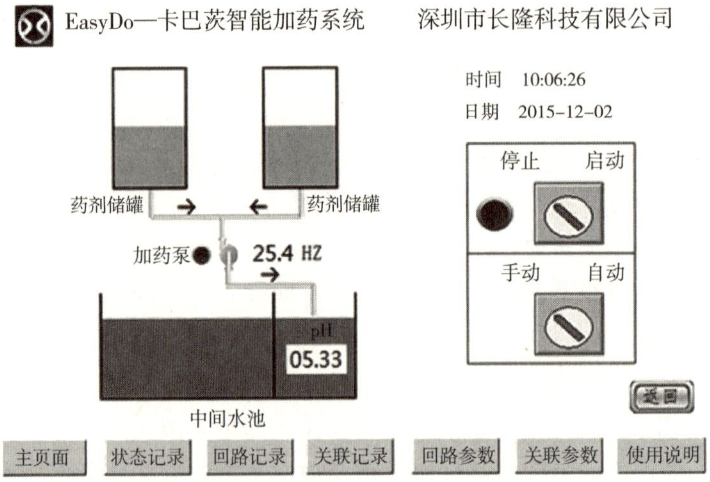

图 3－1　EasyDo—卡巴茨智能加药系统示意图

1．全自动加药装置的工作原理

全自动加药装置由控制系统和加药系统组成，控制系统由工业酸度计、调节仪、变频器及控制电路组成，加药系统由加药泵、药箱组成。样水经冷却器后冷却温度在 20～35 ℃之间；酸度计检测被测样水的 pH，一方面以数字的方式显示，另一方面将其转换为 4～20 mA 的标准信号输出至 MPS 可编程序控制器。MPS 可编程序控制器将输入信号与给定值比较，根据比较结果按一定的算法进行逻辑运算，并输出相对应的 4～20 mA 电流控制变频器改变加药泵电机的转速；加药泵电机转速的改变达到控制加药泵量的要求，从而使被控对象的参数运行在最佳状态。该系统设有保护功能：当药箱液位为低液位时，有低液位接点信号送至 MPS，MPS 将不启动加药泵；当加药管道的压力高时，有压力高信号接点送至 MPS，MPS 将不启动加药泵。

2．全自动加药装置特点

（1）可高精度投加各种配比的水处理药剂，计量准确。

（2）自动化程度高，操作简单，能耗低。

（3）安装及使用、维修简单、方便。

（4）耐腐蚀性强，耐强酸强碱，安全可靠。

（5）投资少，运行稳定。

思考与练习

1. 简述絮凝剂的定义及作用。
2. 无机絮凝剂的分类及其特点是什么？
3. 絮凝剂主要分为哪几类？每一类举出一个具体的药剂。
4. PAM 指的是什么药剂？它属于哪一类絮凝剂？
5. 常用的水处理消毒剂有哪些？
6. 影响絮凝剂絮凝效果的因素有哪些？
7. 影响消毒剂消毒效果的因素有哪些？

第4章 常见的水处理药剂

学习目标

1. 掌握硫酸铝、结晶氯化铝、硫酸铝钾、聚合氯化铝、氯化铁、硫酸亚铁、聚合硫酸铁和聚丙烯酰胺的外观形态、性质以及作用机理。

2. 熟悉常见水处理絮凝剂的使用方法和用途。

3. 了解常见水处理絮凝剂的注意事项及包装与运输。

4. 掌握液氯、次氯酸钠、次氯酸钙、漂白粉、二氧化氯、过氧化氢和臭氧的外观形态和性质。掌握常见水处理杀菌剂的包装与运输。

5. 熟悉常见水处理杀菌剂的注意事项及用途。

6. 了解二甲基二烯丙基氯化铵－丙烯酰胺共聚物的外观形态、性质及注意事项。

7. 掌握沸石和磺化煤的外观形态和性质。

8. 掌握盐酸、硫酸、硝酸和氢氧化钠的外观形态和性质。

9. 掌握常见水处理除垢剂的使用方法、注意事项及用途。

10. 掌握活性炭和硅藻土的外观形态、性质及用途。

11. 熟悉常见水处理絮凝剂的作用机理以及使用方法。

4.1 水处理絮凝剂

4.1.1 硫酸铝

1. 性状

硫酸铝别名为铝矾，无水硫酸铝为无色晶体，易溶于水（溶解度：31.3 g/0 ℃；89 g/100 ℃），含水硫酸铝可带有 6、10、16、18 和 27 个结晶水分子，其化学式为

[$Al_2(SO_4)_3 \cdot xH_2O$]，常温下十八水合物较为稳定。工业硫酸铝为白色或微带灰色的粉末或块状结晶物，因可能存在少量硫酸亚铁杂质而使产品表面发黄（如图4－1所示），空气中长期存放易吸潮结块。

图4－1　工业硫酸铝

硫酸铝是使用最早和最广的混凝剂之一。其中水处理行业的用量约占硫酸铝总产量的2/3。硫酸铝溶于水后，水解生成的碱式盐和氢氧化铝具有捕集水中杂质的能力，从而凝聚水中的胶体杂质。

2. 作用机理

硫酸铝加入水中时，能迅速溶解析出 SO_4^{2-}，Al^{3+} 被 6 个水分子包围，以 [$Al(H_2O)_6$]$^{3+}$ 八面体存在于水中。其 pH 值大于 3 时，水分子逐步被 OH^- 取代，即 Al^{3+} 发生水解反应。水解时，各种不同的水化分子进行聚合反应。

水处理过程中，在一定的pH条件下，水解与聚合反应同时迅速发生，形成各种单核和多核配位化合物。这些配位化合物均带有正电荷，水中带负电荷的悬浮粒子被吸附在其表面。电荷被中和以后，悬浮粒子间的斥力消失从而发生凝聚。

3. 用途

硫酸铝是一种应用特别广泛的絮凝剂，主要用于饮用水和工业用水的净化处理。但由于其酸性强，水解速度慢，以及铝元素对人体带来严重伤害，目前已很少单独作为絮凝剂使用。

4. 使用方法

进行絮凝处理时，液态产品可直接用计量泵投加；固体产品一般需配成液体后投加，配制溶液的质量分数一般为5%～20%。硫酸铝的投加量一般为30～100 mg/L，加入量过多，溶液pH值下降，会影响混凝效果，使水浑浊。硫酸铝水解时会使溶液呈酸性，需要添加石灰调节溶液pH。硫酸铝对水的pH值适应范围是5.5～8.0。水温对絮凝效果影响较大，水温高时絮凝效果好；水温低时，水解困难，形成的絮凝体比较松散，絮凝效果不如铁盐。

进行水脱色时，最好将硫酸铝与 Cl_2 结合使用，Cl_2 用于脱除氧化水中的有色物质，硫酸铝则中和其表面负电荷，并使氯气与硫酸铝的水解产物起化学反应而被除去。

5．注意事项

硫酸铝加热时会分解，生成具腐蚀性的 SO_3 蒸气。三氧化硫溶于水时形成强酸，有腐蚀性，能与强碱反应，通过呼吸道和消化道进入人体内。其对眼睛和呼吸道有刺激性，吸入时可引起咽痛，咳嗽，眼睛充血、疼痛；食入时可引起腹痛。人们使用时应注意防护。

6．质量指标

水处理剂硫酸铝国家标准（GB 31060—2014）和水处理剂硫酸铝国家化工行业标准（HG 2227—2004）规定的产品指标分别见表 4－1 和表 4－2。

表 4－1 水处理剂硫酸铝国家标准产品指标

指标项目	指标				试验方法
	Ⅰ类		Ⅱ类		
	固体	液体	固体	液体	
氧化铝（Al_2O_3）质量分数/%	≥15.60	≥7.80	≥15.60	≥6.60	6.2
铁（Fe）质量分数/%	≤0.20	≤0.05	≤1.0	≤0.5	6.3
水不溶物质量分数/%	≤0.10	≤0.05	≤0.2	≤0.10	6.4
pH 值（1% 水溶液）	≥3.0				6.5
砷（As）质量分数/%	≤0.000 2	≤0.000 1	≤0.001	≤0.000 5	6.6
铅（Pb）质量分数/%	≤0.000 6	≤0.000 3	≤0.005	≤0.002	6.7
镉（Cd）质量分数/%	≤0.000 2	≤0.000 1	≤0.003	≤0.001	6.8
汞（Hg）质量分数/%	≤0.000 02	≤0.000 01	≤0.000 1	≤0.000 05	6.9
铬（Cr）质量分数/%	≤0.000 5	≤0.000 3	≤0.005	≤0.002	6.10

表 4－2 水处理剂硫酸铝国家化工行业标准产品指标

指标项目	指标			
	Ⅰ类		Ⅱ类	
	固体	液体	固体	液体
氧化铝（Al_2O_3）质量分数/%	≥15.6	≥7.8	≥15.6	≥7.8
pH 值（1% 水溶液）	≥3.0	≥3.0	≥3.0	≥3.0
水不溶物质量分数/%	≤0.15	≤0.15	≤0.15	≤0.15
铁（Fe）质量分数/%	≤0.50	≤0.25	≤0.50	≤0.25

续上表

指标项目	指标			
	Ⅰ类		Ⅱ类	
	固体	液体	固体	液体
铅（Pb）质量分数/%	≤0.001	≤0.000 5	—	—
砷（As）质量分数/%	≤0.000 4	≤0.000 2	—	—
汞（Hg）质量分数/%	≤0.000 02	≤0.000 01	—	—
六价铬［Cr（+6）］质量分数/%	≤0.001	≤0.000 5	—	—
镉（Cd）质量分数/%	≤0.000 2	≤0.000 1	—	—

7. 包装

水处理剂硫酸铝固体用内衬聚乙烯塑料袋的塑料编织袋或复合塑料编织袋包装，每袋净重 50 kg。水处理剂硫酸铝溶液用玻璃钢槽车或塑料桶包装，桶装净重规格为 25 kg、30 kg、35 kg。

4.1.2 结晶氯化铝

1. 性状

结晶氯化铝别名为六水三氯化铝、六水氯化铝。分子式为 $AlCl_3 \cdot 6H_2O$，相对分子质量为 241.5。结晶氯化铝纯品为无色结晶体，工业品呈深黄色或浅黄色（如图 4－2 所示）。其密度为 2.389 g/cm^3。溶于水，也能溶于乙醇、乙醚和甘油，同时放出大量热；水溶液呈酸性；在水中溶解度随水温升高而增加。吸湿性非常强，在湿空气中极易潮解，并生成白色的氯化氢（HCl）烟雾。加热到 100 ℃会分解，并生成 HCl 气体。

图 4－2　结晶氯化铝

2. 作用机理

作用机理同硫酸铝。

3. 用途

结晶氯化铝可用作絮凝剂，主要用于工业原水、饮用水絮凝净化处理，也用于高氟水降氟和含油污水处理。其对低温低浊水及高浊水处理效果一般，在絮凝过程pH对处理效果的影响较大。结晶氯化铝也可用来处理乳胶、丙烯酸涂料和油乳液、染料、黏土悬浮液，以及处理卫生系统废物消化后排出的废液，还可用于精密铸造、木材防腐、造纸工业、印染和医药工业等。

4. 使用方法

结晶氯化铝做絮凝剂时，根据需要处理水的性质，如杂质类型、浊度、pH、水温等因素，取水样做加药量试验。使用时需先配成5%～10%溶液后再投加，一般有效投加量为20～60 mg/L。必要时可配合石灰及其他絮凝剂使用。

5. 注意事项

$AlCl_3$ 能干扰人体的磷酸化过程，人体食入过多易引起急性中毒。由于 $AlCl_3$ 在潮湿空气中易潮解进而释放出氯化氢雾，故应将其密封存放，防止受潮。

6. 质量指标

工业结晶氯化铝国家化工行业标准（HG/T 3251—2018）规定的产品指标见表4－3。

表4－3　工业结晶氯化铝国家化工行业标准产品指标

指标项目	指　标	
	一等品	合格品
结晶氯化铝含量（$AlCl_3 \cdot 6H_2O$）/%	≥95.5	≥92.5
铁（Fe）含量/%	≤0.025	≤0.20
水不溶物含量/%	≤0.10	≤0.10

7. 包装

结晶氯化铝采用复合塑料编织袋或内衬聚乙烯塑料袋的编织袋包装，内袋扎口或热合，外袋应牢固密封。该产品易潮解，应注意防潮。

4.1.3 硫酸铝钾

1. 性状

硫酸铝钾是含有结晶水的硫酸钾和硫酸铝的复盐，别名为明矾。其化学式为 $KAl(SO_4)_2 \cdot 12H_2O$，相对分子质量为474.39，无色透明，立方八面结晶或单斜立方结晶，有玻璃光泽（见图4－3），密度1.757 g/cm³，熔点92.5 ℃。64.5 ℃时失去9个结晶水，200 ℃时失去12个结晶水；溶于水，不溶于乙醇。

图 4 - 3 硫酸铝钾

2. 作用机理

硫酸铝钾中起混凝作用的是硫酸铝，因此其混凝机理与硫酸铝相同。

3. 用途

硫酸铝钾主要用作温浊水的混凝剂，起净化水质作用。造纸工业用作上浆剂，与松香乳液配合用于纸张施胶，提高纸的抗水强度；制革工业用作铝鞣剂；印染工业中用作媒染剂、缓染剂和防染剂。在分析化学中用作测定铁、锰、锑、铝时的化学试剂，以及细菌染色用硬化剂等。此外，还用作生产其他铝盐的原料，以及制造火柴、涂料等。

4. 使用方法

一般将大块硫酸铝钾晶体粉碎后投加到待处理水中，再适当搅拌、静置。一般用于处理浑浊度在 60 度以下的原水、污水，投加量由试验确定。

5. 注意事项

硫酸铝钾常用作复合膨松剂中的酸剂，与碳酸氢钠等合用。如果作为食品添加剂使用，用量过多可使食品发涩，甚至引起呕吐、腹泻。过多的铝对人体有害，故应注意控制使用。硫酸铝钾的浓溶液有腐蚀性，使用时注意防护。

6. 质量指标

工业硫酸铝钾国家化工行业标准（HG/T 2565—2007）规定的产品指标见表 4 - 4。

表 4-4 工业硫酸铝钾国家化工行业标准产品指标

指标项目	指标		
	优等品	一等品	合格品
硫酸铝钾 [$KAl(SO_4)_2 \cdot 12H_2O$] 质量分数（以干基计）/%	≥99.2	≥98.6	≥97.6
铁含量（以干基计）/%	≤0.01	≤0.01	≤0.05
重金属（以 Pb 计）质量分数/%	≤0.002	≤0.002	≤0.05
砷质量分数/%	≤0.0002	≤0.0005	≤0.001
水不溶物质量分数/%	≤0.02	≤0.4	≤0.6
水分/%	≤1.0	≤1.5	≤2.0

7. 包装与运输

块状工业硫酸铝钾产品采用国家标准中规定的 B 型复合塑料编织袋包装；粒状和粉状产品采用双层包装，内包装采用聚乙烯塑料薄膜袋，外包装采用国家标准中规定的塑料编织袋。包装时，内袋扎口或热合，编织袋缝合。食品添加剂硫酸铝钾采用上述的双层包装，外包装应有“食品添加剂”字样。

硫酸铝钾应贮存在阴凉、干燥、通风的库房中。贮存和运输过程中应防止日晒、雨淋和受潮、受热，不得与有毒、有色和易燃物质共存、混运。

4.1.4 聚合氯化铝

1. 性状

聚合氯化铝（PAC）是一种净水材料，是由氢氧根离子的架桥作用和多价阴离子的聚合作用而生产的分子量较大、电荷较高的无机高分子水处理药剂。简称为聚铝，其化学式为 $Al_2Cl_n(OH)_{6-n}$。在形态上其可以分为固体和液体两种。固体按颜色不同又分为无色、淡黄色、灰绿色或棕褐色晶粒或粉末（如图 4-4 所示），容易受潮，易溶于水，水解过程伴随电化学、凝集、吸附和沉淀等物理化学过程；有较强的架桥吸附性能，净水效果远优于传统的低分子净水剂。液体可以呈现为无色透明、淡灰色、淡黄色或棕褐色透明或半透明液体，无沉淀。

2. 作用机理

聚合氯化铝的水溶液是介于 $FeCl_3$ 和 $Al(OH)_3$ 之间的水解产物，带有胶体电荷，故对水中的悬浮物有极强的吸附性，从而达到凝聚水中悬浮物的目的。

3. 用途

聚合氯化铝是无机高分子絮凝剂中技术最成熟、市场销量最大的一种。其能很好地去除污水、原水的重金属，水中的有机色素及放射性物质的污染，尤其对工业污水中所

图 4-4 固态聚合氯化铝

含的油、COD、硫等有很高的去除率，同时能增加生化微生物的活性，提高生化降解能力，对高浊度、低浊度、高色度及低温水都有较好的混凝效果。聚合氯化铝在国内外主要用于油田采油、炼油、造纸、矿冶、钻井泥浆及生活用水、污水、油水的净化处理以及特殊水质（如含放射性物质和含铅、铬污水等）的处理。它是一种高效、低耗、无毒的新型无机高分子净水剂，广泛用于冶金、电力、制革、医药、印染、造纸、化工等行业。它也是处理高氟水的理想药物，在化工、铸造、水泥、耐火材料等方面使用。聚合氯化铝除铁、锰效果好，可以得到低电导率的水；形成絮凝体（又称矾花）快且颗粒大而重，沉降快；适用的 pH 值范围在 5.0 ~ 9.0 之间，具有用量少、成本低、活性高、操作方便、适用性广、腐蚀性小等特点。由于聚合氯化铝具有以上优点，目前有取代硫酸铝的趋势。

4. 使用方法

先将本品溶解稀释成氯化铝含量为5% ~10% 的溶液，再投入水中。投加时选择最佳 pH，可以发挥混凝的最大效果。加入量不宜过多，否则会使水变浑，一般浑浊水每 100 t 投加药剂 0.5 ~2 kg。原水浊度高时，投药量适当增加；浊度低时，投药量可以适当减少。在农村使用时，可将药剂投入水缸内搅拌均匀，静置，即可取上清液使用，每 50 kg 浑浊水加入本药剂 1 g 左右。

5. 注意事项

聚合氯化铝有腐蚀性，生产和使用人员要穿工作服、戴口罩、手套、穿长筒胶靴。生产设备要密封，车间通风应良好。如果含聚合氯化铝的溶液溅到皮肤上，应立即用水冲洗。

6. 质量指标

生活饮用水用聚合氯化铝国家标准（GB 15892—2009）规定的产品指标见表 4-5。

表4-5　生活饮用水用聚合氯化铝国家标准产品指标

指标项目	指　标	
	液体	固体
氯化铝（Al_2O_3）质量分数/%	≥10.0	≥29.0
盐基度/%	40.0～90.0	
密度（20 ℃）/（g/cm^3）	≥1.12	—
不溶物质量分数/%	≤0.2	≤0.6
pH值（10 g/L水溶液）	3.5～5.0	
砷（As）质量分数/%	≤0.000 2	
铅（Pb）质量分数/%	≤0.001	
镉（Cd）质量分数/%	≤0.000 2	
汞（Hg）质量分数/%	≤0.000 01	
六价铬［Cr（+6）］质量分数/%	≤0.000 5	

7. 包装与运输

液体产品用清洁、耐酸碱的专用储罐或聚乙烯塑料桶包装。固体产品用双层袋包装，内层用厚度大于0.1 mm的聚乙烯塑料薄膜密封，外层用聚丙烯编织袋牢固包装。本品应贮存在阴凉、干燥、通风的库房中，运输过程中应防止日晒、雨淋和受潮、受热，不得与有毒、有色和易燃物质共存混运。

4.1.5　氯化铁

1. 性状

氯化铁是一种离子化合物，又名三氯化铁。化学式为 $FeCl_3$，相对分子质量为162.21。无水氯化铁为六边形暗色片状结构，有金属光泽，在投射光下显红色，折射光下显绿色，有时呈浅褐色至深色（见图4-5）。密度为2.898 g/cm^3，熔点为304 ℃，沸点为323 ℃，易溶于水、乙醇、甘油、乙醚和丙酮，难溶于苯。氯化铁有强烈的吸水性，能吸收空气中的水分而潮解。其水溶液呈酸性，腐蚀性很强。水合物为六水合三氯化铁（$FeCl_3 \cdot 6H_2O$）是橘黄色的晶体，极易吸收水分，有HCl的刺激气味。液体产品为红棕色。

2. 作用机理

三价铁盐的作用相当于三价铝盐，也会形成水合单核络合物。铁盐形成的矾花密度和强度较大，净水效果显著。

图 4 – 5　氯化铁

铁盐水解后的产物可当凝聚剂使用，是带正电荷的水合单核离子及多核离子络合物，会吸附带负电荷的胶质离子。

3. 用途

氯化铁最大的应用领域是水处理部门，其稀溶液在水处理中作为絮凝剂和沉淀剂，用于处理生活用水、工业用水和市政污水、工业废水。氯化铁净水效果受水温和 pH 的影响小，价格便宜，对某些原水（如硬水）有较好的处理效果。其对生活污水和工业废水的处理效果也很好，因为它不仅能将污水或废水中的重金属和硫化合物沉淀出来，形成的 $Fe(OH)_3$ 矾花还能将水中难于降解的油类和聚合物等杂质吸附而除去，处理后的水中磷含量也大幅下降。

4. 使用方法

液体产品直接计量投加。对于生活饮用水和工业供水处理，投加量一般在 10^{-6} ~ 10^{-5}数量级；固体产品先在溶解池配制成 10% ~20% 溶液后再计量投加。处理工业废水的用量可通过试验确定。固体产品吸湿性极强，开封后最好一次性配成溶液，产品有效投加浓度一般在 10 ~50 mg/L。当水的碱度低或者投加量大时，应先在水中加适量的石灰，以提高碱度。

5. 注意事项

氯化铁腐蚀性强，投加设备需进行防腐处理，操作工人应配备劳动保护设施。

氯化铁应贮存在阴凉、干燥、通风的库房，应防止雨淋，避免碰撞和受有毒物质污染。不宜露天堆放。

6. 质量指标

水处理剂氯化铁国家标准（GB 4482—2008）规定的产品指标见表 4 – 6。

表 4－6　水处理剂氯化铁国家标准产品指标

指标项目	指标					
	Ⅰ类			Ⅱ类		
	液体	固体		液体	固体	
		无水	六水		无水	六水
铁（Fe^{3+}）质量分数/%	≥14.0	≥33.0	≥20.0	≥13.0	≥32.0	≥19.2
亚铁（Fe^{2+}）质量分数/%	≤0.10	≤0.15		≤0.10	≤0.15	
不溶物质量分数/%	0.50	1.0		0.50	1.0	
游离酸（以 HCl 计）质量分数/%	≤0.40	≤0.80		≤0.40	≤0.80	
密度（20 ℃）/（g/cm^3）	≥1.4	—		≥1.4	—	
锌（Zn）质量分数/%	≤0.000 5			≤0.05		
砷（As）质量分数/%	≤0.000 2			≤0.000 8		
铅（Pb）质量分数/%	≤0.000 5			≤0.003		
汞（Hg）质量分数/%	≤0.000 01			≤0.000 08		
镉（Cd）质量分数/%	≤0.000 1			≤0.016		
铬（Cr）质量分数/%	≤0.000 8			≤0.008		

7. 包装

液体产品采用专用槽车、食品级聚乙烯塑料桶或陶瓷坛包装。包装容器应明显表示出“净水剂”字样和“腐蚀性物质”字样。

4.1.6 硫酸亚铁

1. 性状

硫酸亚铁别名为绿矾，为蓝绿色、淡绿色或淡黄色结晶或颗粒（见图 4－6），无臭无味。其化学式为 $FeSO_4 \cdot 7H_2O$，相对分子质量 278.02，相对密度 1.898，熔点 64 ℃，90 ℃时失去 6 个结晶水，300 ℃时失去全部结晶水。溶于水和甘油，微溶于醇，在湿空气中易氧化成黄色或铁锈色。

2. 作用机理

硫酸亚铁在水溶液中可离解成 Fe^{3+} 和 SO_4^{2-}。Fe^{2+} 水解或与水中的碱反应生成 $Fe(OH)_2$。二价铁的絮凝效果不如三价铁，因此在使用硫酸亚铁时，需采用氧化、爆气等方法将二价铁氧化成三价铁。

3. 用途

该产品在饮用水和工业用水处理中作为絮凝剂。

图 4－6　硫酸亚铁

4．使用方法

使用时，一般先在溶解池中调配成 5%～20% 溶液后再投加硫酸亚铁。最佳絮凝 pH 值范围在 9.0 以上，因此最好与碱化药剂或有机高分子絮凝剂联合使用。

5．注意事项

硫酸亚铁腐蚀性强，投加设备需进行防腐处理，操作工人应配备劳动保护设施。

硫酸亚铁应贮存在阴凉、干燥、通风的库房，不宜露天堆放，应防止雨淋，避免碰撞和受有毒物质污染。

6．质量指标

水处理剂硫酸亚铁国家标准（GB 10531—2006）规定的产品指标见表 4－7。

表 4－7　水处理剂硫酸亚铁国家标准产品指标

指标项目	指　　标	
	Ⅰ类	Ⅱ类
硫酸亚铁铵（$FeSO_4 \cdot 7H_2O$）质量分数/%	≥90.0	≥90.0
二氧化钛（TiO_2）质量分数/%	≤0.75	≤1.00
水不溶物质量分数/%	≤0.50	≤0.50
游离酸（以 H_2SO_4 计算）质量分数/%	≤1.00	—
砷（As）质量分数/%	≤0.000 1	—
铅（Pb）质量分数/%	≤0.000 5	—

4.1.7 聚合硫酸铁

1. 性状

聚合硫酸铁（SPFS）是一种高分子聚合物，形态性状是淡黄色无定型粉状固体，极易溶于水，质量分数10%的水溶液为红棕色透明溶液（见图4-7），吸湿性强。

图4-7 聚合硫酸铁

2. 作用机理

聚合硫酸铁是一种多羟基、多核络合物的阳离子型絮凝剂。其水溶液含有大量聚合铁络离子，对水中悬浮物的胶体颗粒进行电性中和，降低电位，使水中的胶体颗粒迅速凝聚成大颗粒，同时还兼有吸附、架桥的凝聚作用，使微粒絮凝成大颗粒，加速颗粒沉降，达到净水的目的。

3. 用途

聚合硫酸铁是一种新型、优质、高效铁盐类无机高分子絮凝剂，净水效果优良，净化后水质好。聚合硫酸铁不含Al、Cl_2及重金属离子等有害物质，亦无Fe^{3+}的水向转移，无毒无害，安全可靠，除浊、脱色、脱油、脱水、除菌、除臭、除藻以及去除水中化学耗氧量（COD）、生化耗氧量（BOD）及重金属离子等功效显著。聚合硫酸铁可用于工业废水（如印染废水）等处理，在铸造、造纸、医药、制革等方面也有广泛应用。其混凝性能优良，矾花密实，沉降速度快；适应水体pH值范围为4.0~11.0，最佳pH值范围为6.0~9.0，净化后原水的pH与总碱度变化幅度小，对处理设备腐蚀性小；对微污染、含藻类、低温低浊原水净化处理效果显著，对高浊度原水净化效果尤佳；投药量少，成本低廉。

4. 使用方法

使用时，一般将液体聚合硫酸铁配成10%~50%的水溶液（在原水浊度较高时可直接投加），固体聚合硫酸铁配成10%～30%的水溶液，再根据具体情况将配好的溶液按最佳的条件和药量投加，经充分搅拌后可得到最佳的混凝效果。聚合硫酸铁的用量可根据原水的不同浊度，测定最佳投药量，一般混浊（浊度在100～500 mg/L）水使用本品30～50 kg/1000 t；非饮用水高浊度工业污水可适当投加。以除磷为主要目的时，出水总磷不同，可投加的聚合硫酸铁位置不同。含磷量比较小，可投加于初沉池中；含磷量比较高时，则在二沉池出水投加混凝剂并进行过滤处理；当没有生化池时，则可直接投加聚合硫酸铁，再加絮凝剂。

5. 注意事项

聚合硫酸铁无毒，但对皮肤有一定的刺激性。生产过程中工作人员应佩戴防护用品，避免该产品直接接触皮肤。

贮存时禁止曝晒，贮存温度不低于－20 ℃，且须保存在干燥、防潮、避热库房内。

6. 质量指标

水处理剂聚合硫酸铁国家标准（GB/T 14591—2016）规定的产品指标见表4－8。

表4－8 水处理剂聚合硫酸铁国家标准产品指标

指标项目	指标				试验方法
	一等品		合格品		
	液体	固体	液体	固体	
全铁质量分数/%	≥11.0	≥19.5	≥11.0	≥19.5	5.2
还原性物质（以Fe^{2+}计）质量分数/%	≤0.10	≤0.15	≤0.10	≤0.15	5.3
盐基度/%	≤8.0～16.0		≤5.0～20.0		5.4
pH值（10 g/L水溶液）	1.5～3.0				5.5
密度（20 ℃）/（g/cm^3）	≥1.45	—	≥1.45	—	5.6
不溶物质量分数/%	≤0.2	≤0.4	≤0.3	≤0.6	5.7
砷（As）质量分数/%	≤0.000 1	≤0.000 2	≤0.000 5	≤0.001	5.8
铅（Pb）质量分数/%	≤0.000 2	≤0.000 4	≤0.001	≤0.002	5.9
镉（Cd）质量分数/%	≤0.000 05	≤0.000 1	≤0.000 25	≤0.000 5	5.9
汞（Hg）质量分数/%	≤0.000 01	≤0.000 02	≤0.000 05	≤0.000 1	5.10
铬（Cr）质量分数/%	≤0.000 5	≤0.001	≤0.002 5	≤0.005	5.11
锌（Zn）质量分数/%	—		≤0.005	≤0.01	5.12
镍（Ni）质量分数/%	—		≤0.005	≤0.01	5.13
本产品一等品用于生活饮用水处理时，应符合《生活饮用水化学处理剂卫生安全评价规范》及相关法律法规要求					

7. 运输

运输时避免撞击，避免与有毒物质共存共运。

4.1.8 聚丙烯酰胺

1. 性状

聚丙烯酰胺（PAM）别名为絮凝剂3号，是由丙烯酰胺（AM）单体经自由基引发聚合而成的水溶性线性高分子聚合物，具有良好的絮凝性，可以降低液体之间的摩擦阻力，按离子特性可分为非离子型、阴离子型、阳离子型和两性型四种。聚丙烯酰胺为白色粉末或者小颗粒状物（见图4－8），密度为1.32 g/cm^3（23 ℃），玻璃化温度为188 ℃，软化温度近于210 ℃。完全干燥的聚丙烯酰胺是脆性的白色固体；商品聚丙烯酰胺通常是在适度的条件下干燥，一般含水量为5%～15%，在玻璃板上制备的高分子膜是透明、坚硬、易碎的固体。聚丙烯酰胺能以任意比例溶于水，水溶液均匀透明。水溶液的黏度随聚合物相对分子质量的增加而明显提高。PAM不溶于大多数有机溶剂，如甲醇、乙醇、丙酮、乙醚、脂肪烃和芳香烃。

图4－8　聚丙烯酰胺

2. 作用机理

聚丙烯酰胺是水溶性高分子聚合物或聚电解质。PAM分子链中有一定数量的极性基团，能吸附污水中悬浮的固体颗粒，使颗粒间架桥或通过电荷中和作用，使粒子凝聚形成大的絮凝物，因此，它可以加速悬浮物中粒子的沉降，有非常明显的加快溶液澄清、促进过滤等效果。

3. 用途

我国聚丙烯酰胺的主要应用领域为石油开采、水处理、造纸、高吸水性树脂、冶金和洗煤等，在水处理中聚丙烯酰胺的酰胺基可与许多物质亲和、吸附而形成氢键。高分子量的聚丙烯酰胺在被吸附的粒子间形成“桥联”，生成絮团，有利于微粒下沉。聚丙烯酰胺类絮凝剂能适应多种絮凝现象，其用量小，效率高，生成的泥渣少，后处理容易，对某些情况具有特殊的价值。我国的原水处理、城市污水处理和工业废水处理行业都在不同程度地使用聚丙烯酰胺作为水处理化学药剂。聚丙烯酰胺是目前应用最广、效能最高的高分子有机合成絮凝剂。

4. 使用方法

颗粒状聚丙烯酰胺絮凝剂不能直接投加到污水中，使用前必须先将它溶解于常温的干净水（如自来水）。水温低于 5 ℃时溶解很慢，水温升高则溶解速度加快，但 40 ℃以上会使聚合物加快降解，影响使用效果。配制的聚合物溶液浓度建议为 0.1% ~0.3%，即 1 L 水中加 1 ~3 g 聚合物粉剂。溶解时应该注意，流速不要太快（尤其是自动加药装置），以防止聚丙烯酰胺结块而出现“鱼眼”现象，甚至堵塞管道；搅拌速度一般为 200 r/min 为宜，时间不少于 1 h；适当提高水温 20 ~30 ℃可加速溶解，而药液最高温度应小于 60 ℃。

5. 注意事项

商品聚丙烯酰胺中含有有毒的未聚合丙烯酰胺单体，因此我国规定在饮用水处理中，其最高容许量为 0.01 mg/L。为防止聚丙烯酰胺的降解，应控制其水溶液存放温度不高于 40 ℃。为防止曝晒，可在溶液中加入少量稳定剂，如硫氰酸钠、硫脲、亚硝酸钠和非溶剂甲醇等。

6. 质量指标

水处理剂阴离子和非离子型聚丙烯酰胺国家标准（GB/T 17514—2017）规定的产品指标见表 4 -9。

表 4 -9　水处理剂阴离子和非离子型聚丙烯酰胺国家标准产品指标

指标项目	指　标	
	一等品	合格品
固含量（固体）/%	⩾90.0	⩾88.0
丙烯酰胺单体含量（干基）/%	⩽0.02	⩽0.05
溶解时间（阴离子型）/min	60	90
溶解时间（非离子型）/min	90	120
筛余物（1.00 mm 筛网）/%	⩽2	
筛余物（180 μm 筛网）/%	⩾88	
水不溶物/%	⩽0.3	⩽1.0
氯化物含量/%	⩽0.5	
硫酸盐含量/%	⩽1.0	

本产品一等品用于生活饮用水处理时，应符合《生活饮用水化学处理剂卫生安全评价规范》及相关法律法规要求

7. 储存

聚丙烯酰胺固体粉末装于套有防潮聚乙烯袋或内衬聚乙烯层的铁桶内，由于固体粉末吸湿性非常强，必须密封，防止暴露在高湿环境中。在普通环境中，其稳定性可保持两年。液态产品，以聚乙烯袋封装后再置入木桶或铁桶内，贮存期限在 3 ~6 个月，使用前须进行搅拌，存放温度不宜高于 32 ℃和低于 0 ℃。

4.2 水处理杀菌剂

4.2.1 液氯

1. 性状

液氯分子式为 Cl_2，相对分子质量 70.906，为黄绿色的油状液体，有毒；常压下为黄绿色气体，比空气重两倍，在 15 ℃时比重为 1.425 6；在标准状况下，沸点为 -34.6 ℃，凝固点为 -101.5 ℃。氯气具有强烈刺激性和腐蚀性，并有剧毒，吸入人体后可引起严重中毒。液氮性质很活泼，在日光下与其他易燃气体混合时会发生燃烧甚至爆炸；可以与大多数化学元素起反应；在有水分存在下，对钢铁有强烈腐蚀性。液氯为基本化工原料，可用于冶金、纺织、造纸等工业，也是合成盐酸、聚氯乙烯、塑料、农药的原料。

2. 作用机理

液氯水解时生成次氯酸和盐酸。次氯酸是一种强氧化剂，极易通过向微生物细胞壁的扩散与原生质反应，与细胞壁的蛋白质生成稳定的 N—Cl 键，使蛋白质变性，细胞被破坏，从而抑制和杀死微生物。

3. 用途

液氯作为工业杀菌剂，尤其用于水处理中杀菌消毒，是人们最早、最为熟悉的，也是最有效的杀菌剂之一。液氯是一种强氧化剂，具有杀菌力强、价格低廉、使用简单、来源方便的优点，至今仍被广泛使用。液氯一般汽化后使用，用途较为广泛，可用于纺织、造纸工业的漂白，自来水的净化、消毒，镁及其他金属的炼制，制取农药、洗涤剂、塑料、橡胶、医药等各种含氯化合物。在化工生产中，由聚乙烯与液氯合成为聚氯乙烯、氯化聚乙烯，广泛用于造纸、纺织、农药、有机合成、金属冶炼、化工原料等行业。氯与水中的微量有机物可能生成致癌物质，故其应用在逐年下降。

4. 使用方法

投氯的方式可采用间歇式和连续式两种。连续式加氯可在水中保持一定的余氯量，这样能提高杀菌效果，但费用大；间歇式加氯可在一天内定期加入 1 ~3 次，每次达到一定余氯量后维持 2 ~3 h。加氯必须按时按量，如果投加量不够，非但杀不死微生物反而会刺激其繁殖。

5. 注意事项

液氯水解产生的盐酸会腐蚀金属设备，在使用中应引起注意。液氯是一种强氧化剂，可不同程度地氧化冷却水中的某些有机缓蚀阻垢剂；液氯还可与水中的有机烃类化合物生成氯化烃，该类物质具有致癌性；排放废水中的游离余氯对水生动物有危害作用。

液氯对人的眼睛、呼吸系统黏膜有刺激作用；可引起迷走神经兴奋、反射性心搏骤停，还可引起反射性呼吸抑制，甚至导致呼吸骤停死亡。长期低浓度接触，可引起慢性支气管炎、支气管哮喘和肺水肿，还可引起职业性痤疮及牙齿酸蚀症。液氯不会燃烧，但可助燃。一般可燃物大都能在氯气中燃烧，一般易燃气体或蒸汽也都能与氯气形成爆炸性混合物。氯气能与许多化学品（如乙炔、松节油、乙醚、氨、燃料气、烃类、氢气、金属粉末等）猛烈反应发生爆炸或生成爆炸性物质。液氯对金属和非金属几乎都有腐蚀作用。

6. 质量指标

工业用液氯国家标准（GB/T 5138—2006）规定的产品指标见表4－10。

表4－10　工业用液氯国家标准产品指标

指标项目	指标		
	优等品	一等品	合格品
氯的体积分数/%	≥99.8	≥99.6	≥99.6
水分的质量分数/%	≤0.01	≤0.03	≤0.04
三氯化氮的质量分数/%	≤0.002	≤0.004	≤0.004
蒸发残渣的质量分数/%	≤0.015	≤0.01	—

注：水分、三氯化氮指标强制。

7. 包装

液氯用高压钢瓶包装（见图4－9），净重规格有500 kg、1 000 kg；槽车罐装，净重约25 t/罐。包装的液氯应贮于阴凉、干燥通风处，防火、防晒、防热。

图4－9　高压钢瓶装液氯

4.2.2 次氯酸钠

1. 性状

次氯酸钠别名为次亚氯酸钠、漂白水（液体）、安替福民（水溶液），分子式为 NaClO。次氯酸钠无水物为白色结晶粉末，极不稳定，受热迅速分解，遇水潮解，但在碱性状态时较稳定。NaClO 溶液为无色或淡黄色液体，稳定性受到 pH、光照、温度和重金属离子的影响，易溶于水而生成烧碱和不稳定的次氯酸。使用次氯酸可以避免使用液氯带来的钢瓶的压力、漏气和管道腐蚀等问题。

2. 作用机理

NaClO 溶解于水产生次氯酸，次氯酸的杀菌效果与氯气相同。

3. 用途

NaClO 是一种强氧化剂，具有漂白、杀菌、消毒的作用，可用作漂白剂、氧化剂及水净化剂，用于造纸、纺织、轻工业等，还可用作消毒剂以及在医药工业中用来制氯胺等。

4. 使用方法

使用 NaClO 时，对于水量较小的系统或体系，可直接投加；对于用量较大的循环系统，可采用自动加药系统，即先将 NaClO 配制成一定浓度的溶液，存储于加药槽内，使用时开启加药泵，定量投加。NaClO 投加入系统后产生的余氯持续时间比较短，多用于对氯消耗少的系统，使用剂量一般为 100 mg/L。较高 pH 条件下，NaClO 以 ClO^- 存在，杀菌效果比较差，宜在使用时将系统的 pH 值控制在6.0 以下。高浓度的 NaClO 对黏泥有良好的剥离作用，但因其具有腐蚀性，须与铬酸盐或聚磷酸盐之类的缓蚀剂配合使用，用量依黏泥量而定。

5. 注意事项

NaClO 多以 ClO^- 的形式存在，杀菌效果不如次氯酸，当投加入系统后应使系统水的 pH 值控制在6.0 ~7.0。因为低 pH 有利于次氯酸的形成，可以提高杀菌效果。

NaClO 有毒，不可食用，经常直接接触 NaClO 会造成手掌大量出汗，指甲变薄，毛发脱落；游离氯可引起中毒。接触 NaClO 的工人应佩戴规定的劳动防护用具，防止 NaClO接触皮肤或进入人体内，如不慎接触皮肤或进入人体内，应立即用 $NaHCO_3$ 溶液冲洗或漱洗。

6. 质量指标

NaClO 国家化工行业标准（HG/T 2498—1993）规定的产品指标见表 4 -11。

表 4-11　NaClO 国家化工行业标准产品指标

指标项目	指　标		
	一型	二型	三型
次氯酸钠的质量分数（以有效氯计）/%	≥13.0	≥10.0	≥5.0
游离碱（以 NaOH 计）的质量分数/%	0.1~1.0	0.1~1.0	0.1~1.0
铁（以 Fe 计）的质量分数/%	≤0.010	≤0.010	≤0.010

7. 包装与运输

次氯酸钠溶液应用塑料桶或槽车包装，远离热源，严禁曝晒，不宜久存；起运时包装要完整，装载应稳妥；运输过程中要确保容器不泄漏、不倒塌、不坠落、不损坏，严禁与碱类、食用化学品等混装混运；运输车辆应配备泄漏应急处理设备，公路运输时要按规定路线行驶，勿在居民区和人口稠密区停留。

4.2.3 次氯酸钙

1. 性状

次氯酸钙别名为漂白精，化学式为 $Ca(ClO)_2$，相对分子质量 142.99，熔点 100 ℃，外观为白色粉末，有极强的氯臭味。其溶液为黄绿色半透明液体。由于次氯酸钙是强氧化剂，对人的危害极大，切不可用于工业外的其他目的，使用时也要注意自身防护，避免被腐蚀。

2. 作用机理

次氯酸钙吸收水分和 CO_2 后，分解出次氯酸和 Cl_2，次氯酸再分解生成 HCl 和新生态氧。新生态氧有很强的氧化性，具有消毒、杀菌和灭藻能力。

3. 用途

次氯酸钙主要用于造纸工业的纸浆漂白和纺织工业的棉、麻、丝、纤维织物漂白，还可用作羊毛防缩剂、脱臭剂等；化学工业用于乙炔的净化、氯仿和其他有机化工原料的制造。

次氯酸钙作为水处理剂时，一是用于生活饮用水的消毒、杀菌处理；二是用于工业循环冷却水处理；三是用于污水、废水除臭、除氯化物的净化处理；四是用于游泳池水和池塘水的消毒。

4. 使用方法

次氯酸钙在较高 pH 条件下多以 ClO^- 存在，杀菌效果较差，而在较低的 pH 条件下以 HClO 存在，杀菌效果好，故在不对系统造成负面影响的情况下，控制 pH 值小于 6.0，杀灭微生物效果最好。在处理硬水时，次氯酸钙应配成有效氯浓度为 1%~2% 的溶液，以尽量避免沉淀现象的产生。

用于废水处理（如含氰废水）时，次氯酸钙投加量一般按有效氯计算，达到完全氧化所需要的有效氯与废水中氰化物的质量比为：Cl_2∶CN＝7.5∶1。

5. 注意事项

该品粉尘对眼结膜及呼吸道有刺激性，还可引起牙齿损害；皮肤接触可引起中度至重度皮肤损害。该品具有助燃性、刺激性，操作时应密封操作，加强通风；操作人员必须经过专门培训，严格遵守操作规程。

建议操作人员佩戴头罩型电动送风过滤式防尘呼吸器，穿胶布防毒衣，戴氯丁橡胶手套。远离火种、热源，工作场所严禁吸烟。远离易燃、可燃物。避免与粉尘、还原剂、酸类物质接触。搬运时要轻装轻卸，以防震动、撞击和产生摩擦。

6. 质量指标

次氯酸钙国家标准（GB/T 10666—2008）规定的产品指标见表4－12。

表4－12　次氯酸钙国家标准产品指标

指标项目	指标					
	钠法			钙法		
	优等品	一等品	合格品	优等品	一等品	合格品
有效氯质量分数（以Cl计）/%	≥70.0	≥65.0	≥60.0	≥65.0	≥60.0	≥55.0
水分的质量分数/%	4～10			≤3	≤4	
稳定性检验有效氯损失质量分数/%	—	—	—	≤8.0	≤10.0	≤12.0
粒度	≥90（355 μm～1.4 mm）	≥85（355 μm～1.4 mm）	—	≥90（355 μm～1.4 mm）	—	—

7. 储存与包装

次氯酸钙应储存于阴凉、通风的库房；远离火种、热源；库温不超过30 ℃，相对湿度不超过80%；应与还原剂、酸类物质、易（可）燃物等分开存放，切忌混储；不宜大量储存或久存；储区应备有合适的材料收容泄漏物。包装要求密封，不可与空气接触。

4.2.4 漂白粉

1. 性状

漂白粉是氢氧化钙［$Ca(OH)_2$］、氯化钙（$CaCl_2$）及次氯酸钙［$Ca(ClO)_2$］的混合物，其主要成分是次氯酸钙。别名为氯化石灰，有效氯含量为35%以下。漂白粉为白色或灰白色粉末或颗粒，有明显的氯臭味，很不稳定。漂白粉溶解于水，基本不结块。

2. 作用机理

漂白粉的作用机理与次氯酸钙［Ca（ClO)$_2$］类似。

3. 用途

漂白粉属于次氯酸盐系统，在饮用水和工业循环冷却水的应用及其杀菌作用与漂白精类似。

4. 使用方法

根据水质要求，将漂白粉配成有效氯含量1% ~2%的溶液使用。配制漂白粉溶液时应先加少量水，调成糊状，然后边加水边搅拌成乳液，静置沉淀，最后取澄清液使用。

5. 注意事项

漂白粉作为杀菌消毒剂，正确使用对人体是安全的。但漂白粉具有漂白作用，外观近似面粉，若混入面粉，很难鉴定。如果不慎食入，首先胃部不适，接着出现恶心、腹痛，进而剧烈呕吐，然后腹痛逐渐加剧，少数人出现腹绞痛，重者在呕吐、腹痛时便开始腹泻。本品粉尘对眼结膜及呼吸道有刺激性，还可引起牙齿损害；皮肤接触可引起中度至重度皮肤损害。漂白粉水溶液对胃肠道黏膜有刺激腐蚀性作用，其分解产物次氯酸（或氯化氢气体）是腐蚀性很强的有毒物质，刺激呼吸道及皮肤，能引起咳嗽和影响视力，还会腐蚀金属设备。另外，漂白粉还具有助燃性，不要将其与易燃物品堆积存放。

6. 质量指标

漂白粉国家化工行业标准（HG/TG 2496—2006）规定的产品指标见表4－13。

表4－13　漂白粉国家化工行业标准产品指标

指标项目	指　标		
	B－35	B－32	B28
	指　标		
有效氯含量/%	≥35.0	≥32.0	≥28.0
水分/%	≤4.0	≤5.0	≤6.0
有效氯与总氯之差/%	≤2.0	≤3.0	≤4.0
热稳定系数/%	≥0.75	—	—

7. 储存与包装

漂白粉应储存于阴凉、通风的库房；远离火种、热源；库温不超过30 ℃，相对湿度不超过80%；应与还原剂、酸类物质、易（可）燃物等分开存放，切忌混储；不宜大量储存或久存；储区应备有合适的材料收容泄漏物。包装要求密封，不可与空气接触。

4.2.5 二氧化氯

1. 性状

二氧化氯的分子式是 ClO_2，是一种黄绿色或橙黄色的气体，有强烈刺激性臭味。ClO_2 在 11 ℃时液化成红棕色液体，－59 ℃时凝固成橙红色晶体，沸点 11 ℃，相对蒸气密度 2.3 g/L，遇热水则分解成次氯酸、Cl_2、O_2，受光也易分解，其溶液于冷暗处相对稳定。ClO_2 能与许多化学物质发生爆炸性反应；对热、震动、撞击和摩擦相当敏感，极易分解发生爆炸；受热、光照或遇有机物等能促进氧化作用的物质时，能促进其分解并引起爆炸，若用空气、CO_2、N_2 等惰性气体稀释时爆炸性则降低。ClO_2 属强氧化剂，其有效氯是 Cl_2 的 2.6 倍。其与很多物质都能发生剧烈反应，腐蚀性很强；极易溶于水而不与水反应，几乎不发生水解（水溶液中的亚氯酸和氯酸只占溶质的 2%），在水中的溶解度是 Cl_2 的 5 ~ 8 倍；溶于碱溶液而生成亚氯酸盐和氯酸盐。

2. 作用机理

ClO_2 主要通过释放新生态氧而起杀菌作用。新生态氧有很强的氧化能力，对微生物细胞壁有较好的吸附和渗透性能，可有效地氧化细胞内所含的一种酶，从而快速抑制细胞内蛋白质的合成，使组成蛋白质的氨基酸氧化分解，从而将菌藻类杀死。

3. 用途

ClO_2 是净化饮用水的一种十分有效的净水剂，具有良好的除臭与脱色能力和在低浓度下高效杀菌、杀病毒的能力。ClO_2 用于水消毒，在其浓度为 0.5 ~ 1 mg/L 时，1 min 内能将水中 99% 的细菌杀灭，灭菌效果为 Cl_2 的 10 倍、NaClO 的 2 倍；抑制病毒的能力也比 Cl_2 高 3 倍，比 O_3 高 1.9 倍。ClO_2 还具有杀菌快速的特点；适用 pH 范围广（pH 值为 6.0 ~ 10.0），不受水硬度和盐分影响；杀菌作用时间长，消灭原生动物、孢子、霉菌、水藻和生物膜效率高；不生成氯代酚和三卤甲烷，能将许多有机化合物氧化，从而降低水的毒性。ClO_2 制剂的灭菌能力强，分解迅速无残留，非常适用于饮食业及食品加工业有关场所的空气喷雾，用来杀菌及消毒。ClO_2 还可以用于水产养殖业杀菌。

4. 使用方法

ClO_2 的用量小，用 2.0 mg/L 的 ClO_2 作用 30 min 几乎能杀灭 100% 的微生物。

稳定性 ClO_2 使用前要加酸活化，如果不活化或活化不完全，将使稳定性 ClO_2 的使用活性大大降低。

ClO_2 的缺点是生成副产物亚氯酸盐和低浓度氯酸盐，这些副产物的产生与水中的总有机碳（TOC）含量有关，当 ClO_2 与 TOC 的质量比不超过 0.4 时，用 ClO_2 的消毒效果最好。

5. 注意事项

ClO_2 具有强氧化性、有毒性和刺激性，可严重烧伤皮肤和刺激呼吸道黏膜，吸入后会导致肺部水肿；在空气中的体积浓度超过 10% 便有爆炸性，但其水溶液却是十分安全的（水中含量超过 30% 易爆炸）。它能与许多化学物质发生爆炸性反应，对受热、震动、撞击、摩擦等相当敏感，极易分解发生爆炸。

6. 质量指标

水处理剂二氧化氯国家标准（GB 26366—2010）规定的产品指标见表4－14。

表4－14 二氧化氯国家标准产品指标

指标项目	指 标
有效成分 ClO_2 含量/（mg/L）	≥2 000
砷含量/（mg/L）	≤0.5
重金属（以Pb计）含量/（mg/L）	≤5

在水相中反应后释放出二氧化氯（应用态）的最低含量不应少于2 000 mg/L，固体产品可根据产品说明书中相关操作增加或减少加入量以满足上述指标的要求

7. 储存与包装

ClO_2 的液体和气体均不稳定，运输时容易发生爆炸，因此 ClO_2 必须在现场制备和使用。ClO_2 遇光分解，但其水溶液避光保存于低温、有塞容器中是比较稳定的。

4.2.6 过氧化氢

1. 性状

过氧化氢的化学式是 H_2O_2。纯过氧化氢是淡蓝色的黏稠液体，可任意比例与水混溶，是一种强氧化剂。其水溶液俗称双氧水，为无色透明液体。纯过氧化氢熔点－0.43 ℃，沸点150.2 ℃，凝固点时固体密度为1.71 g/cm^3，密度随温度升高而减小。H_2O_2 的缔合程度比 H_2O 大，所以它的介电常数和沸点比 H_2O 高。H_2O_2 水溶液适用于医用伤口消毒、环境消毒和食品消毒。在一般情况下，H_2O_2 会缓慢分解成 H_2O 和 O_2，但分解速度极其缓慢，加快其反应速度的办法是加入催化剂 MnO_2 或用短波射线照射。

2. 作用机理

H_2O_2 主要通过其氧化性使构成微生物细胞的酶蛋白质氨基酸氧化失去活性从而达到杀菌的作用，杀菌能力比 Cl_2 强。

3. 用途

双氧水的用途分医用、军用和工业用三种。日常消毒用的是医用双氧水，医用双氧水可杀灭肠道致病菌、化脓性球菌、致病酵母菌等，一般用于物体表面消毒。双氧水具有氧化作用，但医用双氧水浓度等于或低于3%，擦拭创伤面时会有灼烧感，伤口表面被氧化成白色并冒气泡，用清水清洗后过3～5 min即可恢复原来的肤色。在化学工业上，H_2O_2 用作生产过硼酸钠、过碳酸钠、过氧乙酸、亚氯酸钠、过氧化硫脲等的原料以及酒石酸、维生素等的氧化剂；在水处理上，H_2O_2 可以提高生化处理废水的能力，并可防止污泥膨胀；在医药工业上，H_2O_2 用作杀菌剂、消毒剂，以及生产福美双杀虫剂和抗

菌剂401的氧化剂。

4. 使用方法

H_2O_2 的一般投加量在5～20 mg/L，作用5～10 min即可达到杀菌效果。处理废水时，H_2O_2 可以单独使用，也可以与其他物质（如 O_3 和紫外光等）联用。

作为杀生剂使用时，H_2O_2 存在投加浓度高、作用时间长和不稳定等问题，可与其他杀生剂复配使用，提高杀生能力。如5%的 H_2O_2 与0.5%的戊二醛混合可产生醛过氧化物，可提高对枯草杆菌黑色变种芽孢的杀生率。H_2O_2 与 O_3 联合使用时，不但可以杀灭水中的贾第虫、大肠杆菌及其噬菌体，还能减少致癌物三卤甲烷的形成，并清除水中异味。

5. 注意事项

H_2O_2 不得口服，应置于儿童不易触及处。其对金属有腐蚀作用，使用时要加以考虑。避免与碱性及氧化性物质混合，避光、避热，置于常温下保存，医用的有效期一般为2个月。高浓度的双氧水和蒸气对人体都有较强的刺激作用和腐蚀性：浓度在30%以上的双氧水接触皮肤会使之变白并有刺痛感，接触眼睛会引起炎症甚至灼伤；浓度在50 mg/L以上的蒸气能强烈刺激眼睛和黏膜，并引起呼吸器官障碍。如果 H_2O_2 接触皮肤，应用清水冲洗（3%～6%的双氧水对皮肤是安全的）。

H_2O_2 分解时放出热量和 O_2，如遇到有机氧化剂存在则易发生爆炸。浓度低于86%的双氧水只要条件符合要求，在常温下是不会爆炸的。

6. 质量指标

过氧化氢国家标准（GB 1616—2014）规定的产品指标见表4－15。

表4－15 过氧化氢国家标准产品指标

指标项目	指标					
	27.5%溶液		35%溶液	50%溶液	60%溶液	70%溶液
	优等品	合格品				
过氧化氢（H_2O_2）质量分数/%	≥27.5	≥27.5	≥35.0	≥50.0	≥60.0	≥70.0
游离酸（以 H_2SO_4 计）质量分数/%	≤0.040	≤0.050	≤0.040	≤0.040	≤0.040	≤0.050
不挥发物质量分数量/%	≤0.06	≤0.10	≤0.08	≤0.08	≤0.06	≤0.06
稳定度/%	≥97.0	≥90.0	≥97.0	≥97.0	≥97.0	≥97.0
总碳（以C计）质量分数/%	≤0.030	≤0.040	≤0.025	≤0.035	≤0.045	≤0.050
硝酸盐（以 NO_3^- 计）质量分数/%	≤0.020	≤0.020	≤0.020	≤0.025	≤0.028	≤0.030

7. 储存与包装

贮存条件良好时，纯净的 H_2O_2 是稳定的，可以长期存放。为了增加 H_2O_2 的稳定性，通常加入稳定剂，如焦磷酸钠、锡酸钠、六偏磷酸钠、苯甲酸等。使用塑料桶

（罐）装 H_2O_2 时，容器上部应有减压阀或通气口，容器内至少有 10% 余量，每桶（罐）净重不超过 50 kg；试剂包装时，先用塑料瓶装，再单个装入塑料袋内，然后合装在钙塑箱内。

4.2.7 臭氧

1. 性状

臭氧分子式是 O_3，又称为超氧，是氧气（O_2）的同素异形体。在常温下，它是一种有特殊臭味的气体，较低浓度时是无色的，当浓度达到 15% 时呈现出淡蓝色，液态呈暗蓝色，固态呈蓝黑色。O_3 不溶于液态氧、四氯化碳等，可溶于水，且在水中的溶解度较 O_2 大。0 ℃，1 标准大气压时，1 体积水可溶解 0.494 体积 O_3。在常温常压下，O_3 在水中的溶解度比 O_2 约高 13 倍，比空气高 25 倍，但 O_3 水溶液的稳定性受水中所含杂质的影响较大，特别是有金属离子存在时，O_3 可迅速分解为 O_2，而在纯水中分解较慢。O_3 的密度是 2.14 g/L（0 ℃，0.1 MPa），沸点是 -111 ℃，熔点是 -192 ℃。

2. 作用机理

O_3 主要通过释放新生态氧来达到杀菌的作用。

3. 用途

O_3 均有广谱杀菌作用，不仅杀菌效果好、杀菌速度快，并且无任何公害和环境污染问题。在水处理领域，O_3 主要用作杀菌剂和分解水中有机物的强氧化剂，还能将水中的有毒有机物氧化成无毒物质，除去水中的恶臭，并能脱去废水的颜色。O_3 还可以将纸张、稻草、油类漂白和脱色，在食品工业中用作杀菌剂，也用于手术室、病房以及室内空气、餐具、衣物的消毒。

4. 使用方法

O_3 应用于饮用水和污水消毒时使用浓度保持在 0.1 ~ 0.5 mg/L，作用 5 ~ 10 min 可达到消毒目的；应用于循环冷却水杀菌时使用浓度为 0.1 ~ 0.15 mg/L；应用于游泳池消毒时，使用浓度为 1.0 ~ 1.7 mg/L。进行连续臭氧化，同时加入缓蚀剂和阻垢剂是一种有效而经济的处理方法。O_3 对碳钢和不锈钢无任何不利影响，如果水处理系统有铜材，则应控制游离臭氧含量不超过 0.1 mg/L，加入极少量的特种金属缓蚀剂也能极大地减少对铜的腐蚀。

使用时，一般是将臭氧发生器产生的 O_3 - 空气混合物直接通入待处理的水体中，用量以体积计，一般为待处理水的 1/3 左右。

因为 O_3 对传统水处理剂具有分解作用，因此在使用传统水处理剂的同时使用 O_3，会导致这些水处理剂的缓蚀和阻垢效果下降。在使用 O_3 进行水处理的同时使用磷酸盐，后者在 O_3 的氧化作用下可能产生 PO_4^{3-}，导致生成磷酸钙沉淀。

5. 危害

空气中 O_3 浓度过高时易引起爆炸。高浓度的 O_3 对人体有害，尤其是对眼睛、呼吸道等有侵蚀和损害作用，造成咽喉肿痛、胸闷咳嗽、引发支气管炎和肺气肿；造成人的神经中毒、头晕头痛、视力下降、记忆力衰退、呼吸短促、疲倦、鼻子出血。O_3 也会对人体皮肤中的维生素 E 起到破坏作用，致使人的皮肤起皱、出现黑斑。O_3 还会破坏人体的免疫机能，诱发淋巴细胞染色体病变，加速衰老，致使孕妇生畸形婴儿。

6. 注意事项

O_3 必须在使用现场制备；生产和使用的工作人员应佩戴装有 KI 和碱石灰组成的吸收剂的防毒面具，穿戴防护服，并定期进行体检。O_3 生产装置应密封；厂房应设通风装置，保持工作区域空气中的 O_3 浓度低于极限允许值。

4.3 水处理浮选剂

水处理浮选剂一般使用二甲基二烯丙基氯化铵－丙烯酰胺共聚物。

1. 性状

二甲基二烯丙基氯化铵－丙烯酰胺共聚物（DMDAAC/AM），分子式是 $(C_8H_{16}N\cdot C_3H_5NO\cdot Cl)x$，无色或微黄黏稠液体，属阳离子高分子聚合物，密度 1.10～1.20 g/cm³（25 ℃）。

2. 作用机理

DMDAAC/AM 用于废水处理时可同时发挥电中和与架桥作用。

3. 用途

DMDAAC/AM 主要用于污水处理，特别是处理含油量较高的污水效果更好，也可作为油田采油助剂以及造纸行业的纸力增强剂、助留剂等。

4. 使用方法

DMDAAC/AM 的保质期是一年，超过一年，应进行复检，指标合格后方可继续使用。

5. 注意事项

本品无伤害性。但使用过程中如沾染皮肤或衣服，需用清水冲洗干净。

6. 质量指标

二甲基二烯丙基氯化铵－丙烯酰胺共聚物的产品指标见表 4－16。

表 4－16　二甲基二烯丙基氯化铵－丙烯酰胺共聚物的产品指标

指标项目	指　标
固体含量/%	≥10
平均相对分子质量/10^6	1～4
pH	中性

7. 包装与运输

DMDAAC/AM 采用塑料桶包装。运输时应轻装轻卸，严禁曝晒、雨淋。应储存于干燥、通风的库房内。

4.4 水处理离子交换剂

4.4.1 沸石

1. 性状

自然界已发现的沸石有80多种，较常见的有方沸石、菱沸石、钙沸石、片沸石、钠沸石、丝光沸石、辉沸石等，都以含钙、钠为主。它们含水量的多少随外界温度和湿度的变化而变化。晶体所属晶系随矿物种的不同而不同，以单斜晶系和正交晶系（斜方晶系）占多数。方沸石、菱沸石常呈等轴状晶形，片沸石、辉沸石呈板状晶形，毛沸石、丝光沸石呈针状或纤维状晶形。各种纯净的沸石均为无色或白色，但可因混入各种杂质而呈不同颜色并具玻璃光泽；解理随晶体结构而异。其莫氏硬度中等，比重一般介于2.0~2.3（含钡的则可达2.5~2.8）。沸石主要形成于低温热液阶段，常见于灿喷出岩气孔中，也见于热液矿床和近代温泉沉积物中。

2. 作用机理

沸石的晶体构造可分为三种组分：①铝硅酸盐骨架；②骨架内含可交换阳离子的孔道和空洞；③潜在相的水分子（沸石水）。沸石晶体构造的骨架与石英、长石的骨架不同，石英、长石的骨架构造比较严紧，比重2.6~2.7，而沸石的骨架构造比较空疏，比重2.0~2.2。沸石脱水后的空腔可增大至47%（如菱沸石）甚至50%（如合成沸石）。在长石构造中，金属阳离子都限制在离子构成的晶体骨架的空隙间，除非晶体被破坏，否则这些金属阳离子是很难自由活动的。Na^+、K^+被Ca^{2+}交换，必须与Si、Al的置换同时进行，即成对置换，这必然引起Si/Al的改变。在似长石构造中，金属阳离子位于比较开阔的相互通连的空隙间，比重2.14~2.45，阳离子可以通过构造的通路互相交换而不破坏其晶体骨架。如似长石类矿物水方钠石和水霞石曾被认为是沸石族矿物。在沸石构造中，金属阳离子位于晶体构造较大并相互通连的孔道或空洞间。因此，阳离子可自由地通过孔道发生交换作用，而不会影响其晶体骨架。像Na^+、k^+与Ca^{2+}这样的交换，在沸石中是很容易发生的，而在长石中却难以发生。这种形式的交换作用，可能是离子交换的极端形式，只限于沸石及类似的矿物。

沸石的水分子与骨架离子和可交换金属阳离子的联系，一般都是松弛而微弱的。这些水分子可以比阳离子更自由地移动和出入孔道。

3. 用途

天然沸石是一种新兴材料，被广泛应用于工业、农业、国防等部门，且其用途还在不断被开拓。沸石可用作离子交换剂、吸附分离剂、干燥剂、催化剂、水泥混合材料；在环境保护方面，还可用来处理废气、废水，从废水废液中脱除或回收金属离子，脱除放射性污染物。

4. 使用方法

沸石由于内部有很多孔径均匀的管状孔道和内表面积很大的孔穴，因而具有独特的吸附、筛分、交换阴阳离子以及催化性能。它能吸收水中的氨态氮、有机物和重金属离子，能有效地降低池底中 H_2S 的毒性，调节 pH，增加水中溶解氧。

5. 注意事项

使用沸石应注意的事项：①要按用途选用沸石粉的规格，如用于水质改良时，应使用 180 目至 200 目的规格；②选用质量好的沸石粉，天然沸石含量应达到 50% 以上；③吸氨值是沸石粉的一个重要的质量指标，合格的沸石粉吸氨值一般都大于 100 mg 当量/100 g。

6. 质量指标

饲料级沸石粉国家标准（GB/T 21695—2008）规定的产品指标见表 4－17。

表 4－17　饲料级沸石粉国家标准产品指标

指标项目	指　标	
	一级	二级
吸氨量/（mmol/100 g）	≥100.0	≥90.0
干燥失重质量分数/%	≤6.0	≤10.0
砷（As）质量分数/%	≤0.002	
汞（Hg）质量分数/%	≤0.0001	
铅（Pb）质量分数/%	≤0.002	
镉（Cd）质量分数/%	≤0.001	
细度（通过孔径为 0.9 mm 试验筛）/%	≥95.0	

7. 储存与运输

沸石可以用内衬聚乙烯塑料袋的塑料编织袋包装或复合塑料编织袋包装，运输过程中要注意防雨。

4.4.2　磺化煤

1. 性状

磺化煤是煤与发烟硫酸或浓硫酸作用所得的磺化产物，呈黑色不规则细粒、具多孔结构，有吸水能力，吸水后体积膨胀，膨胀系数为 110～115，属阳离子交换剂。

2. 作用机理

其磺酸基团（$—SO_3H$）连于煤的烃基上，能与水中的阳离子如 Fe^{3+}、Al^{3+}、Ca^{2+}、Mg^{2+}、Na^{+} 等进行离子交换而除去这些离子，并可用酸或钠盐再生。磺化煤的稳定性较差，最高耐热温度不超过 40 ℃。

3. 用途

磺化煤是一种阳离子交换树脂（阳离子交换剂），大体分为氢型磺化煤和钠型磺化煤两类，可用于锅炉用水、硬水的软化、废水中贵金属的回收和污水处理等。

磺化煤用于锅炉软化水质，以除去 Ca^{2+}、Mg^{2+}；纺织工业用于制造软水、水洗和印染织物，能使织物柔软、印染的织物色彩鲜艳，还能使漂白织物美观；造纸工业用于去除水中的金属阳离子，以使纸张颜色正常。磺化煤还可用于吸收废水中的贵金属及有机酸，制备低分子量硅酸溶液；还可作海水淡化剂、有机反应的催化剂（如催化烯酮反应、烷基化或脱烷基反应等）。磺化煤作为一种碳质离子交换剂，由于具有不耐热、机械强度低、交换容量小和再生剂耗费大等缺点，已逐渐被有机合成离子交换树脂所代替。

4. 使用方法

磺化煤交换金属离子能力的大小，通常以每克或每立方厘米磺化煤能交换钙离子的毫克当量数表示，一般为1.6～2.0 mg当量（钙）/g（煤）。用食盐水处理磺化煤，获得钠型磺化煤，其交换能力比氢型要高。

5. 注意事项

生产过程中有原料浓硫酸和碱液，要特别注意防护。失火时，可用水、砂土和各种灭火器扑救。

6. 质量指标

磺化煤的产品指标见表4－18。

表4－18　磺化煤的产品指标

指标项目	Ⅰ级	Ⅱ级	Ⅲ级
微观结构	在显微镜下观察时，可见一定几何图形和微孔结构的完整硅藻颗粒或硅藻颗粒碎片		
渗透率/darcy	参考相关规定		
水分含量/%	≤3.0		
水可溶物含量/%	≤0.8		
pH值（10%水浆值）	5.5～11.0		
振实密度/（g/cm^3）	≤0.53		
SiO_2含量/%	≥85.0	≥80.0	≥75.0
其他化学成分	供需双方协商确定		

注："darcy"指多孔介质渗透力单位。

7. 储存与包装

磺化煤用内衬聚乙烯塑料袋的编织袋或麻袋包装，每袋净重规格有50 kg、70 kg，应注意贮存在干燥处，防止受潮，以免膨胀；注意与金属粉末隔离，防止灰尘污染。磺化煤不宜久存，存放期以6～12个月为宜。

4.5 水处理除垢剂

4.5.1 盐酸

1. 性状

盐酸，别名为氢氯酸，分子式是 HCl，属于一元无机强酸，工业用途广泛。盐酸的性状为无色透明的液体，有强烈的刺鼻气味，具有较强的腐蚀性。浓盐酸（质量分数约为37%）具有极强的挥发性，因此盛有浓盐酸的容器打开后会逸出氯化氢气体，与空气中的水蒸气结合产生盐酸小液滴，使瓶口上方出现酸雾。盐酸是胃酸的主要成分，它能够促进食物消化，抵御微生物感染。盐酸是无色液体（工业用盐酸会因有杂质三价铁盐而略显黄色），具有刺激性气味。一般实验室使用的盐酸为0.1 mol/L，pH 值为1.0。盐酸可与水、乙醇以任意比混溶，浓盐酸稀释有热量放出。盐酸能溶于苯。

2. 作用机理

盐酸是一种无机强酸，酸洗时盐酸与水垢或金属的腐蚀产物生成金属氯化物。绝大多数的金属氯化物在水中的溶解度较大或很大，故盐酸对如碳酸钙一类的硬垢和如氧化铁一类的腐蚀产物的清洗特别有效。

3. 用途

盐酸可以用来调节溶液的 pH，控制溶液 pH 及中和碱液。在工业中对纯度的要求极高时（如用于食品、制药及饮用水等），常用高纯的盐酸来调节水流 pH；对纯度要求相对不高时，工业纯的盐酸已足以中和废水，或处理游泳池中的水。

盐酸可以发生酸碱反应，故能制备许多无机化合物，如处理水所需的化学品氯化铁与聚合氯化铝（PAC）。盐酸的另一大主要用途是制备有机化合物，例如，用于合成 PVC（聚氯乙烯）的原料氯乙烯、二氯乙烷、聚碳酸酯的前体双酚 A、催化胶黏剂聚乙烯醇缩甲醛、抗坏血酸等。盐酸还有一个重要的用途是酸洗钢材。在后续处理铁或钢材（挤压、轧制、镀锌等）之前，可用盐酸除掉表面的锈或铁氧化物，通常使用浓度为18%的盐酸溶液作为酸洗剂来清洗碳钢。高质量的盐酸还可以用于阳离子交换树脂的再生。

4. 使用方法

盐酸酸洗液的浓度视清洗设备中的垢层厚度而定，一般采用5%～15% HCl 溶液，因为有效的清洗只在盐酸浓度大于4%时进行。用盐酸清洗腐蚀产物时，由于腐蚀产物溶解相当缓慢，故需要比化学计量的量更多的盐酸。

采用盐酸酸洗时，由于高氯离子对不锈钢设备容易造成点腐蚀和缝隙腐蚀，故需向盐酸溶液中加入一些高效的盐酸酸洗缓蚀剂，如吡啶衍生物、硫脲及其衍生物、咪唑啉及其衍生物等。盐酸在清洗以硅酸盐为主要成分的水垢时，效果较差，需向盐酸溶液中加入一定量的氟化物以提高其对硅酸盐垢的溶解能力。

进行清洗时，需定时监测循环系统中盐酸浓度及洗液中的污垢含量，随着清洗时间延长，洗液污垢的浓度不断增大，当两次分析结果接近或者差别不大时，证明清洗已经到达终点。盐酸清洗水垢时有气体产生，应注意适时放气。

5. 注意事项

浓盐酸（发烟盐酸）会挥发出酸雾。盐酸本身和酸雾都会腐蚀人体组织，可能会不可逆地损伤呼吸器官、眼部、皮肤和胃肠等。在将盐酸与氧化剂（如漂白剂 NaClO 或 $KMnO_4$ 等）混合时，会产生有毒气体 Cl_2。使用盐酸时，应佩戴个人防护装备，如橡胶手套或聚氯乙烯手套、护目镜、耐化学品的衣物和鞋子等，以降低直接接触盐酸所带来的危险；密闭操作，注意通风；操作尽可能机械化、自动化；操作人员必须经过专门培训，严格遵守操作规程；远离易燃、可燃物。在盐酸使用过程中，有大量氯化氢气体产生，可将吸风装置安装在反应容器旁边，再配合风机、酸雾净化器、风道等设备设施，将盐酸雾排出室外处理；也可在盐酸中加入酸雾抑制剂，以抑制盐酸酸雾的挥发产生。

6. 质量指标

工业用合成盐酸国家标准（GB 320—2006）规定的产品指标见表 4－19。化学试剂盐酸国家标准（GB/T 622—2006）规定的产品指标见表 4－20。

表 4－19　工业用合成盐酸国家标准产品指标

指标项目	优等品	一等品	合格品
总酸度（以 HCl 计）质量分数/%	≥31.0		
铁（以 Fe 计）质量分数/%	≤0.002	≤0.008	≤0.01
烧灼残渣质量分数/%	≤0.05	≤0.10	≤0.15
游离氯（以 Cl 计算）质量分数/%	≤0.004	≤0.008	≤0.01
砷质量分数/%	≤0.000 1		
硫酸盐（以 SO_4^{2-} 计）质量分数/%	≤0.005	≤0.03	—

注：砷指标强制。

表 4－20　化学试剂盐酸国家标准产品指标

指标项目	优级品	分析纯	化学纯
HCl 质量分数/%	≤36.0～38.0	≤36.0～38.0	≤36.0～38.0
色度/黑曾单位	≤5	≤10	≤10
烧灼残渣（以硫酸盐计）质量分数/%	≤0.000 5	≤0.000 5	≤0.000 2
游离氯（Cl^-）质量分数/%	≤0.000 05	≤0.000 1	≤0.000 2
硫酸盐（SO_4^{2-}）质量分数/%	≤0.000 1	≤0.000 2	≤0.000 5
亚硫酸盐（SO_3^{2-}）质量分数/%	≤0.000 1	≤0.000 2	≤0.001
铁（Fe）质量分数/%	≤0.000 01	≤0.000 05	≤0.000 1

续上表

指标项目	优级品	分析纯	化学纯
铜（Cu）质量分数/%	≤0.000 01	≤0.000 01	≤0.000 01
砷（As）质量分数/%	≤0.000 003	≤0.000 005	≤0.000 01
锡（Sn）质量分数/%	≤0.000 1	≤0.000 2	≤0.000 5
铅（Pb）质量分数/%	≤0.000 02	≤0.000 02	≤0.000 05

7. 储存与运输

盐酸具有强腐蚀性，容器上需要标注腐蚀品的标志。储存于阴凉、通风的库房，库温不超过 30 ℃，相对湿度不超过 85%，保持容器密封；应与碱类、胺类、碱金属、易（可）燃物分开存放，切忌混储；储存区应备有泄漏应急处理设备和合适的收容材料。

本品铁路运输时仅限使用有橡胶衬里钢制罐车或特制塑料企业自备罐车装运，装运前需报有关部门批准，运输时应严格按照铁道部《危险货物运输规则》中的危险货物配装表进行配装；起运时包装要完整，装载应稳妥；运输过程中要确保容器不泄漏、不倒塌、不坠落、不损坏，严禁与碱类、胺类、碱金属、易燃物或可燃物、食用化学品等混装混运。运输车辆应配备泄漏应急处理设备，运输途中应防曝晒、雨淋，防高温。公路运输时要按规定路线行驶，勿在居民区和人口稠密区停留。

4.5.2 硫酸

1. 性状

硫酸分子式是 H_2SO_4。无水硫酸为无色油状液体，10.36 ℃时结晶，密度 1.84 g/cm^3，沸点 337 ℃，能与水以任意比例互溶，同时放出大量的热，使水沸腾；加热到 290 ℃时开始释放出 SO_3，最终变成为 98.54% 的水溶液，在 317 ℃时沸腾而成为共沸混合物。硫酸的沸点及黏度较高，是因为其分子内部的氢键较强的缘故。由于硫酸的介电常数较高，因此其是电解质的良好溶剂，而作为非电解质的溶剂则不太理想。纯硫酸具有很强的酸性，98% 硫酸与纯硫酸的酸性基本上没有差别，而溶解有 SO_3 的发烟硫酸是一种超酸体系，酸性强于纯硫酸。

2. 作用机理

硫酸能与金属的腐蚀产物形成可溶性的化合物，故可用于清洗金属设备上的腐蚀产物，但硫酸与碳酸钙反应后生成的硫酸钙溶解度很小，故硫酸不宜作为冷却设备上碳酸钙和硫酸钙垢的清洗剂。

3. 用途

硫酸在石油的炼制、有色金属的冶炼、钢铁的酸洗处理、制革过程以及炼焦业、轻纺业、国防军工等方面都有广泛的应用。

（1）硫酸多用于冶金工业和金属加工，在冶金工业部门，特别是有色金属的生产过程需要使用硫酸，例如用电解法精炼铜、锌、镉、镍时，电解液就需要使用硫酸；某些贵金属的精炼也需要硫酸来溶解去除夹杂的其他金属；在钢铁工业中进行冷轧、冷拔及冲压加工之前，都必须用硫酸清除钢铁表面的氧化铁；在轧制薄板、冷拔无缝钢管和其他质量要求较高的钢材时，必须每轧一次用硫酸洗涤一次。另外，在缝钢管、薄铁皮、铁丝等在进行镀锌之前，都要用硫酸进行酸洗。在某些金属机械加工过程中，例如镀镍、镀铬等金属制件，也需用硫酸来洗净表面的锈。

（2）硫酸用于石油工业。在汽油、润滑油等石油产品的生产过程中，都需要用浓硫酸进行精炼，以除去其中的含硫化合物和不饱和碳氢化合物。

（3）在浓缩硝酸中，以浓硫酸为脱水剂；在氯碱工业中，以浓硫酸来干燥氯气、氯化氢等；在无机盐工业中，有机酸的制备也常需要硫酸做原料。

硫酸还可以用作硬水的软化剂、离子交换再生剂、pH 调节剂、氧化剂和洗涤剂等；可用于化肥、农药、染料、颜料、塑料、化纤、炸药以及各种硫酸盐的制造。

（4）作为强酸性清洗腐蚀剂，硫酸在集成电路制造工艺中主要用于硅片清洗。

4. 使用方法

化学清洗中所用的硫酸，其浓度一般为 3% ～20%，视锈垢程度而定，通常是将 95% ～98% 浓度的浓硫酸稀释使用；提高温度有助于清洗效果，适合的温度为 50～80℃。为防止硫酸对设备的腐蚀，清洗时应先选择适合的缓蚀剂。

5. 注意事项

硫酸（特别是在高浓度的状态下）能对皮肉造成极大伤害，正如其他具有腐蚀性的强酸、强碱一样，硫酸可以迅速与蛋白质及脂肪发生酰胺水解作用及酯水解作用，从而分解生物组织，造成化学性烧伤；其对肉体的强腐蚀性还与它的强烈脱水性有关，因为硫酸还会与生物组织中的碳水化合物发生脱水反应并释出大量热能，除了造成化学性烧伤外还会造成二级火焰性灼伤。硫酸所造成的伤害很多时候都比其他强酸（如盐酸及硝酸）造成的伤害大，若不慎让硫酸接触到眼睛有可能会造成永久性失明；若不慎误服，则会对体内器官构成不可逆的伤害，甚至会致命。

浓硫酸也有很强的氧化性，会腐蚀大部分金属，故需小心存放。

硫酸与人体接触后的处理：①硫酸与皮肤接触后需要先用大量水冲洗，再涂上 3% ～5% 碳酸氢钠溶液冲洗，然后迅速就医；②溅入眼睛后应立即提起眼睑，用大量流动清水或生理盐水彻底冲洗至少 15 min，然后迅速就医；③吸入硫酸的蒸气后应迅速逃离现场至空气新鲜处，保持呼吸道通畅，如呼吸困难应立即输氧，如呼吸停止应立即进行人工呼吸，迅速就医；④误服硫酸后应用水漱口，给饮牛奶或蛋清，迅速就医。

硫酸溶解于水，同时释放大量热，因此当稀释浓硫酸时，应把酸倒入水中而不是把水倒入酸中，这样可以利用水的高比热容，减低因高温沸腾使酸溅出的风险。一般在实验室中，稀释 6 $mol \cdot L^{-1}$（约 35% 比重）或浓度更高的硫酸是最危险的，因为这个分量的硫酸在与水发生反应时能释出足够的热量使整杯溶液沸腾。

虽然硫酸并不具有易燃性，但当与金属发生反应后会释出易燃的 H_2，有可能导致爆炸。作为强氧化剂的浓硫酸与金属进行氧化还原反应时会释出有毒的 SO_2，威胁工作人员的健康。另外，如人长时间呼吸带有硫酸成分的浮质空气（特别是在高浓度状态下），会使呼吸道受到严重的刺激，更有可能导致肺水肿，其风险会因暴露时间较长而增大。

6. 质量指标

工业硫酸国家标准（GB 534—2014）规定的产品指标见表4-21。

表4-21 工业硫酸国家标准产品指标

指标项目	浓硫酸			发烟硫酸		
	优等品	一等品	合格品	优等品	一等品	合格品
硫酸（H_2SO_4）质量分数/%	≥92.5或≥98.0	≥92.5或≥98.0	≥92.5或≥98.0	—	—	—
游离三氧化硫（SO_3）质量分数/%	—	—	—	20.0或25.0	20.0或25.0	20.0或25.0或65.0
灰分质量分数/%	≤0.02	≤0.03	≤0.10	≤0.02	≤0.03	≤0.10
铁（Fe）质量分数/%	≤0.005	≤0.010	—	≤0.005	≤0.010	≤0.030
砷（As）质量分数/%	≤0.0001	≤0.001	—	≤0.000 1	≤0.000 1	—
铅（Pb）质量分数/%	≤0.005	≤0.02	—	≤0.005	—	—
汞（Hg）质量分数/%	≤0.001	≤0.01	—	—	—	—
氮氧化物（N）质量分数/%	—	—	—	—	—	—
二氧化硫质量分数/%	—	—	—	—	—	—
氯质量分数/%	—	—	—	—	—	—
透明度/mm	≥80	≥50	—	—	—	—
色度	不深于标准色度	不深于标准色度	—	—	—	—

7. 储存与运输

硫酸储存于阴凉、通风的库房，库温不超过35 ℃，相对湿度不超过85%。硫酸容器应保持密封良好，远离火种、热源，远离易燃、可燃物，储存场所严禁吸烟；防止硫酸蒸气泄漏到工作场所的空气中，避免与还原剂、碱类、碱金属接触。搬运时要轻装轻卸，防止硫酸的包装及容器损坏。硫酸的储存场所应配备相应品种和数量的消防器材及泄漏应急处理设备，注意倒空的容器可能残留有害物。稀释或制备溶液时不能把水加入硫酸中，而应把硫酸加入水中，避免沸腾和飞溅而伤及人员。

硫酸运输时严禁用金属容器贮存，不得与爆炸物、氧化剂、碱类及有机物等共存混运。

4.5.3 硝酸

1. 性状

硝酸又称硝镪水、镪水、氨氮水，分子式为 HNO_3，有窒息性刺激气味。纯硝酸为无色透明液体，浓硝酸为淡黄色液体（溶有 NO_2）。浓硝酸含量达 68% 左右时易挥发，在空气中产生白雾（与浓盐酸相同），即硝酸蒸气（一般来说是浓硝酸分解出来的 NO_2）与水蒸气结合而形成的硝酸小液滴。硝酸光照能产生 NO_2，NO_2 重新溶解在硝酸中，从而使其变成黄色；能与水混溶形成共沸混合物；密度 1.41 g/cm^3，熔点 −42 ℃（无水）。一般认为浓硝酸与稀硝酸之间的界线是 6 mol/L，市售普通试剂级硝酸浓度约为 68%，而工业级浓硝酸浓度则为 98%，通常发烟硝酸浓度约为 98%。硝酸有强酸性，能使羊毛织物和动物组织变成嫩黄色，能与乙醇、松节油、碳和其他有机物发生反应。

2. 作用机理

硝酸分解时的初生态原子氧有很强的氧化性，因此硝酸对贵金属（如金、钯）之外的许多金属都有溶解能力。正因为硝酸的这个特性，在清洗去除金属表面污垢时，既可以把有机污垢去除，又可以在某些金属表面形成致密的氧化膜保护金属不被腐蚀。清洗时，硝酸与水垢作用，生成易溶于水的钙、镁硝酸盐而把水垢清洗掉。

3. 用途

（1）硝酸被用来制取一系列硝酸盐类氮肥，如硝酸铵、硝酸钾等；也用来制取硝酸酯类或含硝基的炸药。

（2）硝酸同时具有氧化性和酸性，因此被用来精炼金属：即先把不纯的金属氧化成硝酸盐，排除杂质后再还原。

（3）浓硝酸能使铁、铝钝化而使其不被继续腐蚀。

（4）硝酸还可用来制造氮肥、王水、硝酸盐、硝化甘油、硝化纤维素、硝基苯、苦味酸等。将甘油放入浓硝酸、浓硫酸中，会生成硝化甘油。这是一种无色或黄色的透明油状液体，很不稳定，受到撞击会发生分解反应，产生高温，同时生成大量气体，气体体积骤然膨胀，产生猛烈爆炸。因此硝化甘油是一种烈性炸药。

（5）硝酸还可制取有机合成原料，浓硝酸可将苯、蒽、萘和其他芳香族化合物硝化以制取有机原料。如硝酸和硫酸的混酸与苯反应，生成硝基苯，再加氢生成苯胺，它是合成染料、医药、农药的中间体。

（6）硝酸还可制造草酸。以农作物废料如玉米蕊、甘蔗渣、谷壳、花生壳等为原料与硝酸反应，制取草酸；硝酸与丙烯或乙烯、乙二醇作用也可制取草酸。

（7）硝酸可除去水垢、铁锈，对 $a-Fe_2O_3$ 和磁性的 Fe_3O_4 有良好的溶解能力。去除氧化皮铁垢速度快、时间短。

4. 注意事项

硝酸液及硝酸蒸气对皮肤和黏膜有强刺激和腐蚀作用。

浓硝酸烟雾可释放出 N_2O_5（硝酐），遇水蒸气形成酸雾，可迅速分解形成 NO_2，浓硝酸加热时产生硝酸蒸气也可分解产生 NO_2。

硝酸不论浓稀溶液都有氧化性和腐蚀性，因此对人很危险，溅到皮肤上会引起严重烧伤；皮肤接触硝酸后会慢慢变黄，最后变黄的表皮会起皮脱落（硝酸和蛋白质接触后，会导致黄蛋白反应而变性）。

浓硝酸必须以深色玻璃瓶盛装，避免受到光照反应释出有毒的 NO_2。

5. 质量指标

化学试剂硝酸国家标准（GB/T 626—2006）规定的产品指标见表 4－22。

表 4－22 化学试剂硝酸国家标准产品指标

指标项目	指标		
	优级纯	分析纯	化学纯
HNO_3质量分数/%	65～68	65～68	65～68
色度/黑曾单位	≤20	≤20	≤25
灼烧残渣（以硫酸盐计）质量分数/%	≤0.000 5	≤0.001	≤0.002
氯化物（Cl）质量分数/%	≤0.000 05	≤0.000 05	≤0.000 2
硫酸盐（SO_4^{2-}）质量分数/%	≤0.000 1	≤0.000 2	≤0.001
铁（Fe）质量分数/%	≤0.000 02	≤0.000 03	≤0.000 1
砷（As）质量分数/%	≤0.000 001	≤0.000 001	≤0.000 005
铜（Cu）质量分数/%	≤0.000 005	≤0.000 01	≤0.000 05
铅（Pb）质量分数/%	≤0.000 005	≤0.000 01	≤0.000 05

6. 储存与运输

硝酸应储存于阴凉、通风的库房，远离火种、热源，库温不超过 30 ℃，相对湿度不超过 80%，保持容器密封；与还原剂、碱类、醇类、碱金属等分开存放，切忌混储。储放区应备有泄漏应急处理设备和合适的收容材料。

铁路槽车装载时，铅槽车用以输送 98% 浓硝酸，稀硝酸用不锈钢或玻璃钢增强塑料槽车或储罐输送或储存。少量硝酸采用耐酸陶瓷坛（或玻璃瓶）包装，每坛净重 33～40 kg；浓硝酸采用耐酸泥封口；稀硝酸采用石膏封口；每坛装入衬有细煤渣或细矿渣等物的坚固木箱中，以便运输。包装上应有明显的“腐蚀性物品”标志。

4.5.4 氢氧化钠

1. 性状

氢氧化钠别名烧碱、火碱、苛性钠，分子式是 NaOH，是一种具有强腐蚀性的强碱，其水溶液有涩味和滑腻感，纯品是无色透明的晶体，密度 2.13 g/cm^3，熔点 318.4 ℃，沸点 1 390 ℃。其工业品含有少量的氯化钠和碳酸钠，是白色不透明的晶体，有块状、片状、粒状和棒状等；易溶于水（溶解放热）并形成碱性溶液，易吸取空气中的水蒸气（潮解）和 CO_2（变质，可加入盐酸检验是否变质）。NaOH 溶于乙醇和甘油，不溶于丙醇、乙醚；与氯、溴、碘等卤素发生歧化反应，与酸类起中和作用生成盐和水。

2. 作用机理

利用 NaOH 的强碱性，可疏松、乳化和分散金属设备内的沉积物，从而达到对金属设备污垢清洗的目的。

3. 用途

氢氧化钠（NaOH）的用途极广，可用于生产纸、肥皂、染料、人造丝，冶炼金属、石油精制、棉织品整理、煤焦油产物的提纯，以及食品加工、木材加工及机械工业等方面。

NaOH 最大的用途是用于化学药品的制造，其次是造纸、炼铝、炼钨、人造丝、人造棉和肥皂制造业。另外，在生产染料、塑料、药剂及有机中间体，旧橡胶的再生，制金属钠，水的电解，无机盐的生产中，以及制取硼砂、铬盐、锰酸盐、磷酸盐等，也要使用大量的烧碱。NaOH 是生产聚碳酸酯、超级吸收质聚合物、沸石、环氧树脂、磷酸钠、亚硫酸钠和大量钠盐的重要原材料之一。

NaOH 被用于生产各种洗涤剂，甚至如今的洗衣粉（含十二烷基苯磺酸钠等成分）也是由大量的烧碱制造出来的。烧碱被用于磺化反应后对过剩的发烟硫酸进行中和。在工业领域，NaOH 是离子交换树脂再生的再生剂。在污水处理厂，NaOH 可以通过中和反应降低水的硬度。NaOH 具有强碱性，由于其在水中具有相对高的可溶性，所以容易衡量用量，可以方便地在水处理的各个领域里使用。

4. 使用方法

碱洗一般不单独使用 NaOH，还常用 Na_2CO_3、磷酸三钠（水玻璃）。为了提高清洗效果有时还会添加一些表面活性剂，用来湿润油脂、灰尘及生物物质，有助于清洗。

5. 注意事项

NaOH 有强烈刺激性和腐蚀性。其粉尘或烟雾会刺激眼和呼吸道，腐蚀鼻中隔、皮肤和眼。人体与 NaOH 直接接触会引起灼伤、误服可造成消化道灼伤、黏膜糜烂、出血和休克。如果 NaOH 不小心接触皮肤，必须先用水冲洗至少 15 min（稀溶液）或用布擦干（浓溶液），再用 5% ~10% 硫酸镁溶液或 3% 硼酸溶液清洗并就医。如果眼睛接触应立即提起眼睑，用流动清水或生理盐水清洗至少 15 min，或用 3% 硼酸溶液（或稀醋酸）冲洗，然后就医。少量误食时立即用食醋、3% ~5% 醋酸或 5% 稀盐酸、大量橘汁或柠檬汁等中和，给饮蛋清、牛奶或植物油并迅速就医，禁忌催吐和洗胃。安全防护：必要时佩戴防毒口罩；戴化学安全防护眼镜；穿工作服（防腐材料制作）。

6. 质量指标

工业用氢氧化钠国家标准（GB/T 209—2018）规定的产品指标见表 4 -23。

表 4-23 工业用氢氧化钠国家标准产品指标

指标项目	型号规格				
	IS		IL		
	Ⅰ	Ⅱ	Ⅰ	Ⅱ	Ⅲ
	指 标				
氢氧化钠	≥98.0	≥70.0	≥50.0	≥45.0	≥30.0
碳酸钠	≤0.8	≤0.5	≤0.5	≤0.4	≤0.2
氧化钠	≤0.05	≤0.05	≤0.05	≤0.03	≤0.08
三氧化二铁	≤0.008	≤0.008	≤0.005	≤0.003	≤0.001

7. 包装与运输

固体 NaOH 装入 0.5 mm 厚的钢桶中严封，每桶净重不超过 100 kg；塑料袋或两层牛皮纸袋外全开口或中开口钢桶；螺纹口玻璃瓶、铁盖压口玻璃瓶、塑料瓶或金属桶（罐）外普通木箱；螺纹口玻璃瓶、塑料瓶或镀锡薄钢板桶（罐）外满底板花格箱、纤维板箱或胶合板箱；镀锡薄钢板桶（罐）、金属桶（罐）、塑料瓶或金属软管外瓦楞纸箱。包装容器要完整、密封，有明显的“腐蚀性物品”标志。

NaOH 对玻璃制品有轻微的腐蚀性，两者会生成硅酸钠，使得玻璃仪器中的活塞黏着于仪器上，因此盛放 NaOH 溶液时不可以用玻璃瓶塞，否则可能会导致瓶盖无法打开。如果以玻璃容器长时间盛装热的 NaOH 溶液，也会造成玻璃容器损坏。

铁路运输时，钢桶包装的可用敞车运输。起运时包装要完整，装载应稳妥。运输过程中要确保容器不泄漏、不倒塌、不坠落、不损坏，同时要注意防潮防雨。如发现包装容器发生锈蚀、破裂、孔洞、溶化淌水等现象时，应立即更换包装或及早发货使用，容器破损可用锡焊修补。严禁 NaOH 与易燃物或可燃物、酸类、食用化学品等混装混运。运输时运输车辆应配备泄漏应急处理设备。

4.6 水处理吸附剂

4.6.1 活性炭

1. 性状

活性炭用木屑、果壳、褐煤等含碳物质为原料，经碳化和活化而制成，是一种黑色的无定形碳，有粉状（粒径为 10～50 μm）和颗粒状（粒径为 0.4～2.4 mm）两种。活性炭通性是多孔的，比表面积大，总表面积达 500～1 000 m^2/g，相对密度 1.9～2.1，表观相对密度 0.08～0.45。主要性能参数是吸附容量和吸附速率，吸附容量是单位重量活性炭达到吸附饱和时能吸附的物质量，与原料、制造过程及再生方法有关。

2. 作用机理

活性炭具有巨大的比表面积（500～1 700 m^2/g）。其吸附作用可分为物理吸附和化学吸附。

（1）物理吸附。其主要发生在活性炭去除液相和气相中的杂质的过程中。活性炭的多孔结构提供了大量的表面积，使其非常容易达到吸附杂质的目的。必须指出的是，被吸附的杂质的分子直径必须要小于活性炭的孔径。

（2）化学吸附。除了物理吸附之外，活性炭的表面也经常发生化学吸附。活性炭不仅含碳，而且在其表面还含有少量的化学结合、功能团形式的氧和氢，如羧基、羟基、酚类、内脂类、醌类、醚类等。这些表面上含有的氧化物或络合物可以与被吸附的物质发生化学反应，与被吸附物质结合而聚集到活性炭的表面。

活性炭的吸附正是上述两种吸附方式综合作用的结果。

3. 用途

活性炭广泛用于生活污水、工业废水的处理中，也可作为制作纯水的预处理剂，还可应用于工业废气、有毒气体的吸附处理。

活性炭能去除水中产生臭味的物质和有机物，如氯气、酚、苯、农药、洗涤剂、三卤甲烷等。此外，对银、镉、铬酸根、氰根、锑、砷、铋、锡、汞、铅、镍等离子也有吸附能力。

活性炭可以吸附化工厂、皮革厂、造漆厂以及使用各种有机溶剂的工程排出的气体，这些气体中含有各种有机溶剂、无机及有机硫化物、烃类、氯气、油、汞及其他对环境有害的成分。煤、重油燃烧生成的烟气中含有 SO_2 及氮氧化物，它们是污染大气、形成酸雨的有害成分，也可以用活性炭将其吸附除去。

活性炭用于精制气体的用例还很多，如防毒面具、香烟过滤嘴、冰箱除臭器、汽车尾气处理装置等都是利用活性炭卓越的吸附性能，将气体中的有毒成分、对人体不利的成分或有臭味的成分除去。

4. 使用方法

活性炭最早用于去除生活用水的臭味。沼泽水常带土味，湖泊和水库水常带藻类形成的臭味，用活性炭处理最为有效，并且只需在出现臭味时使用。大多用粉状活性炭，直接将其投入混凝沉淀池或曝气池内，随污泥排除，不再回收利用。

在给水处理厂中，活性炭吸附法又起完善水质的作用。采用的设备是以粒状活性炭为滤料的滤池，其构造及工作情况和普通快滤池相似，在运行过程中须定期反复冲洗，以除去炭层中的悬游物，防止水头损失过大。活性炭滤床也可采用流化床或移动床，但与快滤池不同，活性炭滤床的水流是从下而上的。流化床的流速使炭层膨胀，不易阻塞。移动床内失效的炭可从池底连续排出，新炭从池顶连续补充。

气相吸附中常使用颗粒活性炭，通常是让气流通过活性炭层进行吸附。根据吸附装置中活性炭层所处状态的不同，吸附层有固定层、移动层和流动层。

5. 注意事项

（1）活性炭在运输、储存和使用过程中，都要绝对防止水浸。因为水浸后，水填充了活性炭孔隙，就会减少活性炭孔隙表面与气体的直接接触，严重影响其使用效果。

（2）在使用过程中，应禁止焦油类黏稠物质进入活性炭床，以免堵塞活性炭孔隙或遮盖了活性炭展开表面，使气体不能与活性炭展开表面接触而失去应用效果。如果气体中含有此类物质，应在气体进入活性炭床前进行清除（最好有除焦设备）以达到良好的应用效果。

（3）装填时应先筛去因搬运产生的碎粒与粉尘，再层层均匀铺开，不得从进料孔处直接倒入，以免使大小颗粒装填不均，最终造成气体偏流，影响使用效果。

（4）活性炭装填入容器结束后，开车前应先吹出活性炭表面黏附的粉尘。

（5）活性炭再生时应避免进氧并再生彻底，再生后必须用蒸汽冷却使温度降至 800 ℃以下，否则温度高时，若遇氧，活性炭会自燃。

（6）假如工人进入含有活性炭的容器内适当取样或在低含氧空间作业，应遵守国家相关标准及作业规范。

6. 储存与运输

活性炭被列入危险化学品名录，属于自燃物品，必须存放在尽可能防火的建筑内，不可与氧化剂混放；应储存于阴凉干燥处，防止内外包装袋破裂，防止受潮和吸附空气中其他物质，影响使用效果；严禁与有毒有害气体或易挥发物质混放，存放要远离污染源。

活性炭在运输过程中，不得用铁钩拖拽。应防止与坚硬物质混装，不可强烈振动、摩擦、踩、砸，严禁抛掷，应轻装轻卸，以减少炭粒破碎，影响使用。

4.6.2 硅藻土

1. 性状

硅藻土是一种生物成因的硅质沉积岩，主要由古代硅藻的遗骸所组成。硅藻土的化学成分主要是 SiO_2，可用 $SiO_2 \cdot nH_2O$ 表示，除此之外还含有少量的 Al_2O_3、Fe_2O_3、CaO、MgO 等金属氧化物和有机质。硅藻土的矿物成分主要是蛋白石及其变种，其次是黏土矿物—水云母、高岭石和矿物碎屑，其中的矿物碎屑有石英、长石、黑云母及有机质等。硅藻土有机物含量从微量到 30% 以上。

硅藻土的颜色为白色、灰白色、灰色和浅灰褐色等，具有细腻、松散、质轻、多孔、吸水性和渗透性强的性质，密度为 1.9 ~ 2.3 g/cm^3，堆密度 0.34 ~ 0.65 g/cm^3，比表面积 40 ~ 65 m^2/g，孔体积 0.45 ~ 0.98 m^3，吸水率是自身体积的 2 ~ 4 倍，熔点 1 650 ℃ ~ 1 750 ℃。

2. 作用机理

硅藻土本身具有大量且有序排列的微孔结构，具有很大的比表面积、很强的吸附能力以及较大的吸附容量，因此硅藻土是天然的纳米材料，能够吸收自身 3 ~ 4 倍质量的其他物质。

3. 用途

硅藻土是优质的吸附剂材料，广泛运用于食品、医药、污水处理等领域。硅藻土还可以作为车辆轮胎、橡胶管、三角皮带、输送带、汽车脚垫等各种橡胶制品中的填料，能明显增强产品的刚性和强度，并具有提高产品的耐热、耐磨、保温、抗老化等化学作用性能。硅藻土处理城市污水技术是一项物化法污水处理技术，利用硅藻土处理印染废水、造纸废水，其脱色率高达90% ~99%，COD去除率为60% ~85%。硅藻土制成微孔过滤陶瓷，可处理饮用水和其他饮料；硅藻土还可以作为协助处理核废料和污染的材料。

4. 使用方法

在处理印染废水时，采用硅藻土预涂膜过滤和有机膨润土吸附相结合的吸附分离一体化技术，对于染料浓度为100 mg/L、COD（化学耗氧量）为128 mg/L的酸性橙Ⅱ染料废水，CTMAB2有机膨润土投加量一般为2.0 g/L、滤速为2.4 m/h时，经过一个处理周期65 min的循环处理，出水的悬浮物浓度小于1.8 mg/L，COD降至25 mg/L，脱色率达90.5%，且易实现固液分离。采用硅藻土做助滤剂，通过预涂和主体吸附、过滤的方法回收萘酚类染料工业废水中溶解的Na_2SO_3，一般过滤定量液体所使用的最佳助凝剂用量为5.00×10^{-3} kg/L，最佳过滤压力为（4.90 ~9.80）$\times10^{4}$ Pa。

5. 注意事项

硅藻土的化学稳定性不是很理想，在处理废水时会影响处理的效果。用硅藻土处理重金属污染时，处理效果受吸附温度、溶液的pH、重金属初始浓度、吸附时间、搅拌速度等因素影响，需要合理控制这些因素。

硅藻土中，铁、钙等有害成分含量相对较高并以分离状态存在，所以其溶出硅藻土吸附剂的使用大都是采用粉状形态，这对于后期的处理不利，容易造成二次污染。

6. 质量指标

工业用硅藻土助滤剂国家标准（GB/T 24265—2014）规定的产品指标见表4-24。

表4-24　工业用硅藻土助滤剂国家标准产品指标

指标项目	Ⅰ级	Ⅱ级	Ⅲ级
微观结构	在显微镜下观察时，可见一定几何图形和微孔结构的完整硅藻颗粒或硅藻颗粒碎片		
渗透率/darcy	参考相关规定		
水分质量分数/%	≤3.0		
水可溶物质量分数/%	≤0.8		
pH值（10%水浆值）	5.5 ~11.0		
振实密度/（g/cm^3）	≤0.53		
SiO_2质量分数/%	≥85.0	≥80.0	≥75.0
其他化学成分	供需双方协商确定		

注："darcy" 指多孔介质渗透力单位。

4.7 水处理药剂的实训操作项目

根据深圳市长隆科技有限公司在药剂研发、销售、售后服务过程中的药剂操作经验，结合中职学生环境工程学知识体系的特点，将本章选用的典型水处理药剂的实训操作项目分为以下三小节进行论述。

4.7.1 絮凝剂的实训操作

4.7.1.1 聚合氯化铝的实训操作

聚合氯化铝（PAC）主要用于将污水中的悬浮物（SS）、色度混凝沉淀，使水质澄清，浊度变低，也可以用于除磷。

聚合氯化铝分为固体和液体两种形态，市售固体聚合氯化铝有效含量（Al_2O_3）在25%～30%之间，液体聚合氯化铝有效含量（Al_2O_3）在6%～10%之间。使用方法：固体聚合氯化铝通常需要配制成溶液才可以使用，配制浓度通常按3%～10%的比例配制。

在实验中需要用到的仪器主要为天平、烧杯、玻璃棒（或搅拌器）。

1. 聚合氯化铝的配制案例

例如：配制100 mL 10%的聚合氯化铝，用150 mL烧杯作为盛装器具在天平称取10 g聚合氯化铝，然后倒入自来水至100 mL刻度线，再用玻璃棒搅拌3～5 min，或者在转速60～100 r/min的搅拌器上搅拌3～5 min即可。液体聚合氯化铝可以直接使用，也可按照加药泵的大小进行一定比例稀释。

2. 实验室实训过程

实训准备：待处理水样（以某线路板废水为例）、聚合氯化铝样品、烧杯、玻璃棒（或搅拌器）、吸量管、洗耳球、聚丙烯酰胺溶液。

实训过程：用烧杯装上待处理水样（100 mL～1 000 mL），以1 000 mL水样为例，用吸量管吸取0.5 mL的10%聚合氯化铝溶液，滴入水样中，搅拌3～5 min，再加入0.1%的聚丙烯酰胺溶液0.5 mL，缓慢搅拌2～3 min；然后静置30 min，待污泥沉淀后，上清液变得澄清，便可以取样检测需要检测的指标。图4－10所示为加入混凝剂前后的废水对比情况。

3. 污水站聚合氯化铝使用过程

（1）在配药箱中按比例配制聚合氯化铝溶液。

（2）打开加药泵，调节流量，把液体药剂打入反应池或者管道混凝器中，如图4－11所示。

（3）在搅拌机或者管道混凝器中，使药剂与污水充分混合反应。一般设置停留时间大于5 min以上。

（4）反应充分的混合液进入沉淀池进行泥水分离，污泥沉于底部，由排泥泵抽走，上清液经过出水堰流走。见图4－12。

图4－10　加入混凝剂前后的废水对比情况

图4－11　加药过程

图4－12　泥水分离过程

4. 聚合氯化铝药剂应用行业

（1）工业级：电子线路板废水、电镀废水、造纸废水、印染废水、食品加工废水、化工废水、制药废水等。

（2）食品级：自来水厂、化妆品加工、食品加工。

4.7.1.2 聚合硫酸铁的实训操作

聚合硫酸铁为黄色粉末或者红褐色黏稠液体（见图4－13），主要用于工业污水厂处理非溶解性COD（化学耗氧量）、色度、砷化物以及替代聚合氯化铝作为混凝剂使用；在市政污水厂、阳极表面氧化厂以及部分食品加工厂，它用于处理污水中的总磷。本品使用适应环境pH值为4.0～11.0，在加药量大的情况下需要配合片碱（片状氢氧化钠）或者石灰使用。

固体聚合硫酸铁需要配制成5%～20%水溶液使用，液体药剂可以视加药量大小考虑是否需要稀释（若加药量大，加药泵小，可以不用稀释）。

(a) 聚合硫酸铁黄色粉末　　(b) 聚合硫酸铁红褐色黏稠液体

图4－13　聚合硫酸铁的外观

聚合硫酸铁的稀释配制过程同聚合氯化铝一样，同样需要烧杯、天平等容器，尤其是液体聚合硫酸铁的配制是需要天平称量的，因为液体聚合硫酸铁密度在1.4～1.55 g/mL，按照体积称量不能准确量取所需质量。

1. 实验室实训过程

(1) COD去除的混凝试验。

试验准备：待处理水样（以某造纸厂二沉池出水为例）、液体聚合硫酸铁、烧杯、玻璃棒（或搅拌器）、吸量管、洗耳球、聚丙烯酰胺溶液。

试验过程：用烧杯装上待处理水样，以1 000 mL水样为例，用吸量管吸取10%的聚合硫酸铁溶液5 mL，滴入水样中，搅拌3～5 min，再加入0.1%的聚丙烯酰胺溶液1 mL，缓慢搅拌2～3 min；然后静置30 min，待污泥沉淀后，上清液变得澄清，便可以取样检测需要检测的指标：COD、色度。图4－14所示为加入混凝剂前后的废水对比情况，图4－15所示为某造纸厂聚合硫酸铁应用现场。

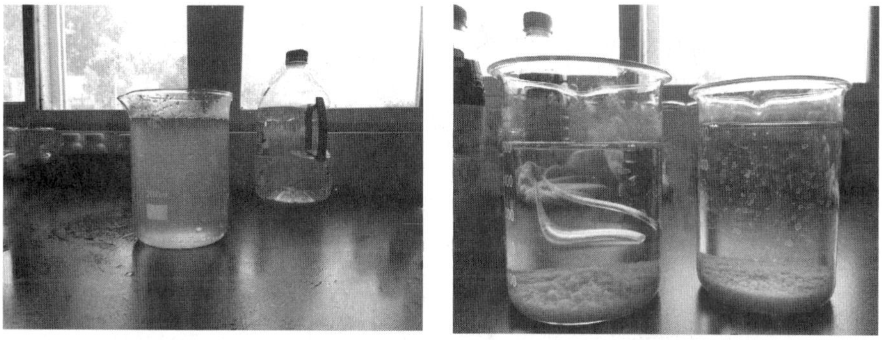

（a）加入混凝剂前　　　　（b）加入混凝剂后

图 4－14　加入混凝剂前后的废水对比情况

（a）　　　　（b）

图 4－15　某造纸厂聚合硫酸铁应用现场

（2）除磷实训。

聚合硫酸铁的除磷原理主要是 Fe^{3+} 与 PO_4^{3-} 反应生成磷酸铁沉淀，试验过程与上面脱色除 COD 过程类似，加药量关系可以按照下面公式计算。

$$Q = c(PO_4^{3-}) \times 20$$

式中：Q——除磷剂的加药量，单位为：mg/L；

$c(PO_4^{3-})$——正磷酸根的浓度，单位为：mg/L。

比如正磷酸根的浓度为 2 mg/L，由上式计算可得需要的聚合硫酸铁的加药量为 40 mg/L。除磷反应最好在 pH 值为 5.0～7.0 环境下进行，这样反应才会比较充分。

图 4－16 所示为某阳极表面氧化厂含磷废水加入聚合硫酸铁后生成的白色磷酸铁沉淀。

图4-16　含磷废水加入聚合硫酸铁后生成白色磷酸铁沉淀

2. 污水站聚合硫酸铁的配制使用

（1）固体聚合硫酸铁的配制与聚合氯化铝相同，唯一的要求是配药槽要耐酸碱。

（2）液体聚合硫酸铁的使用可以直接将加药泵连接到储药池（罐）上，然后泵入反应池。

3. 聚合硫酸铁主要使用行业

（1）工业级：市政污水厂、电子线路板废水、电镀废水、造纸废水、印染废水、食品加工废水、化工废水、制药废水等。

（2）食品级：自来水厂。

4.7.1.3　聚丙烯酰胺的实训操作

聚丙烯酰胺（PAM），白色细小颗粒物，俗称高分子絮凝剂，分为阴离子聚丙烯酰胺、阳离子聚丙烯酰胺、非离子聚丙烯酰胺三种类型，分子量从 600×10^4 至 $2\ 000\times10^4$ 不等。PAM 主要用于中和污水中的悬浮物（SS）、胶体中的电荷，使 SS、胶体脱稳后絮凝成大颗粒絮体而沉淀。PAM 通常配合聚合氯化铝、聚合硫酸铁、硫酸亚铁使用，主要加在二级慢混池。在市政污水厂，聚丙烯酰胺用于污泥脱水前的混凝。

聚丙烯酰胺通常配制成0.1%～0.3%的水溶液使用，溶液具有黏稠性，分子量越大，黏度越高。

1. 实验室聚丙烯酰胺的实训操作

先按照比例准确量取配利用的水量，置于搅拌器下，搅拌速度 200 r/min；用电子天平准确称取需要配制的聚丙烯酰胺，然后慢慢倒入烧杯中；搅拌 40～60 min 后，聚丙烯酰胺基本溶解，水溶液也变得黏稠。

2. 聚丙烯酰胺的应用

（1）混凝沉淀。

混凝沉淀通常用于聚合氯化铝、聚合硫酸铁、三氯化铁等混凝剂作为一级反应后进一步絮凝，使污泥矾花变得更大，易于沉淀。图 4 – 17 所示为加聚丙烯酰胺前后的效果对比情况。对于无机质比较多的污泥，主要使用阴离子聚丙烯酰胺。

（a）加聚丙烯酰胺前　　（b）加聚丙烯酰胺后

图 4 – 17　加聚丙烯酰胺前后的效果对比情况

（2）污泥脱水。

市政污水厂或者大型生化污水厂会有大量的有机污泥。污泥需要经过带式压滤机脱水后方能减量化，也便于装载运输到处置中心。有机污泥的絮凝脱水主要使用阳离子聚丙烯酰胺，聚丙烯酰胺需要做选型确定最优型号。市政污水厂的聚丙烯酰胺用量按照污泥含水率有所不同，含水率高则用量低，反之则用量高。通常市政污泥的用量按产生 80% 含水率污泥吨耗为 0.5 ~ 1 kg 计算。图 4 – 18 所示为试验中溶解的聚丙烯酰胺、源污泥以及絮凝后的污泥。

图 4 – 18　试验中溶解的聚丙烯酰胺、源污泥以及絮凝后的污泥

（3）生产中污泥混凝后脱水。

生产中的污泥经过混凝后，在带式压滤机的压滤下含水率由 99% 左右降低到 80% 左右，污泥从液态变成固态，总体积降低 90% 以上。如图 4 – 19 所示。

在生化污泥絮凝压滤过程中，聚丙烯酰胺的主要几个指标如下：①用量少；②污泥絮团大；③污泥絮团密实，漂浮物少。

图 4－19　生产中污泥混凝后脱水

4.7.2　缓蚀剂、阻垢剂的实训操作

4.7.2.1　水处理剂阻垢性能的测定——碳酸钙沉积法（GB/T 16632—2008）

以含有一定量 HCO_3^- 和 Ca^{2+} 的配制水和水处理剂制备成试液。在加热条件下，促使碳酸氢钙加速分解为碳酸钙，待反应达到平衡后测定试液中的 Ca^{2+} 浓度，Ca^{2+} 浓度越大，则该水处理剂的阻垢性能越好。

1. 药剂和材料

实验所用的药剂皆为分析纯药剂，实验用水为实验室购买的去离子水，符合国家标准 GB/T 6682－2008 中规定的三级水。

氯化钙标准溶液：1 mL 含 Ca^{2+} 约 25.0 mg。

己二胺四甲叉膦酸（HMDTMPA）试样溶液：1 mL 含 HMDTMPA 约 2 mg，以固体含量计算。

硼砂缓冲溶液：7.6 g/L，称取 7.6 g 十水四硼酸钠溶液并稀释到 1 L。

碳酸氢钠标准溶液：1 mL 含 HCO_3^- 约 18.3 mg。

乙二胺四乙酸二钠（EDTA－2Na）标准滴定液：*c*（EDTA）约 0.01 mol/L。

氢氧化钾溶液：200 g/L。

钙—羧酸指示剂：称取 0.2 g 钙—羧酸指示剂与 100 g 氯化钾混合研磨均匀。

2. 仪器、设备

恒温水浴：温度可控制在（80 ± 1）℃。

防爆瓶：规格 500 mL。

锥形瓶：规格 250 mL。

3. 试液的制备

在 500 mL 容量瓶中加入 250 ~ 300 mL 水，用移液管移入一定体积的氯化钙标准溶液，用移液管按梯度量移入缓蚀阻垢剂试样溶液，摇匀。然后加入 20 mL 硼砂缓冲溶液，调节 pH 值至 9.0 左右，摇匀。再用移液管移入一定体积的碳酸氢钠溶液，使 HCO_3^- 的质量为 366 mg，加水至容量瓶刻度线处，摇匀。

同时制备两个空白试样，一个除不加碳酸氢钠和缓蚀阻垢剂外，另一个除不加缓蚀阻垢剂外，均按上述步骤操作。

4. 实训步骤

先将制备好的试液与空白试样分别置于防爆瓶中，浸入（80 ± 1）℃的恒温水浴箱中（试液的液面不得高于水浴的液面），恒温放置 16 h（国标中要求 10 h）。再取出冷却至室温后，用中速定性滤纸过滤，然后各取一定体积滤液置于 250 mL 锥形瓶中，加水至约 80 mL，最后加 5 mL 氢氧化钾溶液和约 0.1 g 钙—羧酸指示剂。用 EDTA 标准滴定溶液滴定至溶液由紫红色变成亮蓝色即为滴定终点。

5. 分析结果的计算与表述

钙离子（Ca^{2+}）的含量以质量浓度 ρ_2 计算，数值单位以 mg/mL 表示，计算公式如下：

$$\rho_2 = \frac{V_1 cM}{V}$$

式中：V_1——滴定中消耗 EDTA 标准滴定溶液的体积，单位为：mL；

c——乙二胺四乙酸二钠标准滴定溶液的实际浓度，单位为：mol/L；

V——所取氯化钙标准溶液的体积，单位为：mL；

M——钙离子（Ca^{2+}）的摩尔质量，M = 0.48 g/mol。

以百分率表示水处理剂的阻垢性能 η，计算公式如下：

$$\eta = \frac{\rho_4 - \rho_3}{c - \rho_3} \times 100$$

式中：ρ_4——加入缓蚀阻垢剂试液试验后的钙离子（Ca^{2+}）的浓度，单位为：mg/mL；

ρ_3——未加缓蚀阻垢剂试液的空白试验后的钙离子（Ca^{2+}）的浓度，单位为：mg/mL；

c——实验前配制的试液中钙离子（Ca^{2+}）的浓度，单位为：mg/mL。

4.7.2.2 水处理剂缓蚀性能的测定——旋转挂片法（GB/T 18175—2000）

旋转挂片腐蚀试验方法是在实验室给定的条件下，用试片的质量损失计算出腐蚀率和缓蚀率来评定水处理剂的缓蚀性能。

1. 实验试剂和仪器设备

（1）实验试剂。

去离子水、无水乙醇（AR，分析纯试剂）、丙酮（AR）、缓蚀阻垢剂试液、氢氧化钠溶液（60 g/L）。

酸洗溶液：在500 mL盐酸溶液中，加入4 g六次甲基四胺，溶解后混匀。

（2）实验仪器设备。

2 000 mL烧杯、培养皿（直径12 cm）、镊子、脱脂棉、20#碳钢试片（50 ±0.1）mm ×（25 ±0.1）mm×（2 ±0.1）mm、RCC－Ⅲ型旋转挂片腐蚀实验仪（江苏高邮新邮仪器厂）、FA2004上皿式电子天平。

2. 实训步骤

（1）将碳钢试片用滤纸把防锈油脂擦拭干净，然后分别在丙酮和无水乙醇中用脱脂棉擦洗，洗完后用滤纸吸干，放于干燥器中干燥4 h以上后称量（精确到0.000 2 g）并记录数据，称完后保存于干燥器中，待用。

（2）在2 000 mL的烧杯中加入不同梯度的缓蚀阻垢剂，加自来水至2 000 mL刻线处，然后将烧杯置于恒温水浴中。

（3）待试液温度达到45 ℃时，挂入试验用试片，启动电动机，使试片按85 r/min的旋转速度转动，并开始计时。

（4）每隔1～2 h补加自来水一次，使液面保持在刻线处。

（5）当运转时间达到72 h时，停止试片转动，取出试片进行外观观察并记录。

（6）将试片用毛刷刷洗干净，然后在酸洗溶液中用脱脂棉擦洗；取出，迅速用去离子水冲洗后，立即浸入NaOH溶液中约30 s；取出，用去离子水冲洗，用滤纸擦拭并吸干，再放入无水乙醇中浸泡约3 min；取出，用滤纸擦干，置于干燥器中干燥4 h以上，称量（精确到0.000 2 g）并记录数据。

3. 分析结果的计算与表述

（1）数值单位以毫米每年（mm/a）表示的腐蚀率X_1，计算公式如下：

$$X_1 = \frac{8\ 760 \times m \times 10}{s\rho t} = \frac{87\ 600 \times m}{s\rho t}$$

式中：m——试片质量损失，单位为：g；

s——试片的表面积，单位为：cm^2；

ρ——试片的密度，单位为：g/cm^3；

t——试验时间，单位为：h；

8 760——与1年相当的小时数，单位为：h/a；

10——与1 cm相当的毫米数，单位为：mm/cm。

（2）数据单位以百分数表示的缓蚀率X_2，计算公式如下：

$$X_2\ (\%) = \frac{X_0 - X_1}{X_0} \times 100$$

式中：X_0——试片空白试验的腐蚀率（计算方法同上式），单位为：mm/a；

X_1——试片的腐蚀率，单位为：mm/a。

4. 循环冷却水处理配方的选择

单一药剂的缓蚀阻垢效果一般不理想，而且用药量较大、成本较高；复配药剂比单一药剂用量小、成本低。我们可以通过水的倾向性水质选择配方如下。

严重腐蚀性水质：有机膦+锌盐。

中等腐蚀性水质：聚磷酸盐+锌盐/有机膦+亚硝酸盐。

轻度结垢、轻度腐蚀性水质：聚马来酸酐+有机膦+锌盐/有机膦+聚磷酸+锌盐。

中等结垢性水质：聚马来酸酐+有机膦+锌盐。

大量结垢性水质：共聚物+耐钙有机膦。

4.7.2.3 探究HPMA（聚马来酸酐）、HEDP（羟基亚乙基二膦酸）、PBTCA（2-膦酸丁烷-1，2，4-三羧酸）、AA/AMPS（丙烯酸-2-丙烯酰胺基-2-甲基丙磺酸共聚物）和Zn^{2+}的复配对碳钢的缓蚀

本次实训测试①HPMA、HEDP、Zn^{2+}；②HPMA、PBTCA、Zn^{2+}；③HPMA、AA/AMPS、HEDP、Zn^{2+}三种配方在总固含量10 mg/L的条件下，不同比例对碳钢的缓蚀性能与对碳酸钙的阻垢性能，同时观察不同配方对水质的影响。

1. 缓蚀性能测试

（1）实验方法：旋转挂片法。

（2）实验条件：2 000 mL自来水，水浴控温45 ℃，反应时间72 h。

旋转挂片法的实验结果详见表4-25、表4-26、表4-27。

表4-25 HPMA、HEDP、Zn^{2+}对碳钢的缓蚀

实验	HPMA/（mg/L）	HEDP/（mg/L）	Zn^{2+}/（mg/L）	腐蚀速率/（mm/a）	缓蚀率/%	pH值	水质情况
空白1	/	/	/	1.466 9	/	7.84	混浊
①	1	7	2	0.020 5	98.81	6.99	乳白
②	3	5	2	0.020 5	98.81	6.99	乳白
③	5	3	2	0.014 1	99.18	7.05	轻乳白
④	7	1	2	0.023 0	98.66	7.16	微黄

表4-26 HPMA、PBTCA、Zn^{2+}对碳钢的缓蚀

实验	HPMA/（mg/L）	PBTCA/（mg/L）	Zn^{2+}/（mg/L）	腐蚀速率/（mm/a）	缓蚀率/%	pH值	水质情况
空白1	/	/	/	1.466 9	/	7.84	混浊
⑤	1	7	2	0.070 9	95.88	7.35	乳白
⑥	3	5	2	0.040 1	97.66	7.26	乳白
⑦	5	3	2	0.031 6	98.16	7.21	轻乳白
⑧	7	1	2	0.028 0	98.37	7.21	微黄

表 4-27 HPMA、AA/AMPS、HEDP、Zn^{2+} 对碳钢的缓蚀

实验	HMPA/(mg/L)	(AA/AMPS)/(mg/L)	HEDP/(mg/L)	Zn^{2+}/(mg/L)	腐蚀速率/(mm/a)	缓蚀率/%	pH 值	水质情况
空白 1	/	/	/	/	1.466 9	/	7.84	混浊
⑨	3	2	3	2	0.079 4	95.38	7.20	黄色

2. 数据分析

(1) 设定总固含量为 10 mg/L，配方 HPMA、HEDP、Zn^{2+} 在不同比例下，整体对碳钢都体现良好的缓蚀性能，能使碳钢的腐蚀速率降至 0.020 0 mm/a 左右，且水质感官较好。

(2) 配方 HPMA、PBTCA、Zn^{2+} 在最佳比例下，能呈现良好的缓蚀效果，使碳钢的腐蚀速率降至 0.031 6 mm/a，但整体水质感官较差，携带黄色。初步实验观察配方 HPMA、AA/AMPS、HEDP、Zn^{2+} 对碳钢的缓蚀性能，腐蚀速率降至 0.079 4 mm/a，大于 0.075 mm/a，效果一般，且水质感官较差，黄色较深。

(3) 整体评价。

三种配方对碳钢的缓蚀效果：(HPMA、HEDP、Zn^{2+}) > (HPMA、PBTCA、Zn^{2+}) > (HPMA、AA/AMPS、HEDP、Zn^{2+})。

3. 实验效果图

碳钢片实验前后对比情况如图 4-20 所示，实验后溶液水质情况如图 4-21 所示。

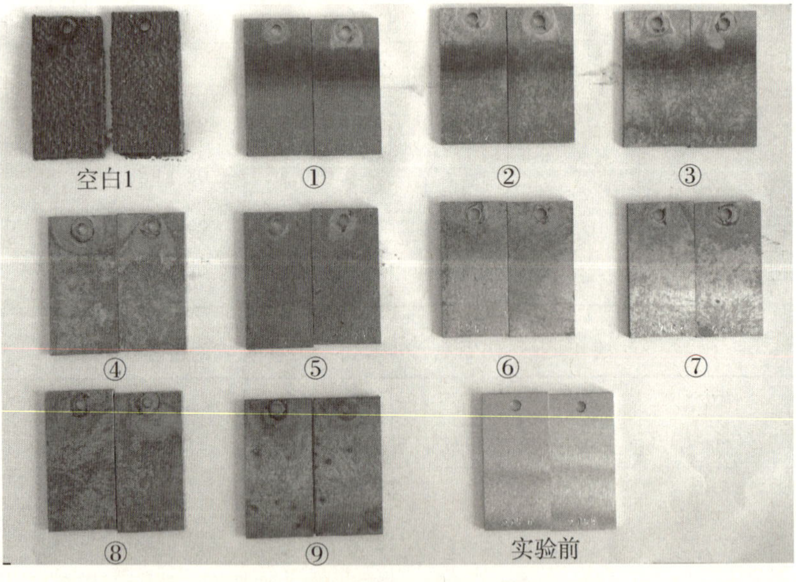

图 4-20 碳钢片实验前后对比

图 4－21　实验后溶液水质情况

4.7.2.4　阻垢性能测试（碳酸钙）

1. 实验方法

碳酸钙沉积法。

2. 实验条件

将用纯水配制好的试样溶液，在恒温水浴 85 ℃下静止 16 h 后，滴定试液中 Ca^{2+} 浓度。实验结果详见表 4－28、表 4－29、表 4－30。

表 4－28　HPMA、HEDP、Zn^{2+} 对试液（Ca^{2+} 浓度为 500 mg/L）的阻垢性能测试

实验	HPMA/(mg/L)	HEDP/(mg/L)	Zn^{2+}/(mg/L)	Ca^{2+}/(mg/L)	阻垢率/%
空白 1	/	/	/	499	/
空白 2	/	/	/	252	/
①	1	7	2	401	60.32
②	3	5	2	410	63.97
③	5	3	2	398	57.94
④	7	1	2	419	61.61

表 4-29 HPMA、PBTCA、Zn^{2+} 对试液（Ca^{2+} 浓度为 500 mg/L）的阻垢性能测试

实验	HPMA/(mg/L)	PBTCA/(mg/L)	Zn^{2+}/(mg/L)	Ca^{2+}/(mg/L)	阻垢率/%
空白 1	/	/	/	499	/
空白 2	/	/	/	252	/
①	1	7	2	427	70.85
②	3	5	2	427	70.85
③	5	3	2	431	72.47
④	7	1	2	411	64.37

表 4-30 HPMA、AA/AMPS、HEDP、Zn^{2+} 对试液（Ca^{2+} 浓度为 500 mg/L）的阻垢性能测试

实验	HPMA/(mg/L)	(AA/AMPS)/(mg/L)	HEDP/(mg/L)	Zn^{2+}/(mg/L)	Ca^{2+}/(mg/L)	阻垢率/%
空白 1	/		/	/	499	/
空白 2	/		/	/	252	/
①	3	2	3	2	392	56.68

3. 数据分析

结合表 4-31、表 4-32、表 4-33 数据可知，在总固含量为 10 mg/L 的前提下，三种配方的阻垢性能对比初步评价为：

（HPMA、PBTCA、Zn^{2+}）>（HPMA、HEDP、Zn^{2+}）>（HPMA、AA/AMPS、HEDP、Zn^{2+}）。

4. 实验结论

综合缓蚀性能、阻垢性能、水质影响三个因素进行评价，配方（HPMA、HEDP、Zn^{2+}）的整体性能最好。因此，下一步实验计划为：围绕配方（HPMA、HEDP、Zn^{2+}）扩展铜缓蚀性能，同时测试原性能的稳定性。

4.7.3 杀菌剂的实训操作

1. 次氯酸钠的性状

次氯酸钠又称漂白水，化学式为 NaClO，淡黄色透明液体（见图 4-22），有刺鼻性气味，市售产品有效氯含量 10%～20%。NaClO 作为杀菌剂，其原理是 NaClO 溶解于水中会产生次氯酸（HClO），HClO 能够穿透细菌、藻类的细胞壁，氧化细胞内的酶系统使

其失去活性，从而阻碍细菌藻类的生命活动。水质中的次氯酸根（ClO^-）也具有氧化性，但相对于 HClO 来说要弱得多。HClO 作为杀菌剂使用，需要按照水质状况进行投加，通常使用于自来水厂、生活污水厂的消毒杀菌，以及热电厂循环水灭藻，医院废水消毒杀菌，蔬菜、果品、食品消毒杀菌，酒店、饭店、医院、工业企业等公共设施环境消毒杀菌。

图 4-22　次氯酸钠

2. NaClO 的实训投加量

根据经验及规范，市售含量 10% 有效氯的 NaClO 在各种水质中作为杀菌剂的使用剂量，可以按下面的量进行投加。

（1）自来水消毒杀菌，加药量一般为 1～3 mg/L。

（2）热电厂循环水、海水杀菌除藻，加药量一般为 3～5 mg/L。

（3）污水处理后生产的中水，加药量一般为 5～10 mg/L；石油行业的回填水（注水），加药量一般为 3～6 mg/L。

（4）医院废水杀菌消毒，加药量一般为 30～50 mg/L。

（5）养殖业、畜禽舍的消毒杀菌，加药量一般为 5～10 mg/L。

（6）畜产品消毒杀菌，加药量一般为 1～3 mg/L。

（7）蔬菜、果品及食品的杀菌消毒，加药量一般为 1～3 mg/L。

（8）酒店、饭店、医院、食品与肉类加工企业及公共设施环境的消毒，加药量一般为 1～3 mg/L。

（9）游泳池杀菌消毒，加药量一般为 3～5 mg/L。

（10）含氰废水处理，加药量一般为 40～50 mg/L。

（11）纺织印染的胚布漂白，加药量一般为1～3 g/L；造纸业的纸张漂白，加药量一般为0.5～1.0 g/L。

3. NaClO 消毒实训操作过程

（1）允许使用浓度及使用条件。

NaClO 限用于一般物体表面消毒、食饮具消毒、果蔬消毒、织物消毒、血液及黏液等体液污染物品消毒，还可用于排泄物消毒，并规定按照限定的使用浓度、消毒时间、使用方法使用（见表4－31）。

表4－31　次氯酸钠消毒使用规定

使用范围	允许使用浓度（以有效氯含量计算，mg/L）	作用时间/min	使用方法
一般物体表面	100～250	10～30	对各类清洁物体表面擦拭、浸泡、冲洗消毒
	400～700	10～30	对各类非清洁物体表面擦拭、浸泡、冲洗、喷洒消毒，喷洒量以喷湿为度
食饮具	按照《食（饮）具消毒卫生标准》（GB 14934—1994）		对去残渣、清洗后器具进行浸泡消毒；消毒后应将残留消毒剂冲净
	400	20	消毒传染病病人使用后的污染器具。用于先去残渣、清洗后再进行浸泡消毒的器具，消毒后应将残留消毒剂冲净
	500～800	30	消毒传染病病人使用后的污染器具。用于已去残渣而未清洗便进行浸泡消毒的器具，消毒后应将残留消毒剂冲净
果蔬	100～200	10	将果蔬先清洗，后消毒；消毒后用生活饮用水将残留消毒剂冲净
织物	250～400	20	消毒时将织物全部浸没在消毒液中，消毒后用生活饮用水将残留消毒剂冲净
血液、黏液等体液污染物品	5 000～10 000	≥60	对各类传染病病原体污染的物品、物体进行表面覆盖、浸泡消毒
排泄物	10 000～20 000	≥120	按照1份消毒液、2份排泄物混合搅拌后静置120 min以上

（2）NaClO 杀灭微生物的能力要求（见表 4－32）。

表 4－32 杀灭微生物能力要求

消毒液作用浓度（以有效氯含量计，mg/L）	作用时间/min	杀灭微生物指标
100	10	对大肠杆菌（8099）、金黄色葡萄球菌（ATCC6538）的杀灭对数值≥5
200	10	对铜绿假单胞菌（ATCC15442）的杀灭对数值≥5 对白色念珠菌（ATCC10231）的杀灭对数值≥4
200	20	对脊髓灰质炎病毒－Ⅰ型疫苗株的杀灭对数值≥4
500	60	对枯草杆菌黑色变种芽孢（ATCC9372）的杀灭对数值≥5

（3）NaClO 的使用注意事项。

NaClO 在储存及使用中应该注意以下几点：①NaClO 对金属有一定的腐蚀性，对织物有一定的漂白性，使用中应注意做好防护。②产品应贮存在阴暗干燥处和通风良好的清洁室内，储存设施应耐腐蚀、耐氧化。③运输时应有防晒、防雨淋等措施，装卸过程中应避免倒置，槽罐区域有防泄漏措施。

思考与练习

1. 聚合氯化铝是一种净水材料、无机高分子混凝剂，又被简称为聚铝，其英文缩写是什么？pH 适用范围控制在什么范围？有什么优点？

2. 无水氯化铁、六水合三氯化铁以及氯化铁液体的外观形态特点分别是什么？

3. 聚丙烯酰胺被称为三号凝聚剂，它的简称是什么？按离子特性可分为哪几种类型？其存放的温度范围是什么？

4. 硫酸亚铁的外观形态特点是什么？其使用方法是怎样的？

5. 硫酸铝的作用机理是什么？

6. 液氯的外观形态特点、作用机理及其在水处理中的用途分别是什么？

7. 次氯酸钠的外观形态特点是什么？其 pH 控制在什么范围内效果比较佳？如果使用不当时会对人体造成怎样的伤害？

8. 次氯酸钙的外观形态特点及作用机理是什么？其 pH 控制在什么范围内效果比较佳？

9. 二氧化氯的外观形态特点、使用方法及其注意事项分别是什么？

10. 臭氧的外观形态特点及作用机理是什么？臭氧必须在现场制备和使用，生产时需要注意什么？

11. 二甲基二烯丙基氯化铵–丙烯酰胺共聚物的外观形态特点及其使用方法分别是什么？

12. 活性炭的外观形态特点及其作用机理分别是什么？

13. 硅藻土的外观形态特点及其作用机理分别是什么？

14. 沸石的外观形态特点及其使用注意事项分别是什么？

15. 磺化煤的外观形态特点及其使用注意事项分别是什么？

16. 盐酸的外观形态特点？清洗设备垢层时，盐酸酸洗液的浓度由什么决定？

17. 硫酸的外观形态特点及其使用方法分别是什么？

18. 硝酸的外观形态特点是什么？硝酸对人体有什么危害？

19. 氢氧化钠的外观形态特点及其对玻璃仪器的腐蚀性作用分别是什么？

第5章
新型水处理药剂

学习目标

1. 熟悉化学沉淀法除磷的原理及其特点。
2. 掌握常见沉淀法的除磷药剂、原理及使用注意事项。
3. 掌握水中氨氮的处理方法、常见的氨氮处理药剂及其使用注意事项。
4. 了解生物絮凝剂的概念、机理、特点及其应用。
5. 熟悉常见的微生物絮凝剂及其使用注意事项。
6. 掌握常见的 COD 去除剂及其应用。
7. 掌握芬顿试剂氧化法去除废水中 COD 的原理。

5.1 除磷剂

5.1.1 化学除磷法的原理和特点

污水的除磷方法有生物除磷法与化学除磷法，化学除磷法由于具有操作简单、除磷效果好且稳定等优点，是目前应用最为广泛的一种除磷方法。

化学除磷法是向含磷污水中投加一定量的金属盐类或者某种聚合物，使废水中溶解的磷形成难溶盐或结晶体，从而使磷从污水中分离出去的一种方法。常见的有化学沉淀法与结晶法两种。

1. 化学沉淀法除磷

化学沉淀法除磷是向污水中投加药剂，使水中的磷酸根离子生成难溶性盐，形成絮凝体与水分离，从而去除污水中所含磷的一种物理化学方法。根据使用的药剂可分为石灰沉淀法和金属盐沉淀法。

石灰沉淀法：在有羟基离子的存在下，向含有磷酸盐的污水中投加石灰，石灰与水反应生成碳酸钙沉淀，过量的钙离子与磷酸根离子反应生成难溶的羟基磷灰石

[$Ca_{10}(PO_4)_6(OH)_2$] 析出，从而将磷去除。pH 对石灰沉淀法除磷的影响很大，随着 pH 值升高，羟基磷灰石的溶解度急剧下降，即磷的去除率增加，pH 值大于 9.5 后，水中的所有磷酸盐都转为不溶性的沉淀。一般将 pH 值控制在 9.5 ~ 10.0 之间除磷效果最好。

磷酸铵镁沉淀法（MAP 法）是一种常见的金属盐沉淀除磷法。在废水处理中利用镁盐做沉淀剂可以同时去除废水中的氮和磷。磷酸铵镁法的基本原理是向含有磷酸盐和氨氮的污水中投 Mg^{2+}，使之生成难溶的磷酸铵镁（$MgNH_4PO_4 \cdot 6H_2O$）析出，从而将磷去除。该方法的沉淀反应不受温度、水中毒素的限制，并且如果废水中 NH_4^+ 的含量很高时，只需投加镁盐，少量投加或不投加铵盐就可以起到同时除磷脱氮的作用。

石灰沉淀法与金属盐沉淀法除磷的特点比较见表 5 - 1。

表 5 - 1　石灰沉淀法与金属盐沉淀法除磷的特点对比

项　目	石灰沉淀法	金属盐沉淀法
混凝剂的必要投加量	根据碱度，将 pH 调至一定值时所需的混凝剂量	按与磷的物质的量比
从沉淀物中再生混凝剂	可以	不可以
污泥产生量	多	少
污泥处理	容易	困难
处理水中的溶解盐	不增加	增加
最适宜的 pH 值范围	>10.0	6.0 ~ 8.0
处理效率	高	一般
适用的处理规模	大	所有规模
其他	可同时进行氨的解吸，但会生成水垢	投加的药剂对生物处理有利

化学沉淀法的优点是投资少，操作管理方便；缺点是运行费用较高，并且残留金属离子浓度（如铁离子）较高，处理效果随时间会发生变化；化学沉淀产生的化学污泥含水量大，脱水困难，难以处理，容易产生二次污染。

2. 结晶法除磷

结晶法除磷是一种较为新型的除磷方法，通过加入矿物晶种，诱使水体中的磷围绕晶种生长成稳定的磷酸盐类物质。向含磷废水中添加一定碱度的 Ca^{2+} 溶液，使该混合液以一定流态通过填料结晶床。由于填料结构和表面性质与羟基磷灰石相似，它破坏溶液中离子的亚稳态，使水中的 Ca^{2+}、OH^-、PO_4^{3-} 在填料颗粒表面富集，使局部浓度增高，其离子积大于溶度积，形成羟基磷灰石在填料颗粒表面结晶沉淀，从而达到除磷目的。

结晶法除磷具有处理效率好、污泥产量少、操作简单、适用范围广等优点，通常应用于深度处理城市生活污水厂的二级出水；可以和混凝法联用处理高浓度工业含磷废水；也可以用于去除污泥消化池中具有较高磷浓度的上清液等。

5.1.2 常用的化学除磷剂

最常见的化学沉淀除磷剂有钙盐、铁盐、铝盐或镁盐等，如钙盐有生石灰和熟石灰；铁盐有三氯化铁、氯化亚铁、硫酸铁和硫酸亚铁等；铝盐有硫酸铝、铝酸钠和聚合铝等；镁盐有氯化镁、氢氧化镁、卤水及海水等其他含镁物质等。

最常见的结晶除磷填料有方解石、雪硅钙石与沸石等。

1. *方解石*

以方解石、磷灰石晶种及氟、钙等生成氟磷灰石的必要组分，通过固化沉淀来除磷，磷浓度最低可降至小于0.001 mg/L的水平，低于富营养化爆发的底线0.02 mg/L。生成物并非全部都是结晶的氟磷灰石，有部分是亚稳定的化合物或络合物。该研究证明方解石和磷灰石作为晶种对水体除磷，促进了溶液中磷的固化沉淀，并且高磷浓度溶液的除磷效果优于低磷浓度溶液的除磷效果，即低磷浓度水体除磷存在一定困难。通过在低浓度（0.5 mg/L）含磷水溶液中引入氟离子和磷灰石晶种，使溶液中Ca∶P∶F（物质的量比）=11∶3∶2.2，磷灰石晶种加入量为2.25 g/L的试验，在高温或常温偏碱性环境下，水溶液中可溶性磷的浓度得到有效的降低。结果还表明温度和酸碱度对结晶法除磷有重要影响，即高温和偏碱性环境对除磷极为有利，在高温下反应进行得最为迅速，而在偏碱性环境下反应进行得最为彻底。

2. *雪硅钙石*

雪硅钙石是一种硅酸钙水化物，可用来对含低浓度磷（10～15 mg/L）的生活污水进行除磷。由于其自身能提供氢氧根离子和钙离子，不含重金属和磷，不受有机物浓度的限制，在土壤中有可溶性，不需要预先去除二氧化碳等优点，是羟基磷酸盐结晶沉淀的良好晶种，使水体中的磷以不溶磷酸盐的形式结晶而去除。在静态条件下雪硅钙石投加量为6 g/L，氟化钙投加量为3.5～4.2 g/L，反应4 h可使人工快渗出水的总磷浓度小于0.5 mg/L，去除率达到96.6%以上，出水达到了《城镇污水处理厂污染物排放标准》（GB 18918—2002）一级A类标准以下，且出水的pH值保持在8.0～8.6之间。

3. *沸石*

用吸附法进行污水处理时，利用呈架状结构的多孔性含水铝硅酸盐晶体（其总称为沸石）进行除磷。天然沸石是具有四面体骨架结构的铝硅酸盐，其化学组成通式为 $[M(\mathrm{I})_2/M(\mathrm{II})]O \cdot Al_2O_3 \cdot nSiO_2 \cdot mH_2O$，式中M（Ⅰ）和M（Ⅱ）分别为一价和二价金属离子，通常为钠、钾、钙、锶、钡等。沸石晶体内部有很多大小均一的空穴和通道，使沸石具有巨大的比表面积，达400～800 m^2/g，因而其具有良好的吸附性能。以天然沸石为原料，经由镁盐、铝盐改性后的沸石对含磷废水有很好的去除效果，改性时沸石、氯化镁、氯化铝三者质量比为2∶3∶1，且该改性沸石制备方法简单。其对磷的去除效率受沸石用量、废水酸度、吸附时间、废水含磷浓度等因素的影响，处理100 mL含磷废水的沸石用量为1.5 g，废水pH值为4.0～11.0，吸附时间为15 min，废水含磷（以P计算）小于60 mg/L时，磷的去除率达99%以上。

还有学者利用镧改性的膨润土制备成一种高效除磷吸附剂对磷进行深度处理，这种吸附剂在膨润土具有良好的离子交换性、吸附性、较强的热效应与非热效应的基础上，经镧改性后，再以1.505%三甲基溴化氨—乙醇（10%）溶液浸泡，在60 ℃下水浴搅拌1.5 h，过滤后在微波功率为166 W下烘6 min，对磷的去除率达99%以上。

数据来源：董婧蒙. 传统钙法除磷的机理及改良［D］. 重庆：重庆大学，2009.

5.1.3 案例应用

我国学者利用钙盐、铁盐和铝盐抑制湖泊沉积物向水体释放磷的研究表明，在适当的条件下对水体磷去除率最高分别可达90.3%、93.1%和91.7%。

加拿大对在北美常见的几种天然磷灰石矿物进行了废水除磷的研究，分别取样自沉积岩、火成岩和石灰岩，通过动态柱法和批式法得到磷灰石对磷的吸附能力约为0.3 mg（磷/磷灰石）。试验结果指出在有次生矿物存在下，由于其能提供钙源，除磷效果更好，而钙源对Ca、P沉淀作用至关重要。研究还发现较低的pH有利于Ca^{2+}的溶解，而较高pH有利于羟基磷灰石（HAP）的结晶作用，小规模废水处理时不宜出现pH较大波动，故应控制pH在一个稳定范围内，同时补足Ca^{2+}和OH^-。

韩国利用经过氮气气氛下750 ℃高温热解1 h后的活性贝壳除磷，取得与熟石灰［$Ca(OH)_2$］近似的较优效果。且活性贝壳（含干重占37.4%的Ca，少量Na和Mg）本身为牡蛎产业的废弃物，来源丰富，可以达到资源化利用。此法特点在于活性贝壳的粒子性质和反应对时间无依赖性，可间断入料。活性贝壳的除磷机理尚未确定，但可推测其主要机理为：在Ca^{2+}和高pH值环境下磷的沉淀作用，而吸附作用对除磷机理无较大贡献。

德国在富营养化的Bautzen水库应用铁盐沉降磷以控制藻类的爆发，结果表明水体总磷降低了45%。

5.1.4 除磷剂规格

以某沉淀型除磷剂为例，其规格如表5-2所示。

表5-2 某沉淀型除磷剂规格

项目	指标
名称	除磷剂
品牌	长隆
型号	除磷剂I型
外观	红褐色液体，无沉淀物
密度（20 ℃）/（g/cm³）	>1.34
包装规格	15 kg/桶
有效复合成分的质量分数/%	>10.8
钙离子/%	>0.8

续上表

项　　目	指　　标
盐酸盐（以 Cl 计）质量分数/%	<2.8
重金属（以铅计）质量分数/%	<0.005
pH（1% 水溶液）	2.5～3.5

5.1.5 除磷剂的使用注意事项

一般沉淀型除磷剂在使用时一定要注意水体中总磷的变化。一旦出现配比不正确，将会提高残留金属离子浓度，后端水质稳定性则无法保证。能否实时监测水质波动是除磷剂使用的重要条件。

5.2 氨氮去除剂

5.2.1 常见的氨氮去除剂

目前水中氨氮的处理方法很多，主要可分为两大类：物理化学法和生物脱氮法。物理化学法有折点氯化法、化学沉淀法、离子交换法（吸附法）、吹脱法、气提法、液膜法、电渗析法和催化湿式氧化法等。生物法主要是利用微生物通过氨化、硝化、反硝化等一系列反应使废水中的氨氮最终转化成无害的氮气排放。水处理药剂的使用方法主要是物化处理的折点氯化法、化学沉淀法和吸附法。

1. 折点氯化法

在折点氯化法中，将氯气通入废水，在通入量达到某一点时，水中的游离氯含量较低，而氨的浓度降为零；当氯气通入量超过该点时，水中的游离氯就会增多。因此，该点称为折点，该状态下的氯化称为折点氯化。折点氯化法除氨的机理为氯气与氨反应生成无害的氮气。

$$Cl_2 + H_2O \rightarrow HOCl + H^+ + Cl^-$$

$$NH_4^+ + HOCl \rightarrow NH_2Cl\text{（一氯胺）} + H_2O + H^+$$

$$NH_2Cl + HOCl \rightarrow NHCl_2\text{（二氯胺）} + H_2O$$

$$NHCl_2 + HOCl \rightarrow NCl_3\text{（三氯胺）} + H_2O$$

$$2NH_4^+ + 3HOCl \rightarrow N_2\uparrow + 5H^+ + 3Cl^- + 3H_2O$$

N_2进入大气中，使反应不断向右进行。所加氯与水的质量比由 8:1 到 10:1，当氨氮浓度小于 20 mg/L 时，脱氮率大于 90%。反应受 pH 影响较大，pH 高时产生 NO_3^-，pH 低时产生 NCl_3，将消耗氯，通常控制 pH 值在 6.0～8.0。

此法用于废水的深度处理，脱氮率高，设备投资少，反应迅速、完全，并有消毒作用。但液氯安全使用和贮存要求高，对 pH 要求也很高，产生的水需加碱中和，处理成本高。另外副产物氯胺和氯代有机物会造成二次污染。因此一般使用次氯酸钠代替液氯。

2. 化学沉淀法

MAP 法是水处理中常见的一种化学沉淀法。在一定的 pH 条件下，水中的 Mg^{2+}、PO_4^{3-} 和 NH_4^+ 可以生成磷酸铵镁沉淀，使 NH_4^+ 从水中分离出来。影响沉淀效果的因素有沉淀剂的种类及配比、pH、废水中初始氨的浓度、干扰组分等。

有研究表明，利用沉淀法去除废水中的氨氮，当 pH 值为 10.0，物质的量之比 Mg∶N = 1.2、P∶N = 1.02 时沉淀效果最好，氨氮去除率可达到 90%。赵庆良等研究表明，$MgCl_2 \cdot 6H_2O$ 和 $Na_2HPO_4 \cdot 12H_2O$ 组合沉淀剂效果优于 MgO 和 H_3PO_4 组合，垃圾渗滤液中的氨氮质量浓度可由 5 618 mg/L 降低到 65 mg/L。李芙蓉等采用氧化镁和磷酸作为沉淀剂去除煤气洗涤循环水中的高浓度氨氮，效果良好。李才辉等对 MAP 法处理氨氮废水的工艺进行优化，研究表明氨氮的去除率随着反应时间的增加而增加，随着 Mg∶N（物质的量之比）的增加而增加。刘小澜探讨了不同操作条件对氨氮去除率的影响，在 pH 值为 8.5～9.5 的条件下，投加的药剂 Mg^{2+}、NH_4^+、PO_4^{3-} 的物质的量之比为 1.4∶1∶0.8 时，废水氨氮的去除率达 99% 以上，出水氨氮的质量浓度由 2 g/L 降至 15 mg/L。

国外对用化学沉淀法去除废水中的氨氮也有较多研究。Stratful 等详细研究了影响磷酸铵镁沉淀及晶体生长的因素，得出 4 点结论：①过量的 NH_4^+ 对形成磷酸铵镁沉淀有利；②Mg^{2+} 可能是形成磷酸铵镁沉淀的限制因素；③如果要想从废水中回收磷酸铵镁，需要得到比较大的晶体颗粒，至少需要 3 h 的结晶时间；④沉淀的 pH 值应大于 8.5。Bttistoni等进行了用化学沉淀法从废水厌氧消化后的上清液中同时回收氮和磷的研究。在废水厌氧消化过程中，有机物中的氮和磷被微生物分解为无机的磷酸盐和氨氮，添加 MgO 可以生成磷酸铵镁沉淀，回收磷和氮。Lind 等则进行了用磷酸铵镁沉淀法从人的尿液中回收营养物质的研究，研究表明可以回收 65%～80% 的氮。

MAP 法的最大优点是可以回收废水中的氨，所生成的沉淀可以作为复合肥综合利用。其存在的主要问题是沉淀剂的用量较大，需要对废水的 pH 进行调整，另外有时生成的沉淀颗粒细小或是絮状体，在工业中进行固液分离有一定困难。

3. 离子交换法（吸附法）

离子交换法选用对 NH_4^+ 有很强选择性的吸附介质作为交换树脂，可达到去除氨氮的目的。这些介质能够选择性地吸附气体，进行催化反应，并在水溶液中具有离子交换能力，对去除生活污水和工业废水中的氨氮有较好的效果。有些介质可作为低浓度至中等浓度废水选择性去除氨的离子交换介质，其对不同阳离子的选择性由大到小的顺序为：K^+、NH_4^+、Ba^{2+}、Na^+、Ca^{2+}、Fe^{3+}、Al^{3+}、Mg^{2+}、Li^+。下面介绍几种常见的吸附介质。

(1) 活性炭。

活性炭（AC）是一种常见的吸附材料，主要有粒状和粉末状。活性炭可用动植物、煤、石油、纸浆废液、废合成树脂及其他有机残物等粉碎后，加黏合剂成型，经加热脱水、炭化、活化而制得。活性炭具有巨大的比表面和特别发达的微孔，通常其比表面积高达 500 ~ 1 700 m^2/g。活性炭的微孔容积为 0.15 ~ 0.9 mL/g，表面积占活性炭总表面积的 95% 以上。活性炭的吸附以物理吸附为主，但由于表面氧化物存在，也进行一些化学选择性吸附。活性炭是目前废水处理中普遍采用的吸附剂。其中粒状炭因工艺简单、操作方便，用量最大。国外使用的粒状炭多为煤质或果壳质无定形碳，国内多用柱状煤质炭。活性炭主要是吸附水中的氨分子形式的氮，无选择性，吸附容量有限，因此脱氮效率很低。

（2）活性炭纤维。

活性炭纤维（ACF）是一种新型吸附功能材料，它以木质素、纤维素、酚醛纤维、聚丙烯纤维、沥青纤维等为原料，经炭化和活化制得。与活性炭相比较，ACF 具有多种官能团，更大的外表面积和比表面积，还具有特有的微孔结构，平均细孔直径也更小，通过物理吸附、化学吸附以及物理化学吸附等方式在废水、废气处理、水净化等领域得到了广泛应用。纤维状活性炭微孔体积占总孔体积 90% 左右，其微孔孔径大部分在 1 nm 左右，没有过度孔和大孔。比表面积一般为 600 ~ 1 200 m^2/g，甚至可达 3 000 m^2/g。活性炭纤维脱附再生速率快、时间短，且其性能不变，这一点优于活性炭。ACF 成品可制成毡、布、纸片等形状，在实际应用中更为灵活，操作也更为简易方便，并且具有一定的强度，耐破损，克服了粒状和粉状活性炭在操作过程中形成的沟槽和沉降等问题。与活性炭一样，活性炭纤维吸附时无选择性，主要用于吸附有机污染物，而对氨氮吸附量有限，一般用于炼油厂的综合废水处理。

（3）沸石。

沸石是一种分布广泛、开采量高、价廉的天然离子交换物质。天然产的沸石有许多种类，其中以斜发沸石（clinoptilolite）和丝光沸石（mordenite）为主。沸石是一种含水架状结构的多孔铝硅酸盐矿物质，构成其骨架的最基本结构是硅氧（SiO_4）四面体和铝氧（AlO_4）四面体。沸石具有空旷的骨架结构，晶穴体积为总体积的 40% ~50%，孔径大多在 1 nm 以下。其具有很大的比表面积（400 ~ 800 m^2/g），仅次于活性炭，可用作吸附剂、离子交换剂等；对极性、不饱和及易极化分子具有优先的选择吸附作用；有耐酸、耐碱、热稳定等性能。因此沸石具有较大的吸附能力和净化效果，其斜发沸石和丝光沸石的阳离子交换容量分别为 2.23 mEq/g（mEq 表示毫克当量）和 2.13 mEq/g。由于天然沸石中含有杂质，所以纯度较高的沸石交换容量不大于 2 mEq/g，一般为 1.0 ~ 1.5 mEq/g。斜发沸石在离子交换和定量处理方面，对 NH_3—N 具有较好的选择性，因此在工程上可以用于污水脱除氨氮处理工艺，脱氮率可达 90% ~97%。工业上的沸石除氨装置较为简单，一般为圆柱体滤器。沸石进行再生处理的主要方法有利用 NaOH 或 NaCl 溶液的化学溶液再生和在 500 ~600 ℃的高温条件下将沸石中的 NH_4^+ 转变为 NH_3 的燃烧法再生。沸石反复再生后对 NH_4^+ 的吸附交换能力影响不大，但由于污水中的共存阳离子如 Ca^{2+}，会使沸石的交换能力呈不可逆性降低。

（4）腐殖酸系吸附剂。

腐殖酸是一种带负电的聚电解质、具有庞大分子量的有机物，可用于处理工业废水尤其是重金属废水及放射性废水中的离子。腐殖酸本身的性质和结构决定了其对阳离子的吸附性能。腐殖酸对阳离子的吸附，包括离子交换、整合、表面吸附和凝聚等作用，既有化学吸附，又有物理吸附。用作吸附剂的腐殖酸类物质有两大类：一类是天然的富含腐殖酸的风化煤、泥煤、褐煤等，直接做吸附剂用或经简单处理后再做吸附剂用；另一类是把富含腐殖酸的物质用适当的黏结剂做成腐殖酸系树脂，造粒成型，用于管式或塔式吸附装置。

（5）煤质吸附剂。

活性炭是一种优质吸附剂，但因价格昂贵、再生困难，其使用受到限制。因此，开发制造成本廉价的代用品具有重要意义。褐煤、长焰煤、无烟煤等具有高的孔隙率和比表面积，用其制取煤质吸附剂具有远大前景。煤质吸附剂对废水中的金属离子、氰化物、挥发酚等都有去除作用，吸附能力强，而且价格低廉，无须再生。将煤与浓硫酸或发烟硫酸反应生成磺化煤，可用于处理三硝基甲苯（TNT）废水，吸附后用丙酮或乙酸乙酯加乙醇很容易解吸，可反复利用。

资料来源：氨氮废水处理方法［EB/OL］.（2019－01－24）［2019－05－07］. http://www.dowater.com/Tech/2019－01－24/890984.html#.

5.2.2 氨氮去除剂的规格

以某折点氯化法为例，氨氮去除剂的规格如表5－3所示。

表5－3 某氨氮去除剂规格

项　目	指　标
名称	氨氮去除剂
品牌	长隆
型号	氨氮去除剂（高效型）
外观	白色或淡黄色不规则颗粒
密度（20 ℃）/（g/cm^3）	0.85～0.95
包装规格	25 kg/袋
有效成分的质量分数/%	>99
溶解性	易溶于水
pH值（1%水溶液）	5.0～7.0

5.2.3 氨氮去除剂的使用注意事项

（1）采用折点氯化法去除氨氮的药剂一般为危险化学品，使用时一定要遵循危险化学品使用规程，防止出现意外事故。药剂保存也必须符合规范，防止药剂变质失效或引发事故。

(2) 使用沉淀法去除氨氮时一定要注意水体中氨氮的变化。严格控制 N、P、Mg 的比例，一旦出现配比不正确的情况，将会提高残留金属离子浓度，后端水质稳定性则无法保证。能否实时监测水质波动是使用沉淀法去除氨氮的重要条件。

(3) 使用吸附法去除氨氮药剂分可循环使用和一次使用两类。循环使用的须定期清洗再生，防止失效；一次使用的须注意保存方式，不可随意摆放，以防发生交叉污染。

5.3 微生物絮凝剂

5.3.1 微生物絮凝剂的概念

微生物絮凝剂是一类由微生物分泌产生的有絮凝活性的次生代谢产物，可以使水体中不易降解的固体悬浮颗粒和胶体颗粒等絮凝、沉淀，是一种高效、安全、能自然降解的新型水处理剂。

5.3.2 微生物絮凝剂的絮凝机理

微生物絮凝剂是由微生物分泌的产物，不同的微生物分泌的絮凝剂性质不同，而且微生物絮凝剂的成分复杂，因此，不同的微生物絮凝剂的絮凝作用过程也各有特点。目前关于微生物絮凝剂的絮凝机理主要有荚膜学说、菌体外纤维素纤丝学说、电中和作用、疏水学说和胞外聚合物架桥学说。荚膜学说认为细胞在生长过程中形成了黏性荚膜，它可以黏结颗粒使之形成絮体；纤维素纤丝学说认为菌体外的纤丝直接参与絮凝，把颗粒连接到一起，从而形成絮体；疏水学说认为颗粒与细胞表面的疏水作用对细菌的黏附作用非常重要；胞外聚合物架桥学说认为细菌体外的聚合物是絮凝产生的物质基础，这些物质与颗粒相互作用导致发生了絮凝。无论何种学说，微生物絮凝剂与颗粒物之间的作用可归结为三种，即电中和作用、桥联作用和化学键作用。

(1) 电中和作用。生物絮凝剂一般是带电荷的生物大分子，其可以借助离子键、氢键等和水中带有相反电荷的颗粒发生电中和作用，使胶体脱稳。

(2) 桥联作用。生物絮凝剂大分子借助离子键、氢键及范德华力，可以同时结合多个悬浮粒子，通过架桥方式形成絮体。

(3) 化学键作用。生物絮凝剂大分子的某些活性基团，如—OH、—COOH、$—COO^-$等与颗粒表面可以发生化学键结合，如形成氢键、表面络合等。

5.3.3 微生物絮凝剂的特点

与常见的无机絮凝剂和有机合成高分子絮凝剂相比，微生物絮凝剂具有许多独特的优点，主要体现在以下几个方面。

(1) 无毒无害，安全性高，经小白鼠安全试验证明，微生物絮凝剂能用于食品、医药等行业的发酵后处理。

(2) 易被微生物降解，无二次污染。微生物絮凝剂主要是一些微生物的次生代谢产物，如糖蛋白、黏多糖蛋白质、纤维素和 DNA 等，这些物质都具有很好的可生化性，所以不会像无机絮凝剂和有机合成高分子絮凝剂那样产生二次污染。

(3) 适用范围广，脱色效果独特。微生物絮凝剂对多种废水有理想的絮凝效果，与无机絮凝剂和有机合成高分子絮凝剂相比，微生物絮凝剂处理污水后，更易于固液分离，沉淀物生成量少，而且在污水脱色、污泥脱水等方面效果独特。

(4) 某些微生物絮凝剂的 pH 稳定，热稳定性好，用量少。

(5) 来源广泛，生产周期短。因为微生物的繁殖速度快，适用范围广，转化能力强并且可以生成絮凝剂的微生物种类繁多。

由于微生物絮凝剂具有微生物的某些特性，同时也具有天然有机高分子絮凝剂的特性，可以克服无机絮凝剂和有机合成高分子絮凝剂所固有的缺陷，最终实现水处理后的无污染排放，因而微生物絮凝剂的研究成为当今世界絮凝剂研究的热点与新的发展方向。有研究者预言，微生物絮凝剂可能取代传统絮凝剂，并在水处理理论和技术领域产生重大革新，将会对水处理理论和技术的发展产生深远的影响。

5.3.4 常见的微生物絮凝剂

微生物絮凝剂的产生菌来源广泛，种类多。至今已发现的具有絮凝性的微生物高达 32 种，分为细菌、真菌和放线菌三大类。

(1) 细菌 18 种，分别为粪产碱菌属、协腹产碱杆属、渴望德莱菌、芽孢杆菌属、棒状杆菌、暗色孢属、草分枝杆菌属、红平红球菌、铜绿假单胞菌属、荧光假单胞菌属、粪便假单胞菌属、发酵乳杆菌、嗜虫短杆菌、金黄色葡萄球菌、土壤杆菌属、环圈项圈蓝细菌、厄式菌属和不动细菌属。

(2) 真菌 9 种，分别为酱油曲霉、棕曲霉、寄生曲霉、赤红曲霉、拟青霉属、棕腐真菌、白腐真菌、白地霉和栗酒裂殖酵母。

(3) 放线菌 5 种，分别为椿象虫诺卡菌、红色诺卡菌、石灰壤诺卡菌、灰色链霉菌和酒红链霉菌。

这些已经鉴定的絮凝性微生物大量存在于土壤、活性污泥和沉积物以及污水中，从这些微生物中分离出来的絮凝剂不仅可以用于处理废水和改进活性污泥的沉降性能，还能用在微生物发酵工业中进行微生物细胞和产物的分离。

由这些絮凝剂的产生菌所产生的絮凝剂种类很多，早期最具代表性的絮凝剂有 3 个：①Nakamura 用酱油曲霉生产的絮凝剂 AJ7002；②H. Takagi 用拟青霉属微生物生产的絮凝剂 PF101；③Kurane 等用红平红球菌生产的絮凝剂 NOC－1。

随着微生物絮凝剂研究的技术与手段的不断提高，近年来出现了大量新的微生物絮凝剂的报道，重点研究方向是微生物絮凝剂的组成、结构、絮凝特性和作用机理等。

5.3.5 微生物絮凝剂的应用

微生物絮凝剂最大的特点是安全无毒，不产生二次污染，而且具有絮凝剂范围广、絮凝活性高等特点，因此可以广泛应用于食品加工、发酵后处理、橡胶产业、矿物工程以及污水处理领域。

例如，Dugan 等研究发现动胶菌属（Zoogloea sp.）产生的微生物絮凝剂具有选择性絮凝溶液中的金属离子的作用。Nakamura（1976）等发现酱油曲霉（Aspergillus sojae）

产生的絮凝剂 AJ7002 对活性污泥具有很好的絮凝能力。H. Takagi（1985）等发现拟青霉菌Ⅰ-1（Paecilomyces sp. Ⅰ-1）产生的絮凝剂几乎可以絮凝水溶液中的所有固体。Kurane（1986）等发现红平红球菌（R. erythropolis）产生的絮凝剂 NOC-1 可以使悬浮液中的微生物细胞（E. coli，酒精酵母）、活性污泥、高岭土、水泥浆、河底沉积物、粉煤灰、木炭等很好地絮凝；对含有可溶性着色物质的黑墨水、面包酵母生产过程中排出的培养基糖蜜废水、糖蜜发酵生产酒精过程中精馏后的酒精发酵母液、造纸碱性黑液、颜料废水等有色废水进行处理，脱色率高达 90% 以上；用絮凝剂 NOC-1 处理畜产废水，浊度去除率达 94.5%。庄益源（1997）分离的菌株产生的微生物絮凝剂对酸性媒介藏青染料废水有良好的脱色性能。氮单胞菌属（Azomonas sp.）（柴晓利，2000）的培养液对 TNT 废水的 COD 去除率为 23.9%，色度去除率为 26.2%，对染料废水 COD 和色度的去除率分别为 32.2% 和 54%。

5.3.6 微生物絮凝剂的使用注意事项

给水、污水、废水的处理程度主要取决于微生物絮凝剂的絮凝特性，因而通过一定的处理条件可使其达到最佳的絮凝效果。然而，影响絮凝特性的因素有很多，只有掌握其规律，才能更好地发挥微生物絮凝剂的絮凝能力。

1. 培养条件的影响

在营养充裕的培养基中，微生物絮凝剂的絮凝特性与培养时间和培养温度有关。实验结果显示：微生物絮凝剂的絮凝活性随着培养时间的延长有所提高，即在培养的初始阶段，微生物絮凝剂的絮凝活性随培养时间的延长基本上呈线性增长的趋势，直到达到某一最佳培养时间后，其絮凝活性增长速度开始减弱，最终趋近于某一极限值；此外，温度可影响蛋白质空间结构及化学特性，进而促进或削弱以蛋白质为主体的微生物絮凝剂的絮凝特性，因而同一种微生物絮凝剂在不同的培养条件下，会产生不同的絮凝特性，但大部分微生物絮凝剂在 30 ℃左右的温度条件下，往往会出现最佳的絮凝特性。

2. pH 的影响

pH 是影响微生物絮凝剂絮凝效果的重要因素。不同的 pH 不仅会影响微生物絮凝剂的形态结构及电荷性质，而且对胶体颗粒表面的物化性质也会产生影响。

不同的微生物絮凝剂对 pH 有不同的敏感程度。实验结果显示：酸性条件可降低甚至消除微生物絮凝剂的絮凝特性；相比之下，在碱性条件下，不同微生物絮凝剂的絮凝活性却出现了不同程度的提高。例如在使用微生物絮凝剂 MBF3-3 处理石油化工废水的试验中，在 pH 值大于 10.0 的条件下微生物絮凝剂才会达到最佳的絮凝效果。

3. 絮凝剂分子量及浓度的影响

絮凝剂的分子量及浓度也会影响微生物絮凝剂的絮凝特性。分子量越大，使得絮凝剂中活性位点增多，进而影响微生物絮凝剂的处理效果；相反，分子量的减小会削弱微生物絮凝剂的絮凝特性。例如，微生物絮凝剂经蛋白酶或其他相关酶水解处理后，由于微生物絮凝剂分子量的减小，出现了絮凝活性的显著下降。

另外，与其他絮凝剂一样，微生物絮凝剂的处理效果受其浓度的影响，并存在微生物絮凝剂的最佳投加量：在低浓度条件下，微生物絮凝剂的絮凝特性随着其投加量的增加而提高；当浓度达到一定程度后，再继续增加微生物絮凝剂，微生物的絮凝效果变化不大，甚至出现了絮凝效果降低的现象。实践证明：当投加量达到覆盖胶体颗粒表面积的一半时，微生物絮凝剂在胶体颗粒上架桥的概率最大，往往会出现最佳的处理效果。

4. 金属离子的影响

金属离子的种类和浓度对微生物絮凝剂的处理效果也会产生一定的影响。有学者的研究结果显示：一定浓度的金属离子可以促使微生物絮凝剂与胶体颗粒以离子键的形式结合，进而提高其絮凝特性。

另外，不同价位的金属离子对微生物絮凝剂的絮凝特性有不同程度的影响：以 Na^+、K^+ 为代表的一价金属阳离子，对微生物絮凝剂几乎没有促进作用；而以 Ca^{2+}、Fe^{3+} 等为代表的高价金属离子对微生物絮凝剂均有明显的促进或抑制作用。

为充分发挥微生物絮凝剂的絮凝特性，在实际应用中，通常将微生物絮凝剂伴随一定量的 $CaCl_2$，或是将微生物絮凝剂与 $Al_2(SO_4)_3$ 按一定的比例混合加入，这样可在提高微生物絮凝剂絮凝效果的同时，减少微生物絮凝剂的用量。

5.4 COD 去除剂

5.4.1 常见的 COD 去除剂

COD 去除剂按作用机理分为絮凝法 COD 去除剂、吸附法 COD 去除剂和氧化法 COD 去除剂。

1. 絮凝法

絮凝法是向废水中添加一定的化学物质，通过物理或化学的作用，使原先溶于废水中或呈细微状、不易沉降、不易过滤的污染物，集结成较大颗粒以便分离的方法。絮凝剂包括无机絮凝剂、有机絮凝剂和高分子絮凝剂。

絮凝剂选择适当，可使高浓度 COD 废水大幅脱色，COD 值和 BOD_5 值大幅降低，提高被处理废水的可生化性，因此混凝法在各种实际工程设计中为首选组合技术手段，在高浓度 COD 废水处理中广泛应用。絮凝剂主要包括铝盐和铁盐两大系列，此外还有镁盐。铝盐絮凝剂主要有硫酸铝、聚合氯化铝、明矾、聚合硅酸铝等。

聚铝型絮凝剂处理以颜料为主的生产废水，脱色率和 COD 去除率均为 90%。采用混凝法进行处理，脱色率可达 93%，且聚合氯化铝（PAC）比其他絮凝剂所产生的矾花大、沉降速度快。用聚合硫酸铝（PAS）对废水进行直接、硫化、分散有机物处理，结果表明在 pH 值为 5.0 ~ 7.0、用量大于 300 mg/L 时，脱色率可达 90% 以上。虽然铝盐絮凝剂脱色的 pH 范围广，对于大部分有机物废水都可获得较理想的脱色效果，但因铝盐水解是吸热反应，在温度过低（小于 5 ℃）时投药量大。另外，铝对人体有毒害作用，我国 2000 年暂行的水质标准中增加了铝的标准值（0.2 mg/L）。为减少铝盐混凝剂对出水中铝的残留，可用无铝混凝剂替代和用复合等方法降低铝盐的用量。

铁盐絮凝剂包括硫酸铁、硫酸亚铁、氯化铁、聚合硫酸铁、聚合氯化铁等，其混凝作用的机理与铝盐相似，但铁相对于铝有更强的亲 OH^- 能力，因此水解的速度远远快于铝盐。铁盐絮凝剂的脱色性能好，因此它常用于高浓度 COD 废水的脱色。采用无机铁盐对不同类型的高浓度 COD 废水进行絮凝脱色研究，结果表明脱色率平均达 94%、COD 的去除率平均达 74.3%。但铁盐絮凝剂也存在缺点：由于铁盐的腐蚀性强，故对运行设备要求高，另外处理后的水因 Fe^{3+} 的形成存在颜色的问题。其改进方法是与其他无机絮凝剂混用或采用无机复式盐。

镁盐比较少作为单独的絮凝剂用于废水处理中，但由于其对高浓度 COD 废水的处理有特殊功效，因此在高浓度 COD 废水中也有一定的应用。采用氢氧化镁对直接有机物废水进行脱色处理，结果表明在镁盐添加量为 600 mg/L、pH 值为 11.0 的条件下，脱色率可达 98% 以上。氢氧化镁对水溶性阴离子有机物废水的脱色效果较好，这是因为有机物分子中的—SO_3H、—COOH、—NH_2、—OH 等阴离子基团容易作为氢氧化镁表面吸附作用点，通过吸附作用将整个有机物分子除去。该法脱色效果好，COD 去除率常高于 70%。絮凝法的主要优点是工程投资少，处理量大，对疏水性有机物脱色效率很高；缺点是随着水质变化需改变投料条件，对亲水性有机物的脱色效果差，COD 去除率低，还生成大量的泥渣，脱水困难。

2. 吸附法

吸附法是指利用多孔性的固体物质，使废水中的一种或多种物质被吸附在固体表面而除去污染物的方法。吸附剂包括可再生吸附剂（如活性炭离子）、交换树脂或纤维和不可再生吸附剂（如各种天然矿物质）。使用高效率、低成本的吸附材料是该方法的研究重点。

目前在高浓度 COD 废水处理中使用的吸附剂主要有以下两种。

（1）天然矿物质。它的晶格置换面可以产生静电吸附、表面络合等专性吸附，以及离子交换吸附的综合作用，用于高浓度 COD 废水处理，COD 去除率大于 50%。

（2）煤渣及其他多孔渣。吸附容量大的煤渣，以及由劣质煤经过加工和改性制成的活化煤、磺化煤。由于其多孔结构，且具有较大的比表面积和较高活性的特点，尤其是利用其内部生长的微生物自身氧化的特性而不产生污泥沉淀等优点，被认为具有良好的应用前景。但此方法存在泥渣的产生量大且难以处理的缺点。

3. 氧化法

化学氧化法是高浓度 COD 废水脱色的主要方法之一，一般用于其他方法难以处理而又急于脱色的高浓度 COD、高色度废水。该方法脱色的原理是利用各种氧化手段将有机物发色基团破坏而脱色。按照氧化剂和氧化条件的不同，可将化学氧化法分为：臭氧氧化法、芬顿试剂氧化法和高温深度氧化法。

（1）臭氧氧化法。

O_3 的氧化能力很强，其在水中的氧化还原电位为 2.07，氧化能力仅次于 F_2，比 Cl_2 高一倍，因此，其在脱色、杀菌、脱臭等方面有显著的效果。O_3 即使在低浓度下也能瞬时完成氧化反应，并且无永久性残余，无二次污染。因此由于废水排放的标准提高，目前国内外都很重视采用臭氧氧化法进行废水脱色。研究表明，臭氧对偶氮有机物的处理效果较好，氧化反应的速率只与有机物的浓度有关。臭氧氧化法对难以氧化的溶解型有机化合物的脱色效果良好，但对难溶的疏水性有机物效果有所降低。O_3 对有机物脱色的研究结果表明其对分散有机物、酸性有机物、直接有机物以及活性有机物的去除效果良好。臭氧氧化法具有不产生污泥和二次污染、臭氧发生器简单紧凑、占地少、容易实现自动化控制等优点，但也存在 O_3 发生的设备费及处理废水成本高、不适合大流量废水处理等缺点。

（2）芬顿试剂氧化法。

在有机物的脱色处理中，H_2O_2是经常使用的氧化剂，但单独使用H_2O_2时，其氧化能力较弱，当Fe^{2+}存在时，其氧化能力增强。Fe^{2+}与H_2O_2组成的具有强氧化性的体系称芬顿试剂。其脱色机理是H_2O_2与Fe^{2+}反应产生强氧化性游离基HO·，使有机物分子断键而脱色。加上Fe^{2+}的混凝作用，因此用芬顿试剂处理易溶解的有机物废水是国内外尝试的热点。研究表明，采用铁屑—H_2O_2氧化处理COD废水，在pH值为1.0～2.0时，可使硝基酚类、蒽醌类高浓度COD废水中的COD去除率达99%以上。利用小剂量的芬顿试剂处理含酚废水，可使废水中的有机污染物聚合，从而改变其水溶性，有利于絮凝脱色。W. Z. Tang的研究表明，当铁粉质量浓度为1 g/L，pH值为2.0～3.0，HO·浓度为1 mmol/L时，COD去除率最好；当pH值提高到10.0时，Fe易发生沉淀，致使脱色反应停止。

（3）高温深度氧化法。

当前废水的高温深度氧化法主要包括湿式空气氧化法（WAO）、超临界水氧化法（SCWO）及焚烧法。湿式空气氧化法是在温度为125～350 ℃、压强为0.5～20.67 MPa条件下通入空气，使溶解或悬浮于废水中的有机化合物和无机还原物质，在液相中被氧化成 CO_2 和 H_2O 的一种处理高浓度有机废水的方法。研究表明，采用WAO法对COD在10 000～40 000 mg/L、BOD在5 000～10 000 mg/L的有机废水进行处理，在催化剂的存在下，得到COD、TOC的去除率达80%～90%。如何降低反应温度和压力，以及缩短处理时间是该方法的发展趋势。SCWO法是利用超临界水（$t>374$ ℃，$p>22.1$ MPa）作为介质来氧化分解有机物，是一种能彻底破坏有机物结构的高温深度氧化法。有资料报道，采用此法，对苯酚的氧化可获得接近100%的转化率和80%左右的分解率。

资料来源：印染废水处理工艺选择［EB/OL］.（2014-04-18）. https://www.baidu.com/link?url=xoJTfszL2P5szGLV1uCP5jcf3ldOZw1Q BUjeZNQHpOGg3IklQnS8W_0Ff1msMalP1glutCxtPwc1T9NrFCq6yK-sRhMJ3Z6h6fIUctZLjYy&wd=&eqid=b898b16f00158356000000065ca0d951.

5.4.2 COD去除剂的产品规格

以某絮凝型COD去除剂为例，其规格如表5-4所示。

表 5-4　某絮凝型 COD 去除剂规格

项　　目	指　　标
名称	COD 去除剂
品牌	清源
型号	超强型 COD 絮凝剂
外观	白色或微黄色固体，或者黄色或红褐色液体
密度（20 ℃）/（g/cm^3）	>1.50
包装规格	25 kg/袋
有效金属质量分数/%	>12
溶解性	易溶于水

5.4.3　COD 去除剂的使用注意事项

（1）采用氧化法去除 COD 的药剂，一般为危险化学品，使用时一定要遵循危险化学品使用规程，防止出现意外事故。药剂保存也必须符合规范，防止药剂变质失效或引发事故。

（2）使用吸附法去除 COD 药剂分可循环使用和一次使用两类。循环使用的须定期清洗再生，防止失效；一次使用的须注意保存方式，不可随意摆放，以防发生交叉污染。

（3）混凝型药剂一般用量较大，使用时必须严格控制水体 pH，保持在最适合的沉淀范围，保存容器不能交叉使用，防止药剂水解失效。

思考与练习

1. 简述化学沉淀法除磷的原理及其特点，常见的除磷剂有哪些？
2. 简述常见的氨氮处理方法。
3. 简述微生物絮凝剂的机理及特点。
4. 请列出影响微生物絮凝剂絮凝特性的因素。
5. 什么是芬顿试剂氧化法？其去除废水中 COD 的原理是什么？

第6章 水处理药剂的行业应用

学习目标

1. 了解电镀废水的种类和特性，以及污染控制方法和处理工艺。

2. 熟悉电镀废水处理的难点。

3. 了解造纸废水的种类和特性，熟悉造纸废水污染的控制方法和处理工艺，掌握水处理药剂在造纸废水处理中的应用和投加方法。

4. 了解医院废水的特点及处理工艺流程、消毒处理的常用药剂和特性以及医院废水处理药剂投加的浓度范围和注意事项。

5. 了解给水废水的种类和特性以及污染控制方法和处理工艺，初步掌握给水处理中药剂配制和投加的要求。

6. 了解焦化废水的种类和特性，熟悉焦化废水污染的控制方法和处理工艺。

7. 了解垃圾渗滤液的基本特性、垃圾渗滤液处理的一般工艺流程，以及水处理剂在垃圾渗滤液处理过程中的作用。

6.1 电镀废水的处理技术及药剂应用

电镀行业作为传统的“三高”行业，其生产工艺过程中排放出大量的污染物，尤其排放出的未经处理的废气和废水往往会给周边环境造成严重的污染，因此国家对电镀行业的污染物排放限值的要求是相对严苛的。随着科技的飞速发展，电镀行业也经历了一次又一次的技术革新，随着清洁生产的推进，电镀废水的污染物浓度反而较之前更高。国内大部分的集中园区由于对排放的废水管理不善等原因，导致电镀废水依旧是水处理行业的老大难问题之一。

6.1.1　电镀废水处理的典型工艺认知

6.1.1.1　电镀基本知识及废水特性

（一）电镀基本知识

1. 名词解释

电镀：以直流电进行电解的方式使金属或合金沉积在工件表面，以形成均匀、致密、结合力良好的金属层的过程。

塑料电镀：采用一定的加工方法（通常为化学镀），先在塑料表面获得导电膜，然后用电镀的方法加厚的过程。

金属腐蚀：金属和周围环境中的电解质接触就会发生化学或电化学作用，导致金属被破坏，如钢铁在环境中生锈。

阳极性镀层：在一定条件下，镀层的电位负于基体金属电位的一种镀层。常常利用牺牲该镀层来保护基体。

阳极牺牲性腐蚀：利用牺牲电位较负的金属腐蚀，从而延缓电位较正金属的腐蚀。

2. 塑料电镀

（1）应用范围。

塑料电镀又称 ABS 电镀，目的是将塑料表面披覆上金属，不但改善了塑料外观，且补偿了塑料的性能缺点，赋予其金属的性质，将塑料及金属的特性充分发挥于一体。随着航空、冶金、化工、电子、机械、军工制造等行业的迅猛发展，电镀工艺被广泛应用。

（2）工艺流程。

①上挂；②除油；③粗化；④中和；⑤催化；⑥解胶；⑦化学镍；⑧闪镀镍；⑨光亮镍；⑩半光亮镍；⑪光亮镍/珍珠镍；⑫镍封；⑬光亮铬/三价铬/黑铬；⑭下挂。

说明：①～⑦属于化学镀的范畴，⑧～⑭属于普通金属电镀的范畴，因此本书不再赘述金属电镀的流程。

（二）电镀废水特性

据统计，截至 2016 年，我国大约有 150 000 家电镀厂，每年产生的电镀废水约有 40 亿立方米，是我国水污染的重要来源。

1. 电镀废水分类

（1）按照电镀工艺阶段分类。

①碱洗除油废水。该废水产生在除油阶段，废水的主要污染物有：油、NaOH、Na_2CO_3、Na_3PO_4、洗涤剂等，具有高 COD、高碱度等特点。

②镀件清洗废水。该废水产生在镀件的清洗阶段，废水的主要污染物有：镀液（重金属）、盐酸、洗涤剂等，具有强酸性、含重金属等特点。

③镀件退镀废水。该废水产生在镀件出现不良品需要返工的退镀阶段，也产生在电

镀挂架的金属触点退镀时。废水的主要污染物有：退镀液、重金属、氰化物、有机物等，具有强碱性、含多种重金属、高 COD 等特点。

④车间酸洗废水。该废水产生在酸洗阶段，废水的主要污染物有：盐酸、重金属等，具有强酸性和含少量重金属的特点。

⑤车间冲洗废水。该废水产生在车间清洗阶段，废水的主要污染物有：重金属、酸、碱、有机物等，具有污染程度低、种类杂、水量大等特点。

（2）按照废水的污染种类分类。

①含氰废水。含氰废水一般呈中性，氰化物含量范围较大，一般 CN^- 含量在 11～3 000 mg/L 之间。该废水占电镀废水总量的 10%～15%。

②含铬废水。含铬废水一般呈中性至弱酸性，总铬含量根据电镀工艺的不同而不同。一般镀层为光亮铬时废水中 Cr^{6+} 含量高，如果镀层为 Cr_2O_3 时废水中的 Cr^{3+} 含量就高。该类废水的总铬含量一般在 5～300 mg/L 之间，废水总量占电镀废水总量的 15% 左右。

③铜镍废水。铜镍废水一般呈酸性，根据电镀工艺的特点，二者较难分流彻底来单独处理。铜镍含量波动较大，一般总含量在 100～1 500 mg/L 之间，废水量占电镀废水总量的 30% 左右。

④有机废水。有机废水一般呈中性，主要来源于电镀前处理的除油、除蜡水，主要的污染指标为 COD，同时该废水中含有低含量的重金属。一般该废水的量极少，占电镀废水总量的 1%～2%。

⑤含油废水。含油废水一般呈碱性，主要污染物为浮油、乳化油等。该废水的 COD 极高，一般在 13 000～28 000 mg/L 之间。废水量少，一般占电镀废水总量的 3%。

⑥综合废水。综合废水一般呈酸性，主要来源于各种一类污染废水处理后的二次废水，以及车间及产品清洗的废水。废水总量大，污染物种类多，是电镀废水处理的最后一次物化处理。

2. 电镀废水的水质特点

（1）污染物种类多。

①含有重金属：铜、镍、铬、铅、镉、锡、锌等。

②含有大量的酸碱物质：NaOH、Na_2CO_3、盐酸、磷酸、硝酸、硫酸、有机酸等。

③含有多种有机物：螯合物、清洗剂、油、有机酸等。

（2）含有毒物质。

除了含有铜、镍、六价铬、镉等多种对人体和环境有害的重金属外，还含有使人体快速中毒的氰化物。

（3）盐分高。

由于废水的酸性大且碱性物质和盐加入较多，经过处理之后的电镀废水总盐分（以氯化钠计算）超过 10 000 mg/L，使得废水的回用以及生化处理难度加大。

（4）排放无规律。

根据生产工艺的不同，废水排放是按照工序来进行的，若不同的电镀处理车间作业时间不同，那么排放的废水种类和废水量将无规律可循。这对下游的废水分类处理增大了难度，同时导致了污染物浓度波动较大。

（5）水量较大。

由于电镀工艺较长，在进入下一道工艺前要进行处理，在这个处理的过程中会产生较大的废水排放量。

3. 电镀废水处理难点

（1）排放标准要求严格。

随着水污染的治理力度加大，电镀废水作为三大环境污染最严重的行业之一，自然是环境治理的首要对象，现执行的标准为《电镀废水污染物排放标准》（GB 21900 2008）。随着国务院最新颁布的《控制污染物排放许可制实施方案》的实施，排放标准将更加严格，污染总量排放标准将根据排放水体的整体纳污情况来制定，达标排放成本将会越来越高。

（2）废水分流不彻底。

如果废水分流不彻底，那么处理难度将会大大提高，如当废水中同时含有氰化物、六价铬、镍、铜时，去除各种污染物的 pH 范围会不一致，导致处理工艺流程大大增加，需要加入非常多的化学药剂才能勉强达标。

（3）物化处理药剂成本高。

电镀废水物化处理的药剂成本高体现在四个方面。

①酸碱成本高：电镀废水含有大量的酸性物质，因此需要加入大量的碱去中和。

②毒性大：电镀废水中的阴阳离子大部分在毒性高、污染大的价态，因此需要加入大量的氧化剂或者还原剂来处理。

③有机物含量高：需要加入大量的氧化剂来处理。

④重金属含量高：一般重金属的捕集剂的单价较高。

（4）挥发性污染物多。

废水中含有大量的盐酸，因此作业环境恶劣，对设备和构筑物的腐蚀性大，设备老化损坏快。

（5）废水可生化性差。

废水中加入的大量无机药剂以及残留的有毒有害物质使得电镀废水的可生化性极差，BOD/COD 小于 0.15，属于难生化处理废水。在生化处理废水中的氮时，最经济有效的处理方法，往往需要加入很多易生物降解的碳源，因此也增大了 CO_2 的排放量。

（6）处理场地局限。

电镀厂占地面积小而废水总量大且种类多，需要大量的场地来修建调节池和反应工事。加上电镀废水不易被生物降解，因此需要修建大面积的生化池来延长生化反应的停留时间以改善电镀废水的生化处理效果。

6.1.1.2 电镀废水处理的思路及处理工艺

(一) 电镀废水处理思路

1. 清洁生产

采用先进的处理技术减少污染总量的排放，采用先进的回用技术使得废水实现生产工艺阶段的小循环。

2. 源头分离技术

按照电镀工艺流程合理规划工作区，避免交叉作业，各个工作区的地面收集槽相互独立，实现源头分离。

3. 资源化利用

电镀废水中含有大量的有价金属，通过有效的技术在生产工艺阶段实现有价金属的分离，例如分离铜、镍可以利用离子交换法等有效的处理方法。

4. 跨界技术的利用

随着材料科学的发展，膜处理技术越来越多地应用到废水处理当中，利用技术来分离重金属、氨氮、酸等。

(二) 电镀废水处理技术简介

1. 含氰废水

根据有关规定，含氰废水属于一类污染废水，因此需要单独设置处理设施。设施的排口要独立且能监控，废水单独处理达标后才能进入综合水池集中处理。

(1) 常见处理工艺。

含氰废水最常用的处理工艺是碱性氯化破氰法，除氰机理是在碱性介质中利用 ClO^- 的强氧化性将氰化物氧化成氰酸根（CNO^-），再将 CNO^- 进一步氧化成 CO_2 和 N_2，从而降解氰根（CN^-）的毒性。

一级破氰化学反应式：

$$CN^- + ClO^- + H_2O = CNCl + 2OH^-$$

$$CNCl + 2OH^- = CNO^- + Cl^- + H_2O$$

二级破氰化学反应式：

$$2CNO^- + 3ClO^- + H_2O = 2CO_2\uparrow + N_2\uparrow + 3Cl^- + 2OH^-$$

处理流程：含氰废水→加碱调节 pH 值至 10.5 ~ 11.0→加入漂白水反应 0.5 h→加酸调节 pH 值至 7.2 ~ 7.5→加入漂白水反应 1 h→混凝沉淀池→综合水池。

(2) 新型处理工艺。

①双氧水氧化破氰。

破氰原理：在常温、碱性、有铜做催化剂的条件下，过氧化氢能有效氧化氰化物。

化学反应式如下，一般情况过氧化氢不能氧化氰化物：

$$2CN^- + 5H_2O_2 = 2HCO_3^- + N_2\uparrow + 4H_2O$$

$$2[Cu(CN)_3]^{2-}+7H_2O_2+2OH^- = 6CNO^-+2Cu(OH)_2\downarrow+6H_2O$$

除游离氰化物外，废水中的铜氰络合物、锌氰络合物也会被氧化。但废水中的 $[Fe(CN)_6]^{4-}$ 既不会被氧化成 $[Fe(CN)_6]^{3-}$ 也不会被分解，而是与解离出的 Cu^{2+}、Zn^{2+} 等生成 $Cu_2Fe(CN)_6$ 或 $Zn_2Fe(CN)_6$ 难溶物从废水中分离出去。

②因科法破氰。

破氰原理：主要是在 pH 值为7.5～10.0 的范围内，以铜为催化剂，利用 SO_2 和空气的协同作用氧化废水中的氰化物，使 CN^- 氧化为 CNO^-。

化学反应式如下：

$$CN^-+Na_2SO_3+O_2+2H_2O = CO_2+NH_3+Na_2SO_4+OH^-$$

$$2[Fe(CN)_6]^{3-}+Na_2SO_3+H_2O = 2[Fe(CN)_6]^{4-}+H_2SO_4+2Na^+$$

生成的 $[Fe(CN)_6]^{4-}$ 以不溶的重金属沉淀物形式除去，其他解离出来的金属离子以氢氧化物形式除去。

2. 含铬废水

根据有关规定，含铬废水属于一类污染废水，因此需要单独设置处理设施。设施的排口要独立且能监控，废水单独处理达标后才能进入综合水池集中处理。

（1）常见处理工艺。

含铬废水最常用的处理方法是还原沉淀法。在酸性条件下向废水中加入还原剂，将 Cr^{6+} 还原成 Cr^{3+}，然后再加入石灰或 NaOH，使其在碱性条件下生成 $Cr(OH)_3$ 沉淀，从而去除废水中的铬。常见的还原剂有：SO_2、$FeSO_4$、Na_2SO_3、$NaHSO_3$、Fe、焦亚硫酸钠等。

以 SO_2 为例，化学反应式如下：

$$3SO_2+Cr_2O_7^{2-}+2H^+ = 2Cr^{3+}+3SO_4^{2-}+H_2O$$

$$Cr^{3+}+3OH^- = Cr(OH)_3\downarrow$$

处理流程：含铬废水→加酸调节 pH 值至 3.5～4.0→加入焦亚硫酸钠或者 SO_2 反应 0.5 h→加碱调节 pH 值至 8.0～8.5→混凝沉淀池→综合水池。

（2）新型处理工艺。

①钡盐法。

利用溶度积原理，向含铬废水中投加溶度积比铬酸钡（$BaCrO_4$）大的钡盐或钡的易溶化合物，使 CrO_4^{2-} 与 Ba^{2+} 形成溶度积很小的铬酸钡沉淀而将 CrO_4^{2-} 除去。废水中残余 Ba^{2+} 通过石膏过滤，形成 $Ba(SO_4)_2$ 沉淀，再利用微孔过滤器分离沉淀物。

化学反应式如下：

$$BaCO_3+H_2CrO_4 = BaCrO_4\downarrow+CO_2+H_2O$$

$$Ba^{2+}+CaSO_4 = BaSO_4\downarrow+Ca^{2+}$$

钡盐法的优点是工艺简单，效果好，处理后的水可用于电镀车间水洗工序，还可回收铬酸，复生 $BaCO_3$；其缺点是过滤用的微孔塑料管加工比较复杂，容易阻塞，清洗不便，处理工艺流程较为复杂。

②光催化法。

光催化法是近年来在处理水中污染物方面迅速发展起来的新方法，特别是在利用半导体做催化剂处理水中有机污染物方面已有许多报道。以半导体氧化物（ZnO/TiO_2）作为催化剂，利用太阳光光源对电镀含铬废水加以处理，经 90 min 太阳光光照（1 182.5 W/m^2），使六价铬还原成三价铬，再在碱性条件下以 $Cr(OH)_3$ 形式除去三价铬，铬的去除率达 99% 以上。

3. 含铜含镍废水

（1）常见处理工艺。

根据有关规定，含铜含镍废水属于一类污染废水，因此需要单独设置处理设施。设施的排口要独立且能监控，废水单独处理达标后才能进入综合水池集中处理。

含铜含镍废水的常见处理工艺有化学沉淀法。通过向废水中加入足量的碱，使 Cu^{2+}、Ni^{2+} 生成 $Cu(OH)_2$、$Ni(OH)_2$ 沉淀，以达到去除铜镍废水中重金属的目的。

但是实际的含铜含镍废水中含有大量的络合剂（如柠檬酸、酒石酸、次磷酸钠等），因此需要进行破络处理。现在常用的破络方法有加入 $CaCl_2$、$BaCl_2$ 和利用芬顿氧化剂、NaClO 等。

处理流程：含铜含镍废水→加入碱调节 pH 值为 10.5～11.0→絮凝沉淀池→综合水池。

（2）新型处理工艺。

①螯合沉淀法。通过投加 DTC 系列螯合剂和 HMCA 系列螯合剂来与铜、镍形成不溶于水的螯合物，从而达到去除废水中铜、镍的目的。

②离子交换法。离子交换法是指通过使废水中的 Cu^{2+}、Ni^{2+} 与阳离子交换树脂进行吸附交换，适合于处理浓度低而废水量大的镀铜、镀镍废水。离子交换法具有可去除、回收重金属铜、镍，提高用水的回用率，减少环境污染等特点，可实现镀铜、镀镍清洗水的“零排放”。

4. 有机废水

（1）常见处理工艺。

有机废水一般的污染指标为 COD，因此常见的处理工艺是先通过氧化法进行预处理，再通过生化法进行处理。

处理流程：有机废水→芬顿反应槽→絮凝沉淀池→pH 调节池→生化调节池→生化→排放。

（2）新型处理工艺。

针对有机废水的水量小的特点，通过电化学法来处理是比较合适的，当前比较先进的处理方法为电氧化法。电氧化法是在特定的条件下加入直流电场，在催化剂的作用下把有机物氧化成 CO_2 和 H_2O。此法的水力停留时间短，仅需要 10 min。

相较于有机废水，含油废水的特点是含油量高，因此先破乳再除油之后即可按照有机废水的处理流程处理。

处理流程：含油废水→破乳→隔油/气浮→芬顿反应槽→絮凝沉淀池→pH 调节池→

生化调节池→生化→排放。

5. 综合废水

从上述几种废水的处理工艺可以得出，综合废水既包含了几种一类污染物废水单独处理之后的废水，也包括了车间的日常清洗废水等，因此综合废水的主要处理对象是车间的清洗废水及一类污染物单独处理之后所残留的一类污染物。

处理流程：综合废水→加碱调节 pH 值至 8.8 ~ 9.5→加入硫化钠→絮凝沉淀池→pH 回调→排放/生化处理。根据废水的实际处理效果以及排放标准的要求，决定是否需要经过生化处理才能排放。

6.1.2 电镀废水处理的常用药剂

电镀废水处理的常用药剂主要分为六大类，分别是中和剂、重金属沉淀剂、混凝剂、氧化剂、还原剂以及其他药剂，其他药剂包括消泡剂及新型药剂等。鉴于本书其他章节对各种药剂的特性和配制投加方法已经做了详尽的介绍，故在此只做简单的阐述，重点介绍各种药剂在电镀废水中的作用，如表 6 - 1 所示。

表 6 - 1 电镀废水常用药剂参考表

类别	名称	特性和作用	配制和投加要求
中和剂	硫酸	特性：浓硫酸有强腐蚀性、氧化性、酸性等 作用： （1）用在含铬废水的破铬反应时调节 pH （2）用在生化前的 pH 回调 （3）用在含氰废水的二级破氰时的 pH 回调 （4）用在有机废水的芬顿反应时调节 pH	配制要求：先加水至溶药设备一半以上，打开搅拌器，再缓慢加入浓硫酸 投加要求：注意浓度和流量匹配，投加最好使用带保安功能的计量泵，通过 pH 表联动加药
	石灰	特性：碱性、弱腐蚀性 作用： （1）用于大部分的废水中和 （2）用于废水的除磷	配制要求：浓度不超过 20% 投加要求：通过 pH 表联动加药
	片碱	特性：强腐蚀性、碱性 作用： 可以用于所有的电镀废水，但是价格昂贵且使用之后会显著增加废水的盐分，因此有时和石灰一起使用	配制时放热大，浓度不宜超过 30% 投加的过流件采用 PP - R 管（三型聚丙烯管）或者不锈钢管，通过 pH 表联动加药

续上表

类别	名称	特性和作用	配制和投加要求
中和剂	纯碱	特性：碱性、弱腐蚀性 作用： （1）用于废水中和，同时也用于生化系统补充碱度 （2）用在电镀废水回用水前的软化阶段	投加时遇酸性废水会产生大量 CO_2 气泡
	复合碱	特性：碱性、弱腐蚀性 作用： （1）用于综合废水的中和以及去除重金属 （2）用于含铜、含镍废水的中和以及去除重金属	配制浓度不宜超过20% 投加要求：与片碱相同
重金属沉淀剂	硫化钠（Na_2S）	特性：碱性、还原性、易燃性、强腐蚀性以及毒性 作用： （1）在中性或者碱性条件下加入，与重金属形成不溶物 （2）用于含金属硫化物的废水，能有效去除重金属	投加时废水 pH 值不能低于6.0；可通过 ORP 计（氧化还原电位在线分析仪）联动加药
	碱	特性：强腐蚀性、碱性 作用：与重金属形成不溶于水的氢氧化物沉淀，从而达到去除重金属的目的	配制和投加要求同片碱
	活泼金属	利用金属及金属离子活泼性的差异，加入相对惰性的廉价活泼金属，通过置换反应置换出废水中的重金属，达到去除重金属的目的。常用的廉价金属有 Fe、Al 等	投加反应会逸出易燃气体，须谨防爆炸
絮凝剂	硫酸亚铁（$FeSO_4$）	特性：酸性、还原性 作用：在碱性条件下形成氢氧化物胶体，通过混凝作用去除废水中的悬浮物和胶体	配制时避免用空气搅拌，溶液浑浊变黄时基本上不影响混凝作用
	聚合硫酸铁	特性：酸性、氧化性 作用：在废水中加入聚合硫酸铁，随着 pH 改变，聚合硫酸铁开始水解形成氢氧化物胶体，通过混凝作用去除废水中的悬浮物和胶体	固体聚合硫酸铁极易吸潮，投加后须及时封好包装袋

续上表

类别	名称	特性和作用	配制和投加要求
絮凝剂	聚合氯化铝	特性：酸性 作用：在废水中加入聚合氯化铝，随着 pH 改变，聚合氯化铝开始水解形成氢氧化物胶体，通过混凝作用去除废水中的悬浮物和胶体	酸制容器和投加装置不能采用不锈钢材质
	阴离子聚丙烯酰胺	特性：中性 作用：具有絮凝作用，主要和混凝剂配合使用达到最佳处理效果	配制时不能和阳离子混凝剂混合，并尽量遮光
	阳离子聚丙烯酰胺	特性：中性 作用： 具有絮凝作用，主要和混凝剂配合使用达到最佳处理效果	配制时不能和阴离子混凝剂混合
氧化剂	漂白水	特性：氧化性、碱性、腐蚀性 作用： （1）破络。氧化废水中的络合物 （2）去除氨氮。氧化水中的氨氮 （3）消毒。消除水中的细菌和病毒等 （4）破氰。氧化废水中的氰化物	谨防氯气中毒
	氯酸钠（$NaClO_3$）	特性：氧化性、中性、腐蚀性 作用： （1）去除氨氮。氧化水中的氨氮 （2）消毒。消除水中的细菌和病毒等	谨防氯气中毒
	双氧水	特性：氧化性、酸性、腐蚀性 作用： （1）破络。与硫酸亚铁在酸性条件下形成羟基自由基氧化络合物 （2）破氰。氧化废水中的氰化物	避免光照
还原剂	焦亚硫酸钠	特性：还原性、毒性 作用：破铬，在酸性条件下将六价铬还原为三价铬	配制时有 SO_2 逸出

续上表

类别	名称	特性和作用	配制和投加要求
还原剂	亚硫酸氢钠（$NaHSO_3$）	特性：还原性、毒性 作用：破铬，在酸性条件将六价铬还原为三价铬	配制时有 SO_2 逸出
	亚硫酸钠（Na_2SO_3）	特性：还原性、毒性 作用：破铬，在酸性条件下将六价铬还原为三价铬	配制时有 SO_2 逸出
	硫酸亚铁（$FeSO_4$）	破铬，在酸性条件下将六价铬还原为三价铬	酸性条件下投加
消泡剂	破泡剂	从空气侧侵入泡中，将泡破坏	贮存在阴凉干燥处，避免阳光曝晒
	抑泡剂	从液体侧侵入泡中，将泡破坏，令泡沫难以产生	贮存在阴凉干燥处，避免阳光曝晒
	脱泡剂	从气泡的界面侵入泡中，令气泡浮出液面	贮存在阴凉干燥处，避免阳光曝晒
新型药剂	高效中和剂	中和水中的酸性物质，提高废水的碱度	溶解时放热大
	重捕剂	与重金属形成不溶于水的大分子螯合物	在中性条件下投加效果好
	菌剂	利用实验方法从废水中分离出对特征污染物有良好去除效果的菌剂，通过生物工程富集，应用到特征废水当中	有专一性
	微生物絮凝剂	作用机理与聚丙烯酰胺一致	使用后会导致废水 COD 升高

6.1.3 电镀废水处理的常用药剂贮存管理

电镀废水处理时需要用到多种药剂，为了规范常用药剂的采购、储存、调剂与使用，须加强常用药剂的贮存管理，具体如表 6 – 2 所示。

表 6 – 2 电镀废水常用药剂贮存管理

类别	名称	贮存要点	管理要点
中和剂	硫酸	(1) 不能与碱以及还原性物质混存 (2) 配置独立的危化品贮存仓；贮存处地面需要做围堰以及防渗处理；保持阴凉干燥 (3) 垛堆码放高度不超过两层 (4) 储罐贮存时需要做周边围堰，并铺上石英砂	(1) 向有关部门备案 (2) 双人双锁 (3) 建立危化品管理制度 (4) 贮存和使用悬挂 MSDS（化学品安全技术说明书） (5) 消防管理
	石灰	(1) 注意扬尘 (2) 保持阴凉干燥 (3) 垛堆码放高度不超过 2 m (4) 不能与酸混存	(1) 扬尘管理 (2) 雨水管理
	片碱	(1) 保持阴凉干燥 (2) 垛堆码放高度不超过 2 m (3) 不能与酸混存	(1) 贮存处悬挂 MSDS (2) 雨水管理
	纯碱	(1) 保持阴凉干燥 (2) 垛堆码放高度不超过 2 m (3) 不能与酸混存	(1) 贮存处悬挂 MSDS (2) 雨水管理
	复合碱	(1) 保持阴凉干燥 (2) 垛堆码放高度不超过 2 m (3) 不能与酸混存	(1) 贮存处悬挂 MSDS (2) 雨水管理
重金属沉淀剂	硫化钠 (Na_2S)	(1) 保持阴凉干燥 (2) 垛堆码放高度不超过 2 m (3) 不能与酸以及氧化性物质混存 (4) 破袋需要及时清理，否则会自燃	(1) 贮存处悬挂 MSDS (2) 雨水管理 (3) 消防管理

续上表

类别	名称	贮存要点	管理要点
	硫酸亚铁（$FeSO_4$）	（1）保持阴凉干燥 （2）垛堆码放高度不超过 2 m （3）不能与碱以及氧化性物质混存 （4）地面渗滤液收集	（1）贮存处悬挂 MSDS （2）雨水管理 （3）渗滤液管理
	聚合硫酸铁	（1）保持阴凉干燥 （2）固体垛堆码放高度不超过 2 m （3）不能与酸、碱以及还原性物质混存	（1）贮存处悬挂 MSDS （2）雨水管理
絮凝剂	聚合氯化铝	（1）保持阴凉干燥 （2）固体垛堆码放高度不超过 2 m （3）不能与碱性物质混存	（1）贮存处悬挂 MSDS （2）雨水管理
	阴离子聚丙烯酰胺	（1）保持阴凉干燥 （2）固体垛堆码放高度不超过 2 m	（1）贮存处悬挂 MSDS （2）雨水管理
	阳离子聚丙烯酰胺	（1）保持阴凉干燥 （2）固体垛堆码放高度不超过 2 m	（1）贮存处悬挂 MSDS （2）雨水管理
	漂白水	（1）保持阴凉干燥 （2）垛堆码放高度不超过两层 （3）不能与酸以及还原性物质混存	（1）贮存处悬挂 MSDS （2）雨水管理
氧化剂	氯酸钠（$NaClO_3$）	（1）保持阴凉干燥 （2）垛堆码放高度不超过 2 m （3）不能与酸以及还原性物质混存	（1）贮存处悬挂 MSDS （2）雨水管理 （3）消防管理
	双氧水	（1）保持阴凉干燥 （2）垛堆码放高度不超过 2 m （3）不能与碱以及还原性物质混存	（1）贮存处悬挂 MSDS （2）雨水管理
	焦亚硫酸钠	（1）保持阴凉干燥 （2）垛堆码放高度不超过 2 m （3）不能与酸以及氧化性物质混存	（1）贮存处悬挂 MSDS （2）雨水管理 （3）消防管理
还原剂	亚硫酸氢钠	（1）保持阴凉干燥 （2）垛堆码放高度不超过 2 m （3）不能与酸以及氧化性物质混存	（1）贮存处悬挂 MSDS （2）雨水管理 （3）消防管理
	亚硫酸钠	（1）保持阴凉干燥 （2）垛堆码放高度不超过 2 m （3）不能与酸以及氧化性物质混存	（1）贮存处悬挂 MSDS （2）雨水管理 （3）消防管理

6.1.4 电镀废水处理案例

1. 项目概况

深圳市长隆科技有限公司某电镀客户是一家专业从事五金制品生产的厂家，其生产工艺如下：来料→除腊、除油→水洗→酸洗→水洗→电镀［包括镀铜（酸铜、碱铜、焦铜、青铜）；镀镍（哑镍、半亮镍、光镍、珍珠镍）；镀银（预镀银、光亮银）；枪色、钴锡等］→水洗→烘干→成品。

2. 处理要求

（1）运行出水标准按厂方排污许可证执行《电镀污染物排放标准》（GB 21900—2008）中新建企业水污染物排放浓度限值的标准，其相关水质指标如表 6－3 所示。

（2）进入回用水系统的水质标准待定（无要求），并保证回用率达到 65%（月均值）以上。

（3）如环保行政部门有不同要求，以环保行政部门的要求为准。

表 6－3　污染物排放指标

序　号	污染物项目	排放限值
1	Cr^{6+}/（mg/L）	0.2
2	Cu^{2+}/（mg/L）	0.5
3	Ni^{2+}/（mg/L）	0.5
4	Zn^{2+}/（mg/L）	1.5
5	COD_{Cr}/（mg/L）	80
6	氨氮/（mg/L）	15
7	CN^{-}/（mg/L）	0.3
8	pH 值	6.0～9.0
9	悬浮物/（mg/L）	50
10	总磷/（mg/L）	1.0
11	石油类/（mg/L）	3.0

3. 工艺情况

目前水站主要有五条废水预处理线、一条生化廊道以及一套中水系统，分别是含氰废水处理、含铬废水处理、重金属废水处理、有机废水处理、综合废水处理、生化处理以及中水回用系统。

（1）含氰废水处理。

含氰废水处理工艺流程：含氰废水收集池→1号破氰槽→2号破氰槽→1号破氰桶→2号破氰桶→铁板槽中转池→1号混凝池→2号混凝池→3号混凝池→沉淀池→综合水池。

含氰废水处理流程简图如图6-1所示。

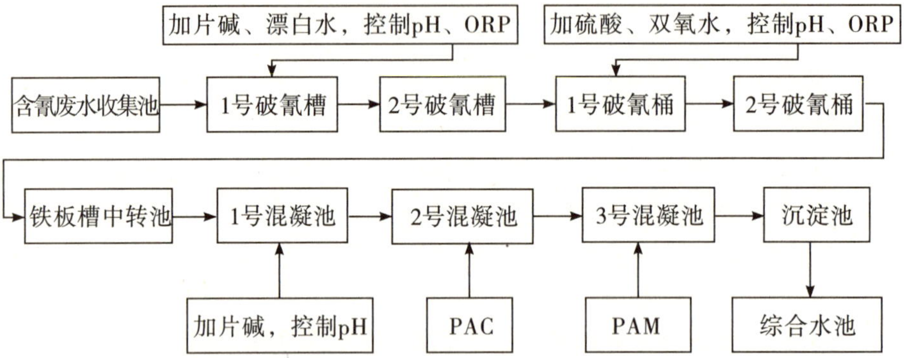

图6-1　含氰废水处理流程简图

说明：含氰废水一级破氰调节加片碱控制pH值至10.5～11.5，再通过ORP计在线自动控制投加漂白水控制ORP为300～400 mV；二级破氰加硫酸调节pH值至7.0～8.0，再通过ORP计在线自动投加双氧水控制ORP为600～750 mV。

（2）含铬废水处理。

含铬废水处理工艺流程：含铬废水收集池→1号破铬槽→2号破铬槽→中转池→提升泵→1号混凝池→2号混凝池→3号混凝池→4号混凝池→沉淀池→综合水池。

含铬废水处理流程简图如图6-2所示。

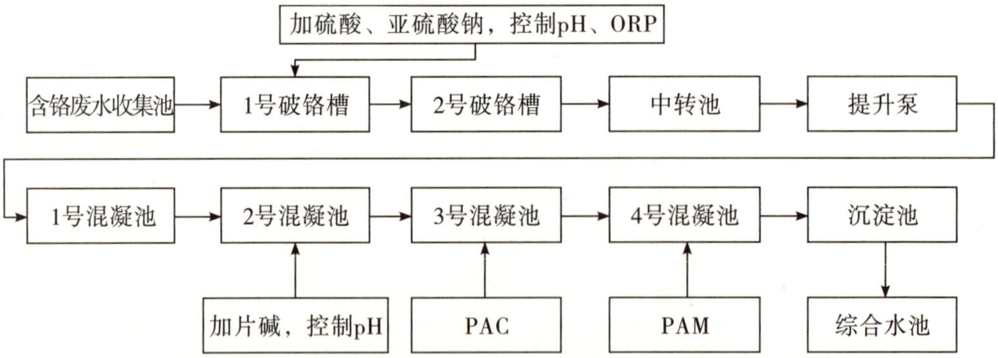

图6-2　含铬废水处理流程简图

说明：含铬废水一级破铬加硫酸调节pH值至2.5～3.0，再通过ORP计在线自动投加亚硫酸钠控制ORP为300～400 mV；在2号混凝池投加片碱，调节pH值至9.0～9.5。

（3）重金属废水处理。

重金属废水处理工艺流程：重金属废水收集池→提升泵→1号混凝池→2号混凝池→

沉淀池→中水调节池。

重金属废水处理流程简图如图 6 – 3 所示。

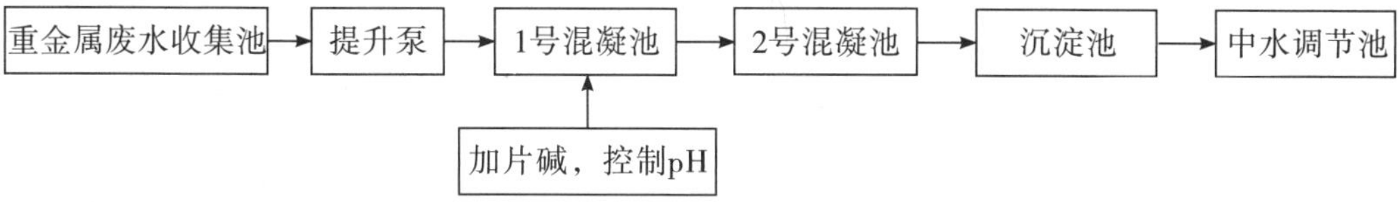

图 6 – 3　重金属废水处理流程简图

说明：在 1 号混凝池中加入片碱调节 pH 值至 11.0 ~ 11.5，而后进入沉淀池，沉淀出水进入中水调节池。

（4）有机废水处理。

有机废水处理工艺流程：有机废液→有机调节池→生化调节罐。

有机废水处理流程简图如图 6 – 4 所示。

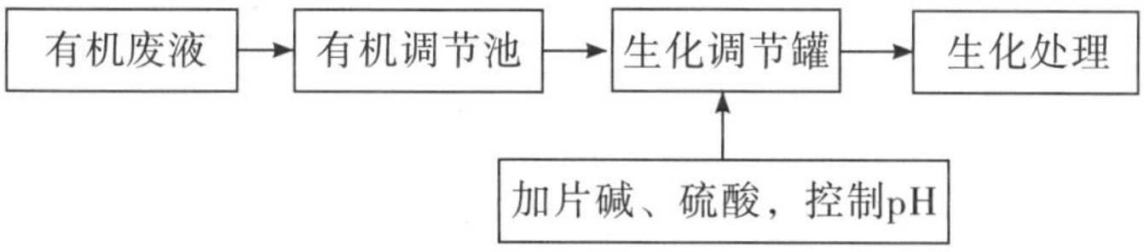

图 6 – 4　有机废水处理流程简图

说明：有机废水由废水和有机废液组成，有机废液 COD 浓度高，两者按照适合的比例调节进入生化调节罐，在罐内通过自动加硫酸或片碱控制 pH 值至 7.0 ~ 8.0，随后进入生化处理。

（5）综合废水处理。

综合废水处理工艺流程：综合废水调节池→1 号混凝池→2 号混凝池→3 号混凝池→沉淀池→酸回调池→排放。

综合废水处理流程简图如图 6 – 5 所示。

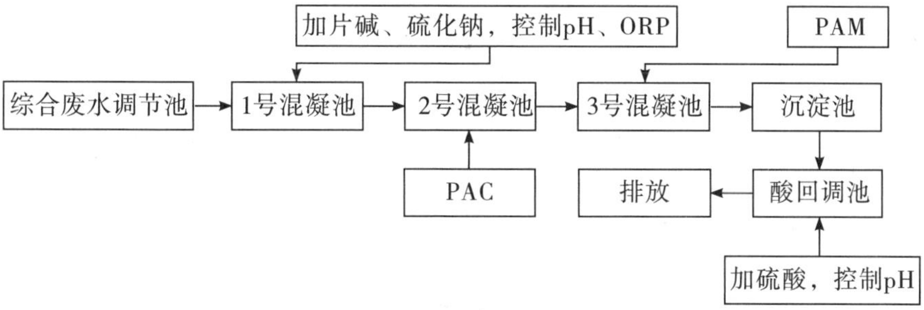

图 6 – 5　综合废水处理流程简图

说明：废水用提升泵收集至 1 号混凝池，通过分别控制硫化钠和片碱的加入量调节 ORP 为 –50 ~ –200 mV 和 pH 值为 9.5 ~ 10.5，在酸回调池通过控制硫酸的加药量调节 pH 值为 7.0 ~ 8.0。

（6）生化处理。

生化处理工艺流程：生化调节罐→水解酸化池→接触氧化池→混凝反应池→絮凝反应池→生化沉淀池→排放。

生化处理流程简图如图 6－6 所示。

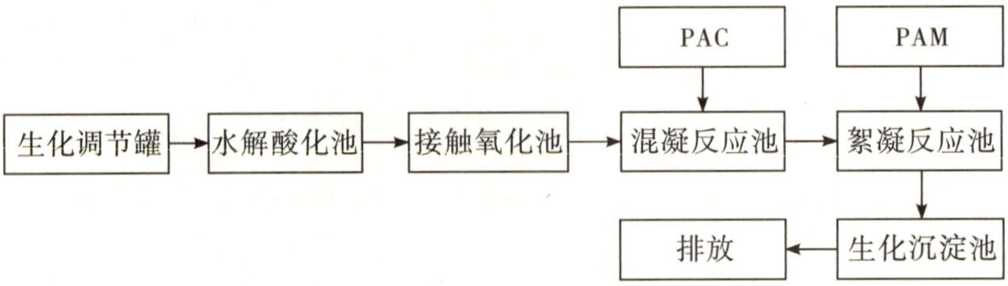

图 6－6　生化处理流程简图

说明：经过调节 pH 的有机废水，进入水解酸化池后，在产酸菌的作用下，把水中的大分子有机物分解成小分子有机物，再进入接触氧化池内，在好氧菌的作用下，把有机物分解成 CO_2 和 H_2O，从而达到去除污染物的目的。

（7）中水回用系统。

中水回用系统工艺流程：中水调节池→超滤→反渗透→车间用水池。

中水回用系统流程简图如图 6－7 所示。

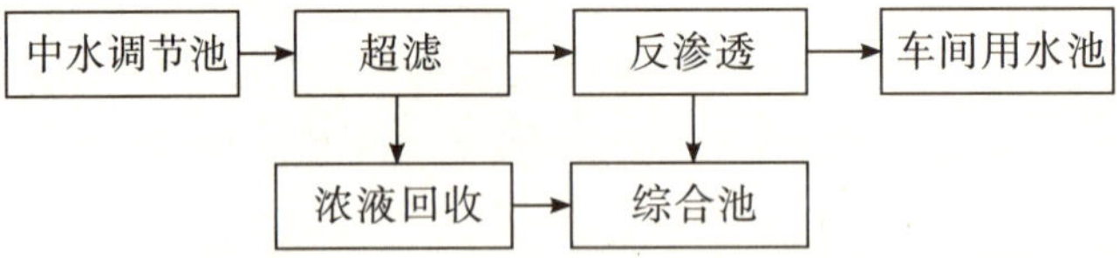

图 6－7　中水回用系统流程简图

说明：中水调节池的废水进入超滤系统后，膜外清水进入中转池，再进行超滤处理，浓液回收，或者进入综合水池。

6.2　造纸废水的处理技术及药剂应用

6.2.1　造纸废水的污染控制及处理工艺认知

1. 造纸废水的种类及主要污染物

造纸是我国的重污染行业。据统计，造纸行业的废水排放量约占我国工业废水排放量的 1/10，BOD_5 排放量约占全国的 1/4。其主要特点是污染物种类多，浓度高，排放量大。其主要污染物可分为：①悬浮物；②易生物降解有机物；③难生物降解有机物；④毒性物质；⑤碱性物质；⑥色度等。造纸废水从其产生的环节可以划分为以下几种。

（1）备料废水。备料废水指在制浆前对木材和非木纤维原料进行预处理过程中产生的废水。在湿法原木备料过程中，从剥皮鼓中产生备料废水，其主要污染物为树皮、木屑等悬浮物和其他有机污染物；在草类原料备料特别是湿法备料过程中产生备料废水，其主要原污染物为悬浮物和其他有机污染物，其污染物浓度更高。

（2）蒸煮废液。蒸煮废液指植物原料经化学蒸煮后，在粗浆洗涤时与纤维分离提取产生的高浓度液体。碱性蒸煮废液呈黑褐色，称为黑液；酸法制浆后废液呈红棕色，称为红液。黑液中会有大量木素、挥发酸及碱，并且浓度很高，必须进行回收利用。

（3）洗选漂废水。洗选漂废水指在浆料洗涤、筛选、漂白过程中排出的废水。以碱法制浆为例，浆料提取黑液后还需进一步洗涤、筛选，产生废水的成分与黑液相近，只是浓度低很多。浆料漂白常用药剂为 Cl_2、次氯酸盐和 ClO_2，浆料中残留的木素经过漂白工序形成木素降解产物的可吸收卤化物（AOX），有较大毒性。洗涤、筛选及漂白过程中产生的废水合称中段废水。

（4）纸机白水。纸机白水指在造纸过程中从纸机各部位排脱出来的废水。废水中所含污染物包括纸浆残留物、辅助化学品和助剂。在造纸过程中使用辅助化学品目的是使成纸具有一定性质，如高岭土。助剂如防腐剂、杀菌剂、消泡剂等，随白水排放比例较高。

（5）污冷凝水。在制浆废液浓缩及其蒸煮器放锅过程中产生污冷凝水。碱法制浆或酸性制浆污冷凝水中的污染物有所不同，碱法制浆污冷凝水主要污染物有 H_2S、甲硫醇、二甲基硫醚、二甲基二硫、甲醇和少量苯酚类化合物；酸性制浆污冷凝水主要污染物有醋酸、甲醇和糠醛等。

（6）废纸制浆废水。将废纸中的纤维回收利用生产再生纸是目前的常用做法。当废纸原料为新闻纸或印刷品时，洗脱废水中会含油墨、涂料、化学药品以及细小纤维等。

（7）机械浆、化学机械浆废水。机械浆、化学机械浆纤维得率在80%以上，其废水中污染物的产生负荷相当于有完善化学品回收系统的化学制浆排放负荷。

（8）造纸综合废水。综合废水指制浆造纸企业产生的与生产直接或间接相关的排入综合废水处理工程内的各种废水的统称，主要有备料废水、洗选漂废水、纸机剩余白水、污冷凝水和厂区生活污水等。

典型制浆造纸废水水质见表6－4。

表6－4　典型制浆造纸废水水质

单位：mg/L

废水种类	水质指标							
	pH值	SS	COD	BOD_5	AOX	TN（总氮）	NH_3—N	TP(总磷)
化学浆	5.0～10.0	250～1 500	1 200～2 500	350～800	2～26	4～20	2～5	0.5～2
化学机械浆	6.0～9.0	1 800～3 800	6 000～16 000	1 800～4 000	0～3	5～10	3～5	1～3
机械浆	6.0～9.0	850～2 000	3 200～8 000	1 200～2 800	0～1	4～8	2～5	0.5～1.5
废纸浆	6.0～9.0	800～1 800	1 500～5 000	550～1 500	0～1	5～20	4～15	0.5～1
脱墨废纸浆	6.0～9.0	450～3 000	1 200～6 500	350～2 000	0～1	3～10	2～6	0.5～1.5
造纸废水	6.0～9.0	250～1 300	500～1 800	180～800	0～1	2～4	1～3	0.5～1

2. 造纸废水污染控制的常用方法

造纸废水污染控制可从以下几方面着手。

(1) 探索清洁生产工艺，采用溶剂法制浆替代传统化学制浆，即利用有机溶剂、适量水和苛性碱做药剂，在较高压条件下将植物除纤维素外物质基本溶解，将溶解的组分综合利用，同时将药品回收利用。

发展深度脱木素技术，即在蒸煮过程中更多地除去木素，以减少漂白工序废水的负荷和毒性。大力探索高得率制浆工艺，如盘磨机械浆、化学机械浆及碱性过氧化物机械浆等。纸浆漂白过程中的氧脱木素技术、酶处理技术及开拓无氯漂白新技术等。

(2) 有机纤维成分及化学品的回用。

对现有制浆黑液进行规范回用处理。黑液经过提取、蒸发、燃烧、苛化、石灰回收工序，纤维燃烧回收的热能可以基本满足生产工序需要，回收的碱液能基本满足生产所需。

从红液中回收热能和化学品，存在工艺复杂、腐蚀设备、经济效益不高等限制性因素。利用蒸煮废液生产木素、酵母、酒精等均有明显的经济效益产品。白水中的纤维也可以收集后回用于造纸。

3. 造纸废水处理的常用工艺

造纸废水处理常常采用预处理与综合处理相结合的方式，废水处理工艺流程图如图6-8所示。

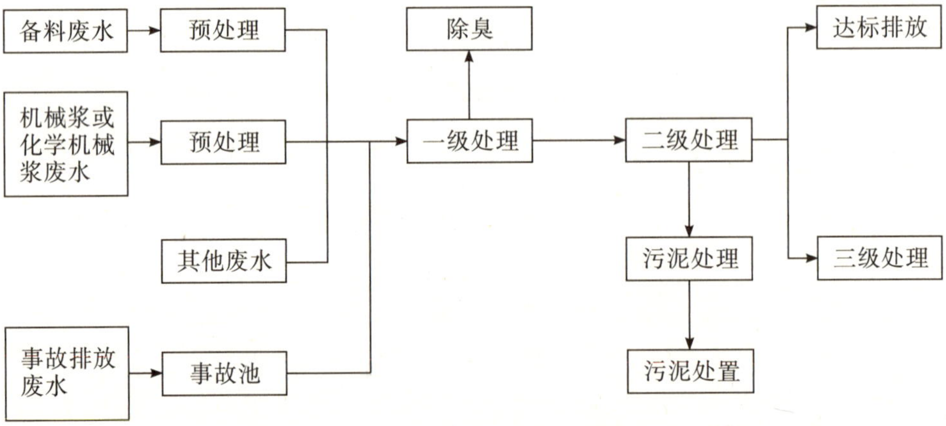

图6-8 造纸废水处理工艺流程图

废水预处理可以削减污染负荷，改善可生化降解性能，增加水回用比例，从而减少污水排放量。

备料工程废水预处理一般包括格栅和筛网，再采用沉淀或混凝沉淀技术。经处理的备料工段废水大部分回用于备料工段，少部分进入后续水处理阶段。

机械浆和化学机械浆废水预处理应采用以厌氧生化处理为主体的工艺，其流程包括格栅、纤维回收、初沉池、调节池和厌氧处理单元。

综合废水一级处理包括格栅、纤维回收间、混凝沉淀池或气浮池等工序。当废水中纤维含量较高时，应设置回收间回收纤维，可采用过滤筛网、机械转鼓、细格栅等设备。

综合废水二级处理，当进水 COD 浓度高时应采用厌氧 + 好氧生物处理工艺，当进水 COD 浓度小于 1 200 mg/L 时，宜采用好氧生物处理工艺。厌氧生物处理工艺可选用 UASB、内循环上流式厌氧污泥床反应器或完全混合式厌氧反应器等工艺。好氧生物处理可选用二段好氧生化处理工艺，如氧化沟、SBR 等。

综合废水三级处理宜采用混凝沉淀（或气浮）处理技术，混凝沉淀或气浮后的废水宜采用过滤法处理，出水达不到排放标准时宜进行高级氧化、吸附、超滤等深度处理技术。

6.2.2 制浆造纸废水处理的药剂应用

1. 应用于备料废水回用

备料可为原木备料和草类原料备料。废水中主要有大量木屑、草屑、胶体物质和溶剂的有机物等，需要经格栅、沉淀或混凝沉淀等处理工艺后循环使用。为了不使污染物质产生积累效应，有时需要采用混凝沉淀工艺。由于对回用水质的要求不高，一般混凝剂的投加量较低，混合时间宜 30 ~ 60 s，反应时间宜 5 ~ 10 min，沉淀区表面负荷 1 ~ 1.5 m^2/（m^2 · h），也可以采用对备料循环用水采取定时、定比例更换的方法预防污染物积累，更换出的废水纳入下一步工序处理。

2. 生化处理前的一级混凝沉淀或气浮处理

在生化处理前采用混凝沉淀或混凝气浮处理，一方面是为了大量削减有机负荷，另一方面是为了去除或降低废水中的有毒有害物质，避免对生化处理产生负面影响。混凝剂的种类和投加量应根据对不同厂家的废水实验确定，在多数情况下，废水 COD、BOD 浓度高时，混凝剂的用量则偏大。采用单一混凝剂时，明矾的投加量参考值为废水 COD 的 0.3 ~ 0.5 倍，推荐 pH 值范围为 5.0 ~ 10.0。为了减少混凝剂的用量，提高混凝效果，常常采取混凝剂复配方法。山东某造纸厂在采用黑液碱回收及白水回用处理的前提下，对中段废水采用混凝气浮处理，复配混凝剂的投回量分别为 1 000 mg/L 和 100 mg/L，取得了优良效果，COD 从 2 000 ~ 2 500 mg/L 削减为小于 400 mg/L，SS 从 100 mg/L 削减为小于 200 mg/L，色度从黄褐色削减为淡黄色。在对漂白废水进行混凝处理时，有关专家比较了聚合硫酸铁（PFS）、聚合氯化铝（PAC）和聚硅铝（PSA）的处理效果，其中 PSA 效果最好，在投加量为 100 mg/L 时，COD 去降率可达到 69%，AOX 去除率达到 45%，混凝最佳 pH 值在 7.0 ~ 8.0 之间。

3. 生化处理后的混凝处理

经过生化处理后，有机污染物、悬浮物等浓度大为降低，但部分难降解有机物负荷依然存在，色度也难以达到排放需求。此时采用进一步混凝处理成为常态，混凝剂的复配效果显著，尤其是针对难降解有机物而开发生产的功能性混凝剂将发挥关键作用。

实验结果表明，针对化学机械浆生化处理后的混凝处理，当聚合碱式氯化铝投加量为 60 mg/L，$Al_2(SO_4)_3$ 用量为 100 mg/L，助凝剂 TMA 为 4 mg/L 时，处理效果良好，

COD 从 800 mg/L 下降为 400 mg/L。

高铁酸盐具有很强的氧化性，有除臭功能，又同时具有混凝剂的作用，在造纸废水生化处理后的混凝处理中应该有一定的应用和发展空间。

混凝沉淀或气浮后的出水应进行过滤处理。

4. 高级氧化处理及其他深度处理

当出水不能达到排放标准时，应进行高级氧化或其他深度处理措施，目前已成熟的高级氧化工艺为 $FeSO_4$—双氧水催化氧化法，其工序为：①投加合适浓度的 $FeSO_4$ 和双氧水，在 pH 值为 3.0～4.0 的条件下，氧化 30～40 min；②采用 NaOH 或 $Ca(OH)_2$ 中和，反应时间大于 10 min，调 pH 值为 6.0～7.0；③沉淀分离含铁悬浮物，同时宜投加少量 PAM 以增强絮凝效果，采用过滤工序稳定絮凝效果，也可选用活性炭吸附、超滤等作为深度处理单元。

5. 白水回用处理

造纸白水是造纸车间废水的总称，其中的污染物有纤维、悬浮物和溶解的化学成分。相对来说，造纸白水污染程度低，经过处理可以达到部分回用或基本全部回用，常用的处理工序为微滤、混凝沉淀或气浮。

据报道，广东某造纸厂在处理白水筛选絮凝剂时，综合考虑其对 COD、浊度去降率及沉降性能后，发现聚合硫酸铝铁效果最好。聚合硫酸铝铁投加量为 100 mg/L 时，COD 和浊度去除率分别为 93% 和 69%，分别下降到 43 mg/L 和 2.5 NTU，最佳 pH 值范围为 6.5～7.0，白水经处理后满足回用水要求。

6. 废纸制浆废水处理

利用废纸制浆生产再生纸，不仅减少了对天然植物的消耗，还大大降低了传统制浆过程中污染物的产生和排放。回收废纸有机械处理法和化学处理法。将废纸直接破碎制浆即机械处理，用水量少，水污染较轻；当原料含报纸、书籍较多时，需要增加化学药剂，并且深度破碎后，将含油墨废水与纸浆分离，此法即为化学处理法，含油墨废水污染物浓度高。

废纸浆废水处理通常采用微滤与混凝气浮相结合工艺，可选择的混凝剂较多，一般情况下复配混凝剂效果更好，需要根据实际比选。例如当 PAC 投加量为 400 mg/L，PAM 投加量为 10 mg/L 时，可取得较为理想的效果。当废水污染程度低时，一次混凝气浮即可达到废水回用要求；当废水污染程度高时，往往采用二次气浮或将一次气浮出水再引入后续生化处理设施处理。

6.2.3 造纸废水处理案例

物化＋生化＋活性炭吸附组合工艺处理造纸废水

造纸废水已经成为水环境的重要污染源之一。目前，我国造纸废水的排放量及 COD 排放量均居各类工业排放量的首要位置，造纸废水含有大量难降解的有机物质，成分复杂，污染物浓度高，水处理难度大，治理费用高，如果直接排放会造成水体污染及资源的严重浪费。目前处理造纸废水主要采用生物处理法、物理化学处理法。

沈阳某造纸公司的生产废水主要为碎浆、制浆过程中产生的制浆废水，主要污染物为 COD、BOD、SS。针对该公司废水水质特点，选用物化 + 生化 + 吸附的组合工艺进行处理。运行 1 年多来，处理出水水质稳定，各项指标均能达到《制浆造纸工业水污染物排放标准》（GB 3544—2008）。

一、废水水质

该公司以商品草浆为原料，日产废水量 2 400 m^3，约 100 m^3/h。要求处理后出水达到《造纸工业水污染物排放标准》要求，即排放废水 COD 小于 80 mg/L、BOD_5 小于 20 mg/L、SS 小于30 mg/L。该工程的设计进水水质及检测标准如表 6 –5 所示。

表 6 –5　进水水质及检测标准

项目	COD/（mg/L）	BOD/（mg/L）	SS/（mg/L）	pH
设计进水水质	500	150	200	—
检测标准	重铬酸钾法	稀释与接种法	重量法	玻璃电极法

二、处理工艺流程及设备

1. 工艺流程

该造纸公司产生的污水中含有一定量的纤维素、半纤维素、短纤维、滑石粉等，总体来说污染程度较轻。因此选择物化 + 生化 + 吸附的组合工艺，使工程最终处理出水达到设计排放标准要求，工艺流程如图 6 –9 所示。

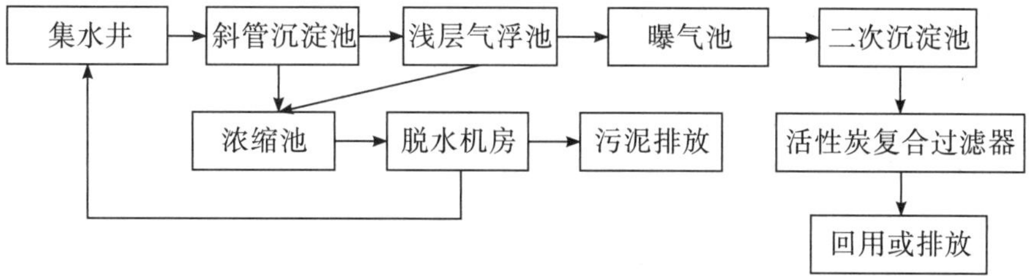

图 6 –9　造纸废水工艺流程

集水井的废水由提升泵进入斜管沉淀池。池内安装斜管填料。工艺为升流式异向流斜管沉淀。斜管沉淀池及气浮池主要进行物化预处理，去除部分 COD 和悬浮物。由于物化处理对溶解性污杂物去除率相对较低，出水难以达到污水排放标准要求，因此物化预处理后采用生化处理。气浮池出水进入完全混合式曝气池与活性污泥混合，在人工充氧条件下，活性污泥吸附并氧化分解废水中的溶解性有机物，污泥和水的分离则由二次沉淀池完成。最后活性炭复合滤料过滤器对废水进行深度处理，进一步去除其中的 COD 和悬浮物，保证良好的出水水质。

在处理过程中产生的污泥主要包括斜管沉淀池污泥和浅层气浮剩余污泥。污泥泵入污泥浓缩池进行浓缩。浓缩污泥脱水后外运处理。脱水机房产生的污泥过滤液和反冲洗水收集于脱水机底部集水槽中，可以通过管路连接自流入集水池，重新处理。

2. 主要构筑物及尺寸

（1）集水池。1 座，尺寸为 3 m×4 m×5.5 m。

（2）斜管沉淀池。1 座，尺寸为 10 m×20 m×5 m，水深 4.5 m，有效体积 900 m^3，水力停留时间 9 h；内部安装斜网填料，尺寸为 9.5 m×16 m×0.87 m；为升流式异向流沉淀，设计穿孔墙过流。

（3）高效浅层气浮机。处理能力 200 m^3/h，溶气系统水源为回流水，溶气气浮压强为 0.2～0.5 MPa，溶气水量 60～70 m^3/h，设施功率 17.6 kW。浅层气浮机由气浮池、布水器刮渣机、出水系统、溶气系统及回流系统等组成，并配置药液配备及流送系统、电气控制操作系统。气浮池采用辐流式箱体，尺寸为 6 800 mm×800 mm，主要由箱体，中间支撑体及污泥道、集水管及液位调节闸等组成，并配置出水管、排泥管、排淤管等。气浮池选用 Q235 碳结钢板焊接制成，中间支撑设进水管、溶气水管并污泥道，兼装轴承座，集水器采用同步式旋转集水管、堰流式水位调节器。刮渣机主要由螺旋泥斗、碳钢传动轴加工制成，做防腐处理。溶气系统主要由溶气泵、空压机、溶气罐、溶气水布水器、旋转接头及释放器等组成旋转布水器，采用方锥式旋转布水系统，并设分流挡水板；与固定水管采用旋接套连接，填料采用密封方式。药液制备及流送系统主要有药液搅拌罐、搅拌器、储存罐及输送泵等。电气控制操作系统包括集电装置及电气操作控制箱。集电装置由旋转碳刷及铜环组成，配备防护等级 IP55 电气操作控制箱，操作各单元电机启停动作，并气控部分调压、通止动作。

（4）曝气池。1 座，尺寸为 16 m×10 m×5.5 m，设计流量 2 400 m^3/d，每小时平均流量为 100 m^3，污泥质量浓度 3 500～4 000 mg/L。停留时间 8.8 h，有效水深 5.5 m，有效容积 880 m^3，总容积 1 056 m^3，总供气量 11 m^3/ min。全池共设曝气链 3 条，每条设 2 管。

（5）活性炭复合滤料过滤器。3 套（2 用 1 备），尺寸为 3 m×6 m，流速 6～8 m/h，垫层高度 300～400 mm，填料 1 粒径为 0.8～1.2 mm，高度为 600～800 mm，填料 2 粒径为 0.8～2 mm，高度为 800～1 000 mm，气反冲洗强度 15～17 L/（m^2·s）。

（6）一体化预浓缩带式压滤机。滤带速度 0.7～5 m/min；给料质量分数 2%～8%，滤液固含量 0.22%，削减率 96.8%，工作气压强 0.4 MPa，清网水压强不小于 0.5 MPa。

（7）提升污水泵。2 台（1 用 1 备），流量 110 m^3/h，扬程 10 m，功率 5.5 kW。

三、工程处理效果

1. 工程处理

针对该造纸公司排放的废水特点，采用物化＋生化＋吸附的组合工艺路线，处理效果稳定，对各污染物有较高的去除率，达到了设计要求。该工程于 2010 年 12 月施工完毕，经过一段时间的调试运行后正式投入使用。表 6－6 所示为 2011 年 7—9 月调试运行期间的废水出水水质情况。

表6-6 废水出水水质情况

项目	日期	斜管沉淀池进水	浅层气浮池出水	去除率/%	曝气池			复合滤料过滤器		
					进水	出水	去除率/%	进水	出水	去除率/%
COD/(mg/L)	2011.07	500	250	50	250	75	70	75	68	10
	2011.08	510	250	51	250	73	71	73	65	11
	2011.09	500	250	50	250	75	70	75	68	10
BOD/(mg/L)	2011.07	150	120	20	120	18	85	18	17	5
	2011.08	150	120	20	120	19	84	19	17	10
	2011.09	160	125	22	125	20	84	20	18	10
SS/(mg/L)	2011.07	200	40	80	40	36	10	36	18	50
	2011.08	190	36	82	36	33	9	33	16	52
	2011.09	200	40	80	40	35	11	35	18	49

2. 处理工艺分析

该工程所处理的污水中含有一定量的纤维素、半纤维素、短纤维、滑石粉等，总体污染程度较轻。造纸废水的主要污染物有COD、BOD和SS，此处还有许多悬浮物如长短纤维、填料等，根据废水特点及原水水质等确定该工程采用物化+生化+吸附的组合工艺，即物化预处理+生化处理+深度处理。

（1）物化预处理单元采用斜管沉淀池及气浮法去除部分COD和悬浮物。

（2）生化处理单元：由于物化处理对溶解性污染物去除率相对较低，出水难以达到国家或地方污水排放标准，因此物化处理后采用生化处理，利用生物降解作用去除废水中的溶解性有机污染物，提高出水水质。生化处理工艺选用抗冲击负荷能力较强、处理效果稳定的悬挂链曝气工艺，其污泥负荷低、污泥龄长，出水水质优良。

（3）深度处理单元主要用活性炭复合滤料过滤器，可进一步去除水中COD和悬浮物，保证良好的出水水质。

四、经济效益分析

该工程占地面积约1 000 m^2，总投资约2 200万元。其中运行产生的费用主要包括电费、药剂费和人工费。

（1）工程的总功率为445.55 kW，工作时间为24 h，当地电价为0.5元/（kW·h），则电费为0.743元/m^3。

（2）PAC单价为3元/kg，则PAC药剂费为0.662元/m^3；PAM（-）单价为18元/m^3，PAM（+）单价为40元/m^3，则PAM的药剂费为0.317元/m^3；活性炭滤料单价为4.2元/m^3，则活性炭滤料费用为0.43元/m^3；

（3）设管理人员6名，工资为1 200元/月，则人工费为0.1元/m^3。综上，处理成本为1.822元/m^3。

五、结论

(1) 该废水处理工程的工艺流程设计合理，处理效果较好，出水水质稳定，最终处理出水达到《制浆造纸工业水污染物排放标准》(GB 3544—2008) 要求，减轻了造纸废水对水环境的污染。

(2) 采用物化+生化+吸附工艺处理造纸厂废水，不仅节省了工程的投资和能耗，还降低了处理成本，减少了工程占地面积。

资料来源：李亚峰，张文静. 物化+生化+活性炭吸附组合工艺处理造纸废水 [J]. 工业水处理，2013 (12).

6.3 医院废水的处理技术及药剂应用

6.3.1 医院废水处理认知

1. 医院废水

医院废水是指医院门诊、病房、手术室、各类检验室、病理解剖室、放射室、洗衣房、太平间等处排出的诊疗、生活及粪便污水。当办公、食堂、宿舍等排水与上述废水混合排出时亦称之为医院废水。

医院废水可分为非传染性医院废水、传染性医院废水和特殊性质医院废水。传染性疾病专科医院及综合医院传染科室排放的诊疗、生活及粪便污水为传染性医院废水；各类非传染性专科医院及综合医院除传染科室外排放的诊疗、生活及粪便污水称为非传染性污水；特殊性质的废水指医院检验、分析、治疗过程产生的少量性质特殊的污水，主要有酸性废水、含氰废水、含重金属废水、洗印废水及放射性废水等。

与其他重污染行业相比，医院废水具有水量不大、污染物种类复杂、危害性大等特点。一家医院每天产生的废水量与医院的规模、医院性质、设备条件、住院和门诊人数、地域、季节、管理制度等因素相关。据统计，大城市的医院在夏季每天产生的废水可按 1 m^3/(病床·天) 计，而郊区和县城的医院每天产生的废水可按 0.7 m^3/(病床·天) 计，春秋季废水减少 20% ~30%，冬季减少 40% ~50%。

医院废水中的污染物种类复杂，除了含有多种细菌、病毒和寄生虫卵以外，还含有许多无机物和有机物，如纯碱、消毒剂、放射性物质、洗涤剂、药物等。医院废水污染物的浓度参考值见表 6-7。

表 6-7　医院废水污染物的浓度参考值

水质指标	COD/(mg/L)	BOD_5/(mg/L)	SS/(mg/L)	NH_3—N/(mg/L)	粪大肠杆菌/(个/L)
浓度范围	150 ~ 300	80 ~ 150	40 ~ 120	10 ~ 50	$1\times10^6 \sim 3\times10^8$
均　值	250	100	80	30	1.6×10^8

2. 医院废水处理

医院废水的处理方法根据排水去向及废水性质的不同而有所差异，废水处理的核心是消毒和无害化处理。

（1）非传染性医院废水。

非传染性医院废水若处理出水直接或间接排入地表水体或海域时，应该采用二级处理+消毒工艺或者二级处理+深度处理+消毒工艺，见图6－10；如处理出水排入终端已建有二级污水处理厂的城市污水管网时，可采用一级强化处理+消毒工艺，见图6－11。

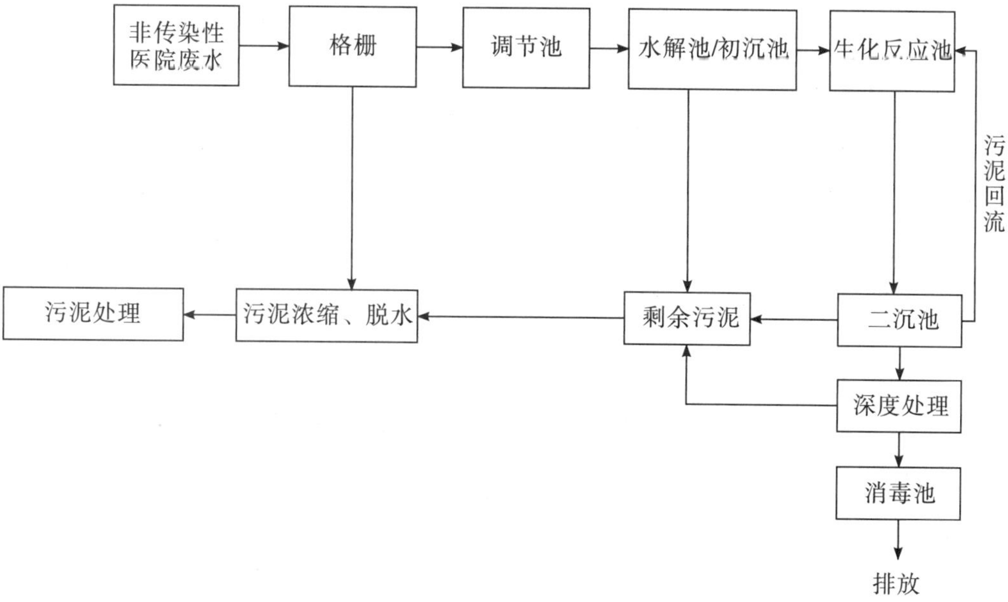

图6－10　非传染性医院废水处理出水排入地表水体或海域处理流程

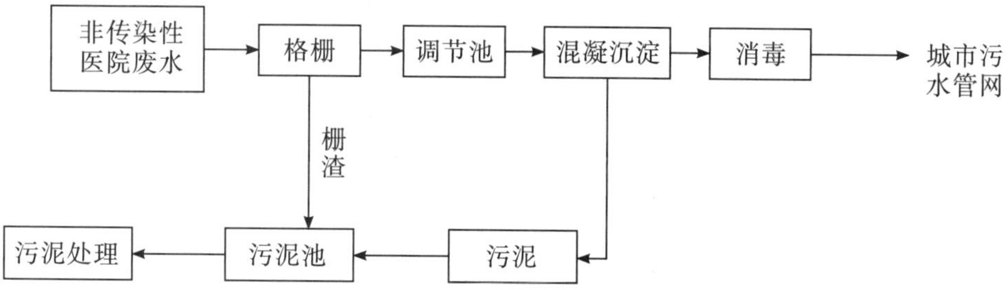

图6－11　非传染性医院废水处理出水排入城市污水管网处理流程

水解池为常温水解酸化池，温度宜为15～40 ℃，水力停留时间一般为2.5～3 h。

生化处理宜采用一般活性污泥法、接触氧化法工艺。一般活性污泥法曝气池污泥负荷宜为0.1～0.4 kg BOD_5/（kgVSS·d），污泥浓度宜为2～4 g/L，水力停留时间应为4～12 h。

生物接触氧化池污泥负荷可采用0.8～1.5 kg BOD_5/（m^3填料·d），水力停留时间

2～5 h，气水比 15～20∶1。

深度处理可选用膜生物反应器或活性炭吸附罐等。

（2）传染性医院废水。

传染性医院废水应在预消毒后采用二级处理＋消毒处理。预消毒宜采用臭氧消毒，接触时间应不少于 30 min。

（3）特殊性质医院废水。

特殊性质医院废水应经预处理后进入医院废水处理系统或单独处理处置。其不同类型及处理方法有以下几种。

①酸性废水，来源于医院检验或制作化学清洗剂时使用的硝酸、硫酸、高氯酸、乙酸等酸性物质而产生的废水，宜采用中和法处理，可采用 NaOH、石灰、石灰石等，将废水 pH 值调至 7.0～8.0 后进入医院废水处理系统。

②含氰废水，来源于医院检查分析时使用的氰化钾、氰化钠、铁氰化钾、亚铁氰化钾等氰化物而产生的污水，宜采用碱式氯化法预处理。

③含汞污水，来源于各种口腔门诊治疗、含汞监测仪器破损、分析检查中使用的氯化高汞、硝酸高汞以及氰酸高汞等而产生的少量废水，宜采用硫化物沉淀＋活性炭吸附剂预处理达到第一类污染物排放标准后，进入医院废水处理系统。

④含铬污水，来源于医院病理、血液检查及化验中使用的重铬酸钾、三氧化铬、铬酸钾等形成的废水，宜采用化学还原沉淀法预处理达到第一类污染物排放标准后，进入医院废水处理系统。

⑤洗印废水、废液，来源于医院放射科照片胶片的洗印加工、显影污水，宜采用过氧化氢氧化预处理。洗印显影废液应收集后作为危险固体废物交由有资质的单位处理处置。

⑥放射性废水，来源于同位素治疗和诊断。放射性废水单独收集，排入衰变池衰变或单独采用稀释法处理。

医院废水处理过程中产生的污泥属于危险废物，须规范处理。污泥消毒一般采用化学消毒。采用石灰消毒时，石灰投加量约为 15 g/L 污泥，使 pH 值为 11.0～12.0，搅拌接触 30～60 min，存放 7 天以上；采用漂白粉消毒时，漂白粉投加量约为干泥量的 10%～15%。污泥干化可使用压滤机等，使含水率下降到 80% 以下。污泥属于危险废物，需交由有资质的单位最终处理处置。

6.3.2 医院废水处理的药剂应用

1. 消毒处理

消毒处理是医院废水处理的中心环节。消毒处理的方法有氯气消毒法、次氯酸钠消毒法、二氧化氯消毒法、臭氧消毒法及紫外线消毒法等。

氯气消毒法历史悠久，技术成熟，可采用自动同步双虹吸投加系统或提升式自动定比加氯系统。对于小型医院或门诊部，也可以采用间歇式人工加氯系统。对于含结核杆菌等传染性医院废水，Cl_2 与废水的接触时间应大于 1.5 h，二级处理及深度处理后出水消毒时参考加氯量为 15 ~ 25 mg/L，一级强化处理后出水消毒的参考加氯量为 30 ~ 50 mg/L。采用预氯化工艺时，预氯化工序投氯量可为二级处理及深度处理或一级强化处理后出水消毒投氯量的 1/2。传染性医院废水处理，Cl_2 与废水接触时间应不小于 1.5 h，末端余氯量应为 6 ~ 8 mg/L；对于非传染性医院废水消毒处理，氯气与废水接触时间应不小于 1 h，末端余氯量应为 4 ~ 5 mg/L。氯气消毒法中使用的 Cl_2 一般为罐装液氯，有泄漏风险，对医院自身及周围民众存在安全隐患。使用单位应加强相关人员培训和应急演练，做到安全运行。

次氯酸钠消毒法相对氯气消毒法更加安全可靠，适合管理水平相对较低的小型边远地区医院使用，总体杀菌效果次于氯气消毒法。次氯酸钠消毒法投加剂量、投加方法及余氯量均可参照氯气消毒法。

氯气消毒法和次氯酸钠消毒法在应用过程中产生有机氯化物，对受纳水体生态环境产生持久的不利影响。

二氧化氯具有强烈的氧化灭菌作用，不产生有机氯化物，投放方便。以发展的观点来看，有替代氯气消毒法和次氯酸钠消毒法的趋势。二氧化氯消毒时只能就地生产制备，就地使用，对设备的管理要求较高。

氯气消毒法能有效杀灭各种细菌，对病毒有一定的杀灭和控制作用，但效果不稳定，灭菌不彻底。臭氧消毒法有超强的氧化能力，能有效杀灭各种细菌和病毒，且与废水接触时间短，没有有机氯化物产生，是传染病医院和含有传染性废水医院的最佳选择。臭氧消毒法一般是现场制备臭氧化气体，引入需消毒的废水中，一次性投资及运行成本较高。二级生化处理后，臭氧消毒的投加量为 10 ~ 20 mg/L，接触时间为 5 ~ 15 min；一级强化处理后，臭氧的投加量为 30 ~ 50 mg/L，接触时间应不少于 30 min。

2. 混凝处理

混凝处理具有占地较少、处理效果稳定的特点，十分适合医院废水的一级强化处理工序。一级强化处理并非可有可无，其对后续杀菌处理产生重大影响，影响因素有以下 5 点。①悬浮物。医院废水中的细菌和病毒往往结合在悬浮物之中，包藏在悬浮物中的细菌和病毒能避免杀菌剂的作用，待杀菌剂消耗殆尽后，细菌和病毒便死灰复燃。②有机物。杀菌剂为强氧化剂时，有机物可与杀菌剂反应，进而减少了杀菌剂与细菌、病毒接触的机会。③氨氮。氨氮可直接与杀菌剂反应，从而降低了杀菌剂的效能。④水温。冬季水温低时氯的杀菌效果差，此时需增加接触时间；夏季水温高，利于氯的杀菌作用，但水温过高则不低于臭氧的杀菌作用。⑤pH。医院废水的 pH 偏低时应用 Cl_2 或 NaClO 杀菌，HClO 含量比例增高，杀菌效果大幅提高，而 pH 对 ClO_2 消毒几乎没有影响。

综上所述，需要在一级强化处理过程中大幅度降低悬浮物、有机物和氨氮的含量，同时监测和调控水温和 pH，其意义不仅仅在减少了杀菌剂的投加量，而且关系到杀菌效果的优劣。

混凝法应用于一级强化处理，混凝剂一般采用聚合氯化铝、聚丙烯酰胺或者聚合氯化铁，也可以复方配合使用。混凝剂的总投加量宜为 30 ~ 100 mg/L，混凝过程中需做好相关设施的防腐工作。

6.3.3 医疗废水处理案例

1. 项目概况

湛江市第二人民医院是一家综合性医院，废水主要来自治疗、化验及污洗间的医疗排水以及病人、陪住人员和医护的洗手和冲厕污水等。这类污水的水质类似于生活污水，但成分更复杂，含有某些有毒化学物质和多种病菌、病毒和寄生虫卵，部分具有传染性，有的在污水中的可存活时间较长，主要污染因子是 COD_{Cr}、SS、粪大肠菌群数等。若是不经治理而直接排放医疗废水，当人类或动物食用或接触被污染的水时，就会使人或动物致病或引起传染病的流行，对周围环境及居民的健康造成不良的影响。

2. 设计水量

根据院方提供的废水量数据为 1 680 m^3/d，单位设计处理能力为 70 m^3/h。

3. 排放标准

本项目经过处理后的出水水质执行广东省地方标准《水污染物排放限值》第二时段三级标准和《医疗机构水污染物排放标准》（GB 18466—2005）中的综合医疗机构和其他医疗机构水污染物排放限值中预处理标准的较严值后，再经城市污水管道进入城市污水处理厂进行再处理，主要指标为：$COD_{Cr}\leqslant 250$ mg/L、$BOD_5\leqslant 100$ mg/L、SS≤60 mg/L、粪大肠杆菌≤5 000 个/L。

4. 工艺选择

本项目主要为医疗废水，含有细菌、病毒、寄生虫卵和一些有毒有害物质以及有机污染物等。废水治理工艺的采用取决于所处理的废水水质特征及排放标准的要求。根据废水的水质情况以及出水要求，本方案主要考虑去除废水中的有机污染物、悬浮物及粪大肠菌群数。一般认为 BOD/COD 的值大于 0.45 时，可生化性较好，考虑到工程投资及业主的场地所限，废水处理工艺可靠，建成后设备维护及运行管理方便，本项目拟采用如图 6－12 所示的处理工艺，使其出水水质达到要求的排放标准。本方案水质中 BOD/COD 的值为 0.5，适宜采用“生化＋消毒”工艺，对污水的生物性污染、理化性污染及有毒有害物质进行全面处理，确保达标排放。

（1）本项目的医疗废水经管道首先进入三级化粪池进行预处理后，再经管网排至本项目污水处理站的格栅井，格栅井内设置格栅，对污水中较粗大的漂浮物进行隔离去除，防止后续的处理设备被堵塞。污水经格栅去除漂浮物后流入调节池。

当出现应急事故时启动事故应急池，将储存于事故应急池的废水抽至后续处理系统进行处理。

（2）由于废水的排水水量、水质波动较大，为了使后续的处理系统能正常、稳定地运行，因此需设置调节池对水量、水质进行调节，避免因水量、水质的变化造成对后续处理系统的不良影响。

（3）经过调节的医疗废水通过提升泵提升进入酸化水解池，通过培养厌氧和兼氧性微生物菌群，利用厌氧菌群的新陈代谢作用，使废水中的大分子有机物在水解酸化池中

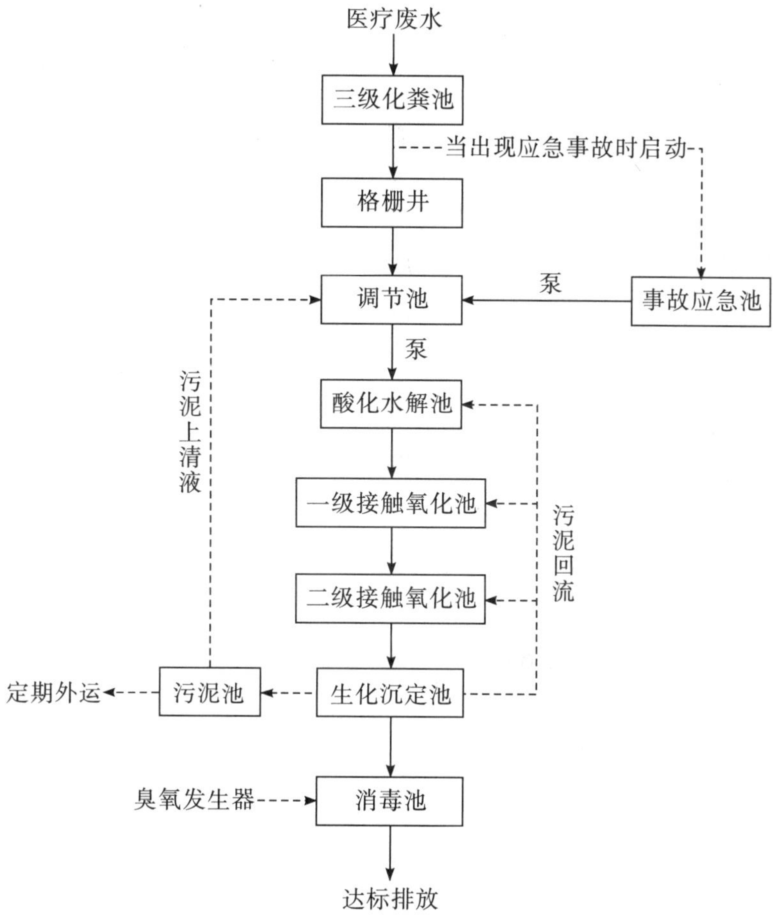

图 6－12　本项目工艺流程图

分解成小分子有机酸，同时降解废水中的小分子有机物，降低了废水的 COD_{Cr}、BOD_5，提高了废水的可生化性。部分污泥可根据需要，回流到酸化水解池和接触氧化池。回流污泥一方面提高了酸化水解区的污泥浓度，为进入接触氧化池的废水和菌种进行预筛选，另一方面可通过厌氧水解将回流污泥分解，减少剩余污泥产量。

（4）废水经酸化水解处理后流入一级接触氧化池和二级接触氧化池，池内均匀地布满大量的生物填料，为好氧微生物提供栖息、生长繁殖的场所，以便微生物在填料表面形成生物膜。在接触氧化池底部设置曝气充氧搅拌系统，对污水进行充氧，使污水中的溶解氧维持在 2～4 mg/L。同时利用气体的上升作用，可使池内的悬浮物与水充分接触。另外，通过气体和清水反冲洗的搅动作用，可以对填料表面生长的老化生物膜进行冲刷，促使生物膜更新换代，使生物膜维持较高的活性。好氧处理的作用机理：好氧微生物在氧含量适宜的条件下，利用水中的有机物作为营养物，进行分解代谢，把一部分有机物转化为自身所需的能量，一部分转化为 CO_2 和水，从而使水中的有机物得到去除，污水得到净化。接触氧化池的出水进入斜管沉淀池进行固液分离。斜管沉淀池的表面负荷较小，内有蜂窝斜管，底部有排泥系统。吸附了水中大量的污染物脱落的生物膜在沉淀池内沉于池底形成污泥，使水质得到净化。在重力的作用下沉至池底形成的污泥，则排至污泥池中进行消化处理，由市政环卫定期外运处理。

(5) 斜管沉淀池的出水经过消毒池进行臭氧消毒达标后排至市政管网。

注：医疗废水处理案例由广东粤绿环境工程公司提供。

6.4 给水处理技术及药剂应用

在第一次工业革命之前，人类对于给水技术非常陌生。因为那时的整个水环境水质良好，老百姓的生活给水大多是自给自足，工业用水少之又少。自来水技术起源于19世纪给水处理技术，随着近现代工业革命带来的生产力的飞跃发展，城市化进程加快，同时也带来了一系列的环境污染。因此，我们现在广泛使用的生活给水技术和工业给水技术大多是近现代开发与应用的。水环境污染的日益严重化，以及精密科技和材料科技的迅速发展，对生活给水及工业给水技术提出了更为严峻的考验。本部分内容就当前的给水处理技术现状，以及常见处理技术和处理过程中的常用药剂做一个简单介绍。

6.4.1 给水行业的典型工艺认知

6.4.1.1 给水处理概述

1. 名词解释

给水：供于生活饮用和生产应用的水。

饮用水地表水水源地：饮用水地表水水源保护区包括一定的水域和陆域，其范围应按照不同水域特点进行水质定量预测并考虑当地具体条件加以确定，保证在规划设计的水文条件和污染负荷下，供应规划水量时，保护区的水质能满足相应的标准。

地表水：是指陆地表面上动态水和静态水的总称，亦称“陆地水”，包括各种液态的和固态的水体，主要有河流、湖泊、沼泽、冰川、冰盖等。它是人类生活用水的重要来源之一，也是各国水资源的主要组成部分。

地下水：是指赋存于地面以下岩石空隙中的水，狭义上是指地面以下饱和含水层中的水。

2. 发展趋势

随着水环境污染越来越严重，目前的生活用水给水技术存在着局限性，对于有机物、重金属污染的富营养化水体的处理有一定困难，因此生活给水技术向深度处理发展是必然的趋势。

3. 给水技术分类

(1) 按照用途分类。

按照用途分类，给水技术可以分为生活用水给水技术和工业用水给水技术。

(2) 按照给水水源分类。

按照给水水源分类，给水技术可以分为地表水生活给水技术、低温低浊生活给水技术、地表水锅炉补水给水技术、地下水锅炉补水给水技术和海水淡化技术等。

6.4.1.2 给水处理技术难点

1. 脱盐成本高

脱盐主要是满足大型锅炉的补水要求，一般的地表水或者地下水作为锅炉水补水时，其硬度和盐分是导致锅炉系统结垢和锈蚀的主要原因，因此脱盐工序显得必不可少。

目前的工业脱盐技术有树脂法、沉淀法、复盐沉淀法、膜分离法、蒸馏法等，这些方法都有其局限性，如表6-8所示。

表6-8 工业脱盐技术对比

脱盐方法	特点	综合成本
树脂法	常用，成本较低，去除率高，树脂再生水二次污染	较高
沉淀法	极少用，去除率高，成本极高	极高
复盐沉淀法	少用，去除率较低，成本较高	较高
膜分离法	常用，RO膜/ED膜均可行，去除率高	较高
蒸馏法	少用，效率高，能耗高	高

2. 除重金属工艺缺失

生活用水给水时，一般处理的重金属是锰。如果水源地受到重金属污染，那么基本上自来水厂就面临停产的局面，因为现今的大部分自来水厂还没有设置重金属的处理工艺，不具备重金属的处理能力。

而工业给水时用处理后的废水作为深度处理的给水，如果是用膜分离法来处理，那么势必会产生相当于原浓度3~4倍的高浓度废水排放。

3. 杀菌灭藻方法较局限

生活用水给水厂一般通过一定的余氯浓度来达到杀菌抑藻的目的，随着供水距离的不同，余氯可能带来不同的消毒副产物，需要寻求其他高效无毒的消毒剂。

锅炉补水及冷却塔补水无不例外地都要面对藻类滋生的问题，目前工业给水的灭藻剂大多会带来一些不利的影响。

4. 过程副产物难以避免

（1）消毒过程副产物。

消毒过程中，有效氯与废水中的有机物反应生成的中间产物卤代烃是一种有毒物质。近年来多次报道的消毒过程副产物亚硝胺尤其是亚硝胺类中的亚硝基二甲胺更是一种致癌物质，并且目前的自来水水质指标中尚未有该指标的控制，再加上检测时需要气相色谱（或者液相色谱）加上串联质谱一起进行，目前国内不到30家自来水水厂有该指标的检测能力。

消毒过程副产物已经鉴定清楚的有700多种，还有许多未被检测出来、尚未鉴定的副产物。监测、治理手段的缺乏，也成为给水技术的处理难点。

（2）输送过程副产物。

输送过程中受输送管道材质、管道年限、供水方式等的影响，基本上老城区的供水过程都会产生较多的过程副产物。

5. 处理场地局限

传统工艺的生活用水给水厂的沉淀方式一般都是平流式的沉淀，随着城市化进程的加快，发达地区土地资源越来越稀缺，处理场地问题将会更加突显。

6.4.1.3 给水处理思路

1. 优化水源地保护区管理

（1）加强水源保护地、一级保护区、二级保护区的管理力度。由原来禁止从事产生污染物的活动，到保护区的实时监控，杜绝因环境违法行为而导致水源被污染。

（2）参照“河长制”，对水源保护区内的一切人为活动落实到人。

（3）对于地下水作为水源的情况，管理工作的难度大大增大，可通过地质勘查之后的数据共享，联动监测，以达到提前预防的目的。

2. 采用自动化程度高的处理工艺

（1）自动化程度高的处理工艺，主要体现在过程的自动化，减少人为的操作，从而减少因人为过失导致的处理异常。

（2）自动化连续监测工艺，对处理全过程进行监控，以控制简单的表观指标为主，连续不断地取样分析上传，并且设置报警器，如水质超出规定值就自动停机。先进的无人机技术能够远程监控取水点及周边环境的情况。

3. 生活污水处理厂出水给水技术的开发

目前，生活污水处理厂按照《城镇污水处理厂污染物排放标准》中一级A标准的出水作为生活用水给水的源头水，在世界上已经有成功运营的水厂。由于其处理技术的门槛高、运行成本相对较高，因此没有被大范围使用，相信随着科学的进步，该技术得到升级和普及指日可待。

4. 发展材料科学，使膜分离法处理成本更低、效果更好

目前，有许多自来水厂已经采用膜处理技术，一般应用的膜为超滤膜的范畴，材质一般为PVC和PVDF，价格比较昂贵。超滤膜不能去除重金属，反渗透膜又把有益微量元素和矿物质去除殆尽，纳滤膜能把大部分的二价离子过滤掉，因此开发一种能有选择性地去除有害重金属和消毒副产物的膜材质的工作迫在眉睫。

5. 工业给水需要开发相对封闭的循环系统，减少补水的总量

工业给水大部分适用于锅炉、冷却塔的补水，鉴于目前这两个系统都是开放式的较

多，因此开发密闭的循环系统能有效减少补水的水量。

6.4.1.4 给水处理技术简介

1. 生活用水给水技术

（1）地表水生活用水给水技术。

现在大部分的地表水生活用水给水技术起源于19世纪末。地表水大部分的污染为物理污染和生物污染，通过混凝沉淀来解决物理污染，再通过消毒工艺来解决生物污染。20世纪初，比利时开始采用氯气来消毒供水。氯在水中以 ClO^- 和 HClO 形态存在，它们可以穿透细胞的细胞壁和细胞内部的酶（主要是磷酸丙酮去氢酶）发生作用，破坏酶的功能而达到杀菌作用。

处理流程：地表水水源地→取水泵站→调节池→混凝反应池→折流反应池→平流高效沉淀池→砂滤池→消毒池→清水池→给水泵站→用户。

流程说明：

①取水泵站一般设置在水域较为开阔、流速比较平缓的地方，能起到良好的调节和缓冲水质的效果。有些城镇的取水点设置在河道边上，这样能通过河道的沙子进行自然过滤。

②混凝反应池。大部分水厂应用聚合氯化铝作为混凝剂，混凝池的设计严格按照给水设计进行，一般都是机械搅拌的混凝池，也有许多水厂通过管道混合器来进行反应。如果混凝剂反应不彻底会导致铝的残留，铝对人体有害，因此需要重点控制铝残留的问题。

③平流高效沉淀池。现在大部分的水厂采用平流沉淀池，但是由于场地限制，越来越多的给水沉淀池按照高密度高效沉淀池来设计。沉淀池的表面负荷设计在 5～8 $m^3/(m^2 \cdot h)$ 之间，大大地节省了占地面积。

④砂滤池。目前应用较多的是V形砂滤池，能较高地提高单位面积的滤速，也有较好的处理效果。砂滤池反洗时砂子易流失，可以用纤维滤池替代，有些水厂出于改善自来水口感的目的，会采用椰壳活性炭来进一步过滤。

⑤消毒池。大部分水厂应用含氯的消毒剂进行消毒，出厂余氯控制在0.3～0.5 mg/L之间，一般到用户时余氯在0.15 mg/L以上。现在世界上最安全的消毒技术当属臭氧消毒技术，但是臭氧消毒后水的保存时间尚不明确，这也是个重要的研究课题。

⑥给水由泵站到用户的过程，目前主要采用的是铸铁管或者镀锌管。为了减少输水过程中产生的污染，采用塑料管和不锈钢管会更合适。

（2）低温低浊生活用水给水技术。

地下水的污染大部分为天然污染，其污染结果是出现高氟水、高硬度水、苦咸水等。我国的水资源由于南北和东西分布不均，北方地区需要取地下水作为生活用水给水的水源，生活用水给水技术需要采用低温低浊生活用水给水技术。

处理流程：地表水水源地（加高锰酸钾）→取水泵站→调节池→混凝反应池→折流

反应池→平流高效沉淀池→砂滤池→消毒池→清水池→给水泵站→用户。

流程说明：

①若地下水作为水源时，需要充分考虑水质的化学指标。随着取水点位置的下降，一般需要较高压力的泵作为提升泵，这加大了能耗。考虑到地下水的铁锰含量超标，一般会在此阶段加入高锰酸钾以去除水中的铁锰。

②混凝反应池。大部分水厂应用聚合氯化铝作为混凝剂，混凝池的设计严格按照给水设计进行，一般都是机械搅拌的混凝池，也有许多水厂通过管道混合器来进行反应。如果混凝剂反应不彻底会导致铝的残留，铝对人体有害，因此需要重点控制铝残留的问题。一般低温低浊的给水处理会加入适量的PAM来确保反应迅速，以使铝的残留值在标准值以内。

③给水由泵站到用户的过程，目前主要采用的是铸铁管或者镀锌管。相较地表水来说，地下水的盐分和腐蚀性更大，为了减少输水过程中产生的污染，采用塑料管和不锈钢管会更合适。

其他流程与地表水生活用水给水技术一致，不再一一说明。

2. 工业用水给水技术

工业用水给水技术比生活用水给水技术的应用还早，早在第一次工业革命时，随着蒸汽机的发明和使用人们就开始注意到了锅炉结垢的问题。现代的工业给水对象主要有开放式/闭合式的冷却塔补水给水、锅炉补水给水以及各种工业生产用水等。

（1）地表水锅炉补水给水技术。

地表水作为锅炉补水的源头水时，工艺过程的主要处理对象为悬浮物、藻类、硬度和盐分。悬浮物等物理指标大部分会在混凝沉淀阶段得以去除，而盐分则需要通过膜法来去除。

处理流程：蓄水池→机械沉淀池→砂滤池→超滤→反渗透→脱碳塔→二级混床→碱回调→用水池→锅炉用水。

流程说明：

①蓄水池。如果有条件可以考虑高位蓄水池，这样可以直到砂滤池前才需要提升泵，可以节省电能。蓄水池设置遮阳设计，能够有效地抑制藻类的生长。

②机械沉淀池。新型沉淀池能提高表面负荷，有效缩短停留时间，混凝剂一般选用聚合硫酸铁，加在机械沉淀池前，目的是去除大部分的悬浮物与胶体颗粒。

③砂滤池。也有用多介质过滤设备替代的，目的是进一步去除未能完全沉淀的悬浮颗粒，以减轻后续的处理压力。

④超滤。超滤是一种能同时浓缩与分离大分子或胶体物质的技术。其受环境变化影响极小，所需压力低，操作简便，自动运行，能有效去除水中的细菌、微生物和悬浮物等杂质。净化后的水清澈透明，浊度近于零。

⑤反渗透。反渗透装置是该项目预脱盐的核心部分。经反渗透处理的水，能去除绝大部分无机盐、有机物微生物、细菌，对 $NaCl$、$CaCl_2$、$MgCl_2$ 具有99%的脱除率。

⑥脱碳塔。是通过风机的风力来吹脱水，以除去游离 CO_2 的设备。一方面减小对锅

炉、过滤器的腐蚀，因为如果水中含有一定的 CO_2，那么 CO_2 和水会产生碳酸，其电离出的 H^+ 会腐蚀后面流程的各种容器。另一方面，如果用在阴阳离子交换器，可以减轻阴离子交换器的负荷，提高化学除盐工艺的经济性和出水水质。在一般进水 HCO_3^- 含量大于或等于 50 mg/L 时设置除碳器，其出水 CO_2 含量小于 5 mg/L；除碳器一般设置在阳离子交换器或反渗透装置之后。

⑦二级混床。混床是把阴、阳树脂均匀地混合后放在同一罐体内进行除盐。混床可以看作是由许多阴、阳树脂交错排列而组成的多级式复床，其阴、阳离子的交换几乎是同时进行的。经阳树脂交换产生的 H^+ 和经阴树脂交换产生的 OH^- 可以互相中和，因此交换反应进行得十分彻底，能大大改善出水水质。

⑧碱回调。在脱碳之后的水要调节 pH 值到 8.5 左右，一般回调用碱为氨水。

（2）地下水锅炉补水给水技术。

地下水作为锅炉补水的源头水时，工艺过程的主要处理对象为悬浮物、胶体、硬度和盐分。悬浮物、胶体等物理指标大部分会在混凝沉淀阶段得以去除，而盐分则需要通过膜分离法来去除，特别是硬度需要专门的除硬度系统。

处理流程：地下水→机械沉淀池→软化絮凝沉淀池→管式膜过滤系统→砂滤池→超滤→反渗透→脱碳塔→二级混床→碱回调→用水池→锅炉用水。

流程说明：

①地下水作为水源时，需要充分考虑水质的化学指标。随着取水点位置的下降，一般需要较高压力的泵作为提升泵，这加大了能耗。

②软化絮凝沉淀池。去除硬度的目的是防止反渗透处理时水结垢在膜系统上。在碱性条件下加入软化剂、混凝剂形成碳酸钙沉淀，实现泥水分离，从而降低出水的硬度。

③管式膜过滤系统。管式膜的作用是软化后水进一步去除硬度。TMF 管式微滤膜组件采用了独特的复合膜管，其 PVDF 膜能极好地与 PVDF 支撑管内壁交联或嵌入到 PE 支撑管内壁中与支撑管形成强劲的结合，使膜管能在较高的运行压力和反洗压力下工作，获得极高的固体去除效率和膜通量，从而减少系统占地面积。

其他流程与地下水锅炉补水给水技术一致，不再一一说明。

（3）海水淡化技术。

随着环境污染的日益严重，海水淡化每年能解决近 1 亿人的饮水问题。现在所用的海水淡化方法有海水冻结法、电渗析法、蒸馏法、反渗透法以及可实现盈利的碳酸铵离子交换法。目前应用反渗透膜的反渗透法以其设备简单、易于维护和设备模块化的优点迅速占领市场，逐步取代蒸馏法成为应用最广泛的方法。经过反渗透膜处理后的海水，其含盐量大大降低，TDS（总溶解性固体）含量从 36 000 mg/L 降至 200 mg/L。淡化后的水质甚至优于自来水，这样就可供工业、商业、居民及船舶、舰艇使用。

处理流程：海水→灭藻混凝沉淀池→软化絮凝沉淀池→管式膜过滤系统→砂滤池→超滤→一级反渗透→二级反渗透→调节→消毒→用户。

流程说明：

①海水中存在大量的微生物、细菌和藻类。海水中细菌、藻类的繁殖和微生物的生长，不仅会给取水设施带来许多麻烦，而且会直接影响海水淡化设备及工艺管道的正常

运转。周期性涨潮、退潮，使海水中夹带大量泥沙，浊度变化较大，易造成海水预处理系统运转不稳定。因此海水的取水点和取水方式的设置非常讲究。

②灭藻混凝沉淀池。国外海水淡化工程多采用投加液氯、NaClO 和 $CuSO_4$ 等化学试剂来杀菌灭藻，混凝剂选择聚合硫酸铁，先杀菌灭藻再混凝沉淀。

③软化絮凝沉淀池。海水的盐分和硬度很高，尽管有投加阻垢剂，膜系统还是容易结垢，除硬度的目的是防止反渗透处理时水结垢在膜系统上。在碱性条件下加入软化剂、混凝剂形成碳酸钙沉淀，实现泥水分离，从而降低出水的硬度。

④反渗透系统。反渗透系统由一级反渗透和二级反渗透组成，一级反渗透为普通反渗透，二级反渗透为海淡反渗透。由于海水的盐分较高，因此，海淡反渗透膜组件需要外在大于本身的渗透压的压力才能实现脱盐功能。

⑤消毒除异味。环岛海域的海水受周边环境影响较大，海水 COD 在 1.7 ~ 2.5 mg/L 之间，尤其在夏、秋季节，有时海水有较大的异臭、异味。因此除添加 NaClO 进行氧化外，还需增设活性炭过滤器，选用具有较高机械强度的果型颗粒活性炭能有效地吸附有机物和异臭、异味，提高反渗透产水水质。

6.4.2 给水处理的常用药剂

给水处理的常用药剂主要有絮凝剂、消毒剂、水质稳定剂及其他药剂，具体见表 6 -9。

表 6 -9 给水处理的常用药剂

类型	名称	特性和作用	配制和投加要求
絮凝剂	聚合氯化铝	特性：酸性 作用： （1）用于生活用水给水技术预处理工艺的混凝反应 （2）用于工业给水技术预处理工艺的混凝反应	一般不需要配制，原液通过计量泵精准投加即可，可以通过浊度补偿加药
	聚合硫酸铁	特性：酸性、氧化性 作用： （1）用于生活用水给水技术预处理工艺的混凝反应 （2）用于工业给水技术的预处理工艺的混凝反应 （3）用于软化阶段的混凝反应	一般不需要配制，原液通过计量泵精准投加即可，可以通过浊度补偿加药
	聚合氯化铝铁	特性：酸性 作用： （1）用于生活用水给水技术预处理工艺的混凝反应 （2）用于工业给水技术预处理工艺的混凝反应	一般不需要配制，原液通过计量泵精准投加即可，可以通过浊度补偿加药

续上表

类型	名称	特性和作用	配制和投加要求
絮凝剂	聚硅硫酸铁铝	特性：酸性、不稳定 作用： （1）用于生活用水给水技术预处理工艺的混凝反应 （2）用于工业给水技术预处理工艺的混凝反应 （3）用于低温低浊的生活用水给水技术预处理工艺的混凝反应	硅酸需要现场配制，原液通过计量泵精准投加即可，可以通过浊度补偿加药
	聚丙烯酰胺	特性：中性、水溶液易分解 作用： （1）用于生活用水给水技术预处理工艺的絮凝反应 （2）用于工业给水技术预处理工艺的絮凝反应 （3）用于低温低浊的生活用水给水技术预处理工艺的絮凝反应	一般配制浓度为0.1%～0.3%，配制容器需要遮阳，一般不需要投加
	生物絮凝剂	特性：中性、不稳定 作用： （1）用于生活用水给水技术预处理工艺的絮凝反应 （2）用于低温低浊的生活用水给水技术预处理工艺的絮凝反应	一般原液投加，当前应用极少
消毒剂	氯气	特性：腐蚀性、毒性、酸性 作用： （1）用于生活用水给水技术消毒工艺的消毒反应 （2）用于工业给水技术消毒工艺的消毒反应	现场使用氯酸钠和盐酸制取，注意防腐，谨防氯气中毒
	漂白水	特性：腐蚀性、毒性、碱性 作用： （1）用于生活用水给水技术消毒工艺的消毒反应 （2）用于工业给水技术消毒工艺的消毒反应 （3）用于膜组有机污染的清洗阶段的清洗	原液投加，不需要配制，用余氯监测自动控制

续上表

类型	名称	特性和作用	配制和投加要求
消毒剂	臭氧	特性：腐蚀性 作用： （1）用于生活用水给水技术消毒工艺的消毒反应 （2）用于海水淡化技术消毒工艺的消毒反应	臭氧发生器，投加时谨防臭氧中毒
水质稳定剂	缓蚀阻垢剂	特性：中性 作用： （1）用于工业开放式冷却系统补水工艺设备的缓蚀阻垢 （2）用于膜组工艺设备的阻垢	配制浓度10%，通过计量泵在精密过滤器前投加，浓度在2 mg/L
	杀菌灭藻剂	特性：根据产品的不同而不同 作用： （1）用于生活用水给水技术预处理工艺的杀菌灭藻反应 （2）用于工业给水技术预处理工艺的杀菌灭藻反应 （3）用于海水淡化技术消毒工艺的杀菌灭藻反应	根据产品不同而不同
	软化剂	特性：碱性 作用： （1）用于低温低浊的生活用水给水技术软化工艺的软化反应 （2）用于工业给水技术软化工艺的软化反应 （3）用于海水淡化技术软化工艺的软化反应	根据硬度的值按照比例投加，需要调节pH才能达到预期效果
其他药剂	柠檬酸	特性：酸性 作用：用于膜组铁污染堵塞的清洗阶段的清洗	根据膜的污染程度确定加药量和配制浓度
	盐酸	特性：酸性 作用：用于膜组无机垢污染堵塞的清洗阶段的清洗	一般控制pH值为1.0，加入量为膜组中空的5倍
	氨水	特性：碱性、挥发性 作用：用于锅炉补水给水技术碱回调工艺的回调	pH自动投加，主要谨防氨泄漏
	活性炭	作用：用于生活给水时的口感改善	固定填入

注：限于篇幅，本节不附给水处理案例。

6.5 焦化废水的处理技术及药剂应用

焦化行业属于能源加工行业，随着经济发展对能源需求的加大，焦化行业也通过科学研究及技术引进，使得现在国内的焦化工艺技术日渐成熟，在一定程度上推动着高效能源转换及高效能源装备、无水工业技术装备、无水工艺技术、信息自动化智能管控等高效管理技术的相继研发，促使焦化工艺逐渐向信息化、高效化、清洁化的趋势不断演变。但是目前国内的焦化行业的污染问题依旧比较严重，焦化行业产生的废气、废水依然是环保行业的处理难点。本节内容就当前的焦化废水处理技术现状，以及常见处理技术和处理过程中的常用药剂做一个简单介绍。

6.5.1 焦化行业的典型工艺认知

6.5.1.1 焦化工艺技术

1. 名词解释

焦化：一般指有机物质碳化变焦的过程。在煤的干馏中，焦化指高温干馏。在石油加工中，焦化是渣油焦炭化的简称，是指重质油（如重油、减压渣油、裂化渣油甚至土沥青等）在 500 ℃左右的高温条件下进行深度的裂解和缩合反应，产生气体、汽油、柴油、蜡油和石油焦的过程。焦化主要包括延迟焦化、釜式焦化、平炉焦化、流化焦化和灵活焦化等五种工艺过程。

煤焦化：又称煤炭高温干馏。其是以煤为原料，在隔绝空气条件下，加热到 950 ℃左右，经高温干馏生产焦炭，同时获得煤气、煤焦油并回收其他化工产品的一种煤转化工艺。焦炭的主要用途是炼铁，少量用作化工原料制造电石、电极等。煤焦油是黑色黏稠性的油状液体，其中含有苯、酚、萘、蒽、菲等重要化工原料。

熄焦：是煤炭炼焦过程的专用术语，其意义为将炼制好的赤热焦炭冷却到便于运输和贮存的温度。炼焦炉的操作过程就是熄焦或熄焦过程。

干法熄焦过程：干法熄焦过程是用循环惰性气体为热载体，由循环风机将冷的循环气体输入赤热焦炭冷却室，将高温焦炭冷却至 250 ℃以下排出。吸收焦炭热量后的循环热气导入废热锅炉回收热量，产生蒸汽。循环气体经冷却、除尘后，再经风机返回冷却室，如此循环。

湿法炼焦过程：熄焦车将高温焦炭运至熄焦塔，直接利用水浇洒在高温焦炭上降温的一种方法。熄焦塔上方装有几组喷淋水头，直接喷淋降温，产生大量蒸汽，由熄焦塔顶部冒出。

焦化废水：焦化废水是一种典型的有毒难降解有机废水，指煤炼焦、煤气净化、化工产品回收和化工产品精制过程中产生的废水。主要来自焦炉煤气初冷和焦化生产过程中的生产用水以及蒸汽冷凝废水。

内能：是物体或若干物体构成的系统（简称系统）内部微观粒子的一切运动形式所

具有的能量总和。内能常用符号 U 表示，具有能量的量纲，国际单位是焦耳（J）。

炼焦：是在隔绝空气条件下加热到 1 000 ℃左右（高温干馏），通过热分解和结焦产生焦炭、焦炉煤气和炼焦化学产品的工艺过程。

2. 延迟焦化工艺技术

（1）应用范围。

延迟焦化是一种石油二次加工技术，是指以贫氢的重质油为原料，在高温（约 500 ℃）进行深度的热裂化和缩合反应，生产富气、粗汽油、柴油、蜡油和焦炭的技术。其是世界渣油深度加工的主要方法之一，处理能力占渣油处理能力的 1/3。

（2）工艺流程。

工艺流程：原料→加热炉→焦炭塔→分馏塔。

说明：所谓延迟是指将焦化油（原料油和循环油）经过加热炉加热迅速升温至焦化反应温度，在反应炉管内不生焦，而进入焦炭塔再进行焦化反应，故称为延迟焦化技术。一般都是一炉（加热炉）二塔（焦化塔）或二炉四塔，加热炉连续进料，焦化塔轮换操作，是一种半连续工艺过程。原料油（减压渣油或其他重质油如脱油沥青、澄清油甚至污油等）经加热到 495 ~ 505 ℃进入焦炭塔，热原料油在焦炭塔内进行焦化反应，生成的轻质产物从顶部出来进入分馏塔，分馏出富气、粗汽油、柴油和重馏分油。重馏分油可以送去进一步加工（如做催化裂化、加氢裂化原料），也可以全部或部分循环回原料油系统。待焦炭陆续装满（留一定的空间）后，原料改进入另一焦炭塔，残留在焦炭塔中的焦炭以水力除焦卸出。焦炭塔恢复空塔后再进热原料。

3. 煤焦化工艺技术

我国的煤炭储量占世界的 36%，占据我国能源总数量的 70% 以上；我国的煤化工产业占据国民经济总量的 16% 左右。在国内，煤化工始终是燃料化工业的主导，其主要包括煤制油、煤制焦、煤制气以及煤制甲醇和煤制烯烃等其他新兴燃料的方向。

（1）应用范围。

烟煤在隔绝空气的条件下，加热到 950 ~ 1 050 ℃，经过干燥、热解、熔融、黏结、固化、收缩等阶段最终制成焦炭，这一过程叫高温炼焦（高温干馏）。由高温炼焦得到的焦炭用于高炉冶炼、铸造和气化。炼焦过程中产生的经回收、净化后的焦炉煤气既是高热值的燃料，又是重要的有机合成工业原料。

（2）工艺流程。

工艺流程：原料→捣固机→炭化室→熄焦车→熄焦塔→凉焦台→晒焦车间。

说明：通过捣固机对原料进行筛选备煤，已经制备好的煤料从煤塔放入装煤车，分别送至各个炭化室装炉。干馏产生的煤气经集气系统，送往化学产品回收车间加工处理。经过一个结焦周期（即从装炉到推焦所需的时间，一般为 14 ~ 18 h，视炭化室宽度而定）后，用推焦机将炼制成熟的焦炭经拦焦机推入熄焦塔中；熄焦后，将焦炭卸入凉焦台；然后至晒焦车间筛分、贮藏。

6.5.1.2 焦化废水水质特点

煤化工中焦化废水所包含的化学物质多达数十种，并且成分非常复杂，浓度非常高，影响的范围也很大。焦化废水中所包含的氨氮量非常高，氨氮具有一定的毒性，对生态环境足以造成恶劣的影响。并且，从微生物学的角度来看，焦化废水中的污染元素会抑制多种微生物的生长甚至生存。焦化行业主要排水点的水质情况如表6-10所示。

表6-10 焦化行业主要排水点水质情况

排水点	pH值	挥发酚/(mg/L)	挥发氨/(mg/L)	氰化物/(mg/L)	硫化物/(mg/L)	焦油类/(mg/L)	COD_{Cr}/(mg/L)	氨氮/(mg/L)
蒸氨废水	6.0~9.0	800~1 200	120~350	10~25	50~70	200~500	5 000~8 000	—
粗苯分离水	6.0~7.0	300~600	100~200	100~250	1~2	微量	1 000~2 500	—
精苯分离水	4.0~6.0	0~350	50~750	50~750	5~30	—	350~2 500	—
终冷排污水	6.0~7.0	100~300	100~200	100~200	20~50	200~500	700~100	—
焦油精制水	6.0~7.0	0~40	5~10	5~10	10~20	50~80	—	—
煤气水封排水	6.0~7.0	0~50	1~5	1~5	1~5	20~40	—	—

1. 焦化废水挥发性有机物高

焦化废水含有大量的挥发酚，尤其是蒸氨废水和粗苯分离水的挥发酚在300~1 200 mg/L不等。

2. 焦化废水综合排水毒性大

研究表明，高级氧化出水水质可达到标准要求，但出水的综合毒性却急剧上升，排放到自然水体中必然会对水生生物造成危害。

3. 焦化废水量大污染广

煤化工的生产过程所产生的焦化废水中含有硫、氰、氮等多种化学元素，这些元素经过干馏的转化后，会形成各种有机物和无机化合物，经过煤蒸汽的冷凝后就形成了有毒的污染物。典型的化学污染物包括卤代烃、环芳烃等。在焦化废水里，重金属的污染物含量也非常高，含镉、汞、铅等有机污染物比较多。焦化废水量约占全国工业总废水量的2%，每年排放总量约3亿吨。

6.5.1.3 焦化废水处理难点

1. 内能低

综合的焦化废水的内能在120~280 kJ/L，这个能量值说明焦化废水的稳定性好，不易被氧化也不易被还原，因此采用常规的物化加上生化处理方法的局限性大。

2. 可生化性差

焦化废水中含有大量的有毒物质和难降解的有机物，导致焦化废水的可生化性极差，一般经过预处理之后焦化废水的 BOD/COD 小于 0.15。

3. 总氮高

焦化废水的氨氮较高，一般设置脱氮工艺。脱氮工艺一般会产生二次污染，用成熟的工艺蒸氨之后再吸收生产硫酸铵，但是蒸氨之后的废水进入生化系统还是超出了生化系统的承受极限，再加上物化前的处理工艺基本上无法取出硝酸盐中的氮，因此总氮的处理是焦化废水的处理难点之一。

4. 处理方法占地面积制约

焦化废水的污染物浓度高、生化性差以及总氮高等特点，导致其处理流程大多较长，在每个处理单元的停留时间较长，加上废水原本的挥发性有机物量高，相对作业环境及场地不能太紧凑，因此，焦化废水的处理方法所需场地受到一定程度的制约。

5. 排放标准严格

目前使用的焦化废水排放标准是《炼焦化学工业污染物排放标准》（GB 16171—2012）。大部分的企业排放水或者处理设施出水的 COD 和氨氮均无法稳定达到该标准的排放要求，环保标准明确规定只有处理达标之后的排放水才能用于熄焦。

6.5.1.4 焦化废水处理思路

1. 焦化废水分流

尤其是酚氰废水分流，这两股废水单独分流出来，能大大降低焦化废水的处理难度和处理成本。

2. 资源化利用

利用先进的分离技术来较彻底地分离焦化废水中的油，如果顺利将重油和轻油从焦化废水中彻底分离，将大大地提高生化系统的处理效率，改善生化系统的处理效果。

3. 开发先进的生化处理技术

从焦化废水的水质特性来看，焦化废水的水质可生化性差，但是大部分污染物属于有机物，且鉴于焦化废水的总氮较高，因此开发高负荷的脱氮除 COD 的生化技术具有重要意义。同时，利用 RNA 技术开发焦化废水适用的优势菌种也有较大应用前景。

6.5.1.5 焦化废水处理技术简介

1. 一级处理

在焦化废水处理中，一级处理是指高浓度废水中污染物的回收利用，其工艺包括脱酚、蒸氨、终冷水脱氰等。氨水脱酚分为溶剂萃取法、蒸汽脱酚法、吸附法、离子交换法等。蒸氨蒸出的氨可以硫酸铵、浓氨水形态回收或经焚烧分解不予回收。焦化废水一级处理技术在当前的实际应用中主要表现为以下工艺。

（1）传统工艺流程。

工艺流程：原水→中和→隔油→混凝沉淀→气浮→生化调节池。

工艺说明：

①中和。一般综合之后的焦化废水呈酸性，需要加入碱来调节 pH，一般加入石灰或者片碱，pH 值控制在 7.0 ~ 8.0。

②隔油。中和之后的水中含有过多的焦油和浮油，通过专门的隔油装置从底部去除重油，而轻油则从上部得以去除。

③混凝沉淀。考虑需要去除部分氰化物，一般在混凝阶段加入亚铁，亚铁在中性条件下能和游离态的氰化物形成不溶于水的铁氰络合物，pH 值控制在 8.5 左右，大部分重金属形成氢氧化物沉淀。加入阴离子聚丙酰胺絮凝之后进入沉淀池。

④气浮。气浮的处理对象是去除大部分的轻油和其他挥发性的有机物，通过加入破乳剂和混凝剂，通过破乳反应和混凝反应之后进入气浮机实现污染物的分离。

（2）新型工艺流程。

工艺流程：原水→中和→焦油分离膜→电絮凝→气浮→砂滤→电氧化→脱氨膜→生化调节池。

工艺说明：

①焦油分离膜。焦油的存在造成 COD 高、处理难度大。焦油是有价的物质，可回收资源化利用，同时降低水中的 COD，其回收的原理是利用一种分离膜装在回收的容器内，废水由容器的侧面进入，使用错流过滤，焦油由容器的上端流出，去除焦油后的废水由另一侧流出，从而达到去除焦油的目的。

②电絮凝。电絮凝的反应原理是以金属铁或铝为阳极，在直流电的作用下，阳极被溶蚀，产生 Fe^{3+} 或 Al^{3+}，在经一系列水解、聚合及亚铁的氧化过程后，发展成为各种羟基络合物、多核羟基络合物以至氢氧化物，使废水中的胶态杂质、悬浮杂质凝聚沉淀而分离。同时，带电的污染物颗粒在电场中移动，其部分电荷被电极中和而促使其脱稳聚沉。电絮凝在废水处理及回收利用中，可以克服化学法处理难以解决的问题，能有效去除废水中的重金属离子、COD 及脱色。

③电氧化。电催化氧化的基本原理是使有机污染物直接在电极上得失电子而发生氧化还原转变，或利用在电极反应产生的各种强氧化剂使污染物被降解。主要去除对象为氰化物、酚类以及有机物。

④脱氨膜。采用疏水性的中空纤维微孔膜作为含氨废水和吸收液的屏障，膜的一侧是待处理的氨氮废水，另一侧是酸性吸收液，疏水的微孔结构在两液相间提供一层很薄的气膜结构。废水中游离态的 NH_3 在废水侧通过浓度边界层扩散至疏水微孔膜表面，随后在膜两侧 NH_3 分压差的推动下，NH_3 在废水和微孔膜界面处气化进入膜孔，然后扩散进入吸收液侧与酸性吸收液发生快速的不可逆的反应，从而达到氨氮脱除的目的。

2. 二级处理

二级处理主要去除溶解性的污染物，多数采用生化处理方法。一般工艺通过构筑物设置缺（厌）氧段和好氧段，在好氧段发生含氮有机物的氨化、硝化反应，缺氧段发生反硝化反应，从而达到去除有机物和脱氮的目的。该工艺的特点是流程简单，占地少，反硝化时无须外加碳源，易于控制污泥膨胀，但脱氮效率较低，耐冲击负荷能力差。A^2/O工艺是在A/O法流程前加一个厌氧段，废水中难以降解的有机物在厌氧段开环变为链状化合物，长链化合物变为短链化合物。由于焦化废水中含有大量的喹啉、吡啶和异喹啉等难降解的化合物，增加厌氧段能提高废水的处理效果。

工艺流程：生化调节池→厌氧池（A）→缺氧池（A）→好氧池（O）→二沉池→深度处理系统。

工艺说明：

①厌氧池。在厌氧池内利用厌氧菌的作用，将有机物分解成为甲烷和二氧化碳。由于焦化废水的硫化物高，在此阶段需要平衡还原硫细菌和产甲烷种群数量。还原硫细菌和产甲烷菌有共同的反应底物——乙酸，因此两者在厌氧反应系统里面是竞争的关系，如果还原硫细菌繁殖过快，厌氧系统会产生大量的硫化物，同时也会抑制产甲烷菌的生长，降低厌氧的效率。

②缺氧池。焦化废水的总氮高，在此阶段硝化液回流至此，一部分的生化调节池的废水也泵送至此，在反硝化细菌的作用下发生反硝化反应，把硝酸盐中的氮转化为氮气。由于脱氮效率的需求，硝化液回流需要足够的硝化液回流比。一般的计算公式如下：

$$\eta = R/(R+1)$$

式中，η 为脱氮效率，R 为硝化液回流比。

③好氧池。好氧池内利用好氧生物的作用将焦化废水中的大部分有机物矿化为 CO_2 和水，同时在较低的BOD情况下（BOD小于20 mg/L），硝化细菌把氨氮转化为硝酸盐氮。

④二沉池。二沉池的主要功能是实现泥水分离，把一部分的剩余污泥排放到污泥浓缩池进行压滤，根据生化系统的生物浓度回流适量的污泥到厌氧池，确保整个生化系统的处理效率。

3. 三级处理

三级处理的主要目的是去除生化处理所无法去除的溶解态的污染物，多数采用物化处理方法。常见的物化工艺为：混凝法、高级氧化法、吸附法以及膜分离法等。

工艺流程：

二沉池→脱色池→混凝沉淀池→高级氧化→多介质过滤→超滤→反渗透→产水→熄焦/回用/排放。

如果污水不需要利用锅炉给水技术时，工艺流程一般只包括：二沉池→脱色池→混凝沉淀池→高级氧化→产水。

工艺说明：

①脱色池。一般焦化废水经过生化处理之后的色度无法彻底去除，甚至比生化前的

色度更深，投加季铵盐的有机脱色剂进行脱色。

②混凝沉淀池。在脱色池形成的细小矾花通过投加混凝剂和絮凝剂来形成紧实硕大的矾花，再进入后端的高效沉淀池，通过泥水分离进行分离。

③高级氧化。根据混凝沉淀池的出水水质与排放标准要求水质的比较来确定是否需要此工艺段。一般的高级氧化技术有：芬顿氧化、臭氧催化氧化等。综合分析芬顿氧化与臭氧催化氧化技术的技术特点，效果分析对照表如表6－11所示。

表6－11　芬顿氧化与臭氧催化氧化技术在焦化废水深度处理的应用对比

高级氧化技术	投资成本	占地面积	处理效果	综合运行费用
芬顿氧化	高	大	一般	高
臭氧催化氧化	稍高	较小	优	稍低
综述	芬顿氧化技术产生污泥，臭氧催化氧化技术不产生污泥，因此建议使用臭氧催化氧化技术			

④膜处理段。一般的焦化废水处理不需要进行膜处理，如需要了解多介质过滤、超滤、反渗透等工艺，可以参照给水技术。

6.5.2　焦化废水处理的常用药剂

焦化废水处理的常用药剂主要有混凝剂、氧化剂、水质稳定剂及其他药剂，具体见表6－12。

表6－12　焦化废水处理的常用药剂

类型	名称	特性和作用	配制和投加要求
混凝剂	聚合氯化铝	特性：酸性 作用： （1）用于焦化废水一级处理工艺的混凝反应 （2）用于焦化废水技术三级处理工艺的混凝反应	一般不需要配制，原液通过计量泵精准投加即可，可以通过浊度补偿加药
	聚合硫酸铁	特性：酸性、氧化性 作用： （1）用于焦化废水一级处理工艺的混凝反应 （2）用于焦化废水级处理工艺的混凝反应 （3）用于焦化废水膜处理软化阶段的混凝反应	一般不需要配制，原液通过计量泵精准投加即可，可以通过浊度补偿加药

续上表

类型	名称	特性和作用	配制和投加要求
混凝剂	聚丙烯酰胺	特性：中性、水溶液易分解 作用： （1）用于焦化废水一级处理工艺的絮凝反应 （2）用于焦化废水三级处理工艺的絮凝反应	一般配制浓度为 0.1% ~ 0.3%，配制容器需要遮阳，一般不需要投加
	硫酸亚铁	特性：酸性、还原性 作用： （1）用于焦化废水一级处理工艺的混凝反应 （2）用于焦化废水一级处理工艺的破氰反应 （3）用于焦化废水三级处理工艺的混凝和芬顿反应	不能曝气搅拌，沉淀 pH 高
氧化剂	漂白水	特性：氧化性、腐蚀性、易分解 作用：用于焦化废水一级处理工艺的破氰反应	原液投加，不需要配制，用 ORP 监测自动控制
	双氧水	特性：腐蚀性、氧化性 作用：用于焦化废水三级处理工艺的芬顿反应	原液投加，不需要配制，可以通过 ORP 联动控制
	臭氧	特性：强氧化性 作用：用于焦化废水三级处理工艺的臭氧催化氧化反应	设备内密闭反应产生，不需要配制
水质稳定剂	缓蚀阻垢剂	特性：中性 作用：用于膜组工艺设备的阻垢	配制浓度 10%，通过计量泵在精密过滤器前投加，浓度在 2 mg/L
	软化剂	特性：碱性 作用：用于焦化废水三级处理膜技术软化工艺的软化反应	根据硬度的值按照比例投加，需要调节 pH 才能达到预期效果

续上表

类型	名称	特性和作用	配制和投加要求
其他药剂	柠檬酸	特性：酸性 作用：用于焦化废水三级处理膜技术膜组铁污染堵塞的清洗阶段的清洗	根据膜的污染程度确定加药量和配制浓度
	盐酸	特性：酸性、挥发性 作用：用于焦化废水三级处理膜技术膜组无机垢污染堵塞的清洗阶段的清洗	一般控制 pH 值为 1.0，加入量为膜组中空总容积的 5 倍
	石灰	特性：碱性 作用：用于焦化废水一级处理工艺的中和反应	配制浓度不宜过高，通过 pH 仪表联动计量加药
	片碱	特性：碱性、腐蚀性 作用：用于焦化废水一级处理工艺的中和反应	配制浓度不宜过高，通过 pH 仪表联动计量加药

6.5.3 焦化废水处理案例

1. 项目概况

湖南涟源某焦化厂，焦炭产能 60 万吨/年，现产生废水 1 500 吨/天，于 2015 年建成污水处理系统，并于同年 12 月通过环保验收，占地面积为 2 100 m^2。该厂焦化废水经过系统处理之后能达到《炼焦化学工业污染物排放标准》（GB16171 – 2012）规定的要求。

2. 设计进出水水质

按照项目资料，本项目设计进出水水质如表 6 – 13 所示。

表 6 – 13　设计进出水水质

项目	pH 值	COD/（mg/L）	氨氮/（mg/L）	总氰化物/（mg/L）	挥发酚/（mg/L）	石油类/（mg/L）
进水	7.0 ~ 9.0	≤3 500	≤300	≤5	≤320	≤300
出水	6.0 ~ 9.0	80	10	0.2	0.3	2.5

3. 各单元设计处理能力如表6-14所示

表6-14 各单元设计处理能力

工序	构筑物	HRT/h	温度/℃	去除率求算	处理对象					
					悬浮物	CN^-	挥发酚	COD	氨氮	油类
调节	调节池	24	80	进水/(mg/L)	200	5	320	3 500	300	300
			55	出水/(mg/L)	180	5	310	3 400	280	300
			31	去除率/%	10	—	3	3	7	—
	冷却塔	*	55	进水/(mg/L)	180	5	310	3 400	280	300
			45	出水/(mg/L)	180	5	300	3 400	270	300
			18	去除率/%	—	—	3	—	4	—
预处理	预曝气池	8	45	进水/(mg/L)	1 800	5	300	3 400	270	300
			42	出水/(mg/L)	1 800	0.5	250	2 900	260	250
			7	去除率/%	—	90	17	15	4	17
	隔油池	6	42	进水/(mg/L)	1 800	0.5	250	2 900	260	250
			40	出水/(mg/L)	100	0.4	220	2 300	250	100
			5	去除率/%	94	20	12	21	4	60
	气浮机	0.1	40	进水/(mg/L)	100	0.4	220	2 300	250	100
			38	出水/(mg/L)	20	0.4	200	1 800	250	10
			5	去除率/%	80	—	9	22	—	90
生化处理	生化调节池	2	38	进水/(mg/L)	20	0.4	200	1 800	250	10
			37.5	出水/(mg/L)	20	0.4	200	1 800	250	10
			1	去除率/%	—	—	—	—	—	—
	水解酸化	17	37.5	进水/(mg/L)	—	0.4	200	1 800	250	10
			36	出水/(mg/L)	—	0.2	120	1 400	220	6
			4	去除率/%	—	50	40	22	12	40

续上表

工序	构筑物	HRT/h	温度/℃	去除率求算	处理对象					
					悬浮物	CN^-	挥发酚	COD	氨氮	油类
生化处理	缺氧池	11.8	—	进水/(mg/L)	—	0.2	120	1 400	220	6
			—	出水/(mg/L)	—	0.1	70	780	180	3
			—	去除率/%	—	50	42	44	18	50
	好氧池	48	—	进水/(mg/L)	—	0.1	70	780	180	3
			—	出水/(mg/L)	—	*	7	220	10	0.2
			—	去除率/%	—	—	90	72	94	93
	生化沉淀池	*	—	进水/(mg/L)	—	*	7	220	10	0.2
			—	出水/(mg/L)	—	*	7	220	10	0.1
			—	去除率/%	—	—	—	—	—	50
	MBR	2	—	进水/(mg/L)	—	*	7	220	10	0.1
			—	出水/(mg/L)	—	*	6	160	8	0.1
			—	去除率/%	—	—	14	27	20	—
深度处理	多维催化氧化	0.65	—	进水/(mg/L)	—	*	6	160	8	0.1
			—	出水/(mg/L)	—	*	0.1	60	8	*
			—	去除率/%	—	—	98	63	—	—
	斜板沉淀池	4	—	进水/(mg/L)	—	*	0.1	60	8	*
			—	出水/(mg/L)	—	*	0.1	60	8	*
			—	去除率/%	—	—	—	—	—	—
	BACF	2.5	—	进水/(mg/L)	30	*	0.1	60	8	*
			—	出水/(mg/L)	10	*	*	50	6	*
			—	去除率/%	67	—	—	17	25	—
	回用池	4	—	进水/(mg/L)	—	*	*	40	6	*
			—	出水/(mg/L)	10	*	*	40	6	*
			—	去除率/%	—	—	—	—	—	

注：(1)“HRT”指水力停留时间；“MBR”指膜生物反应器；“BACF”指曝气生物活性炭滤池。(2)“*”指未检出，“—”为不适用。

4. 工艺流程（见图6－13）

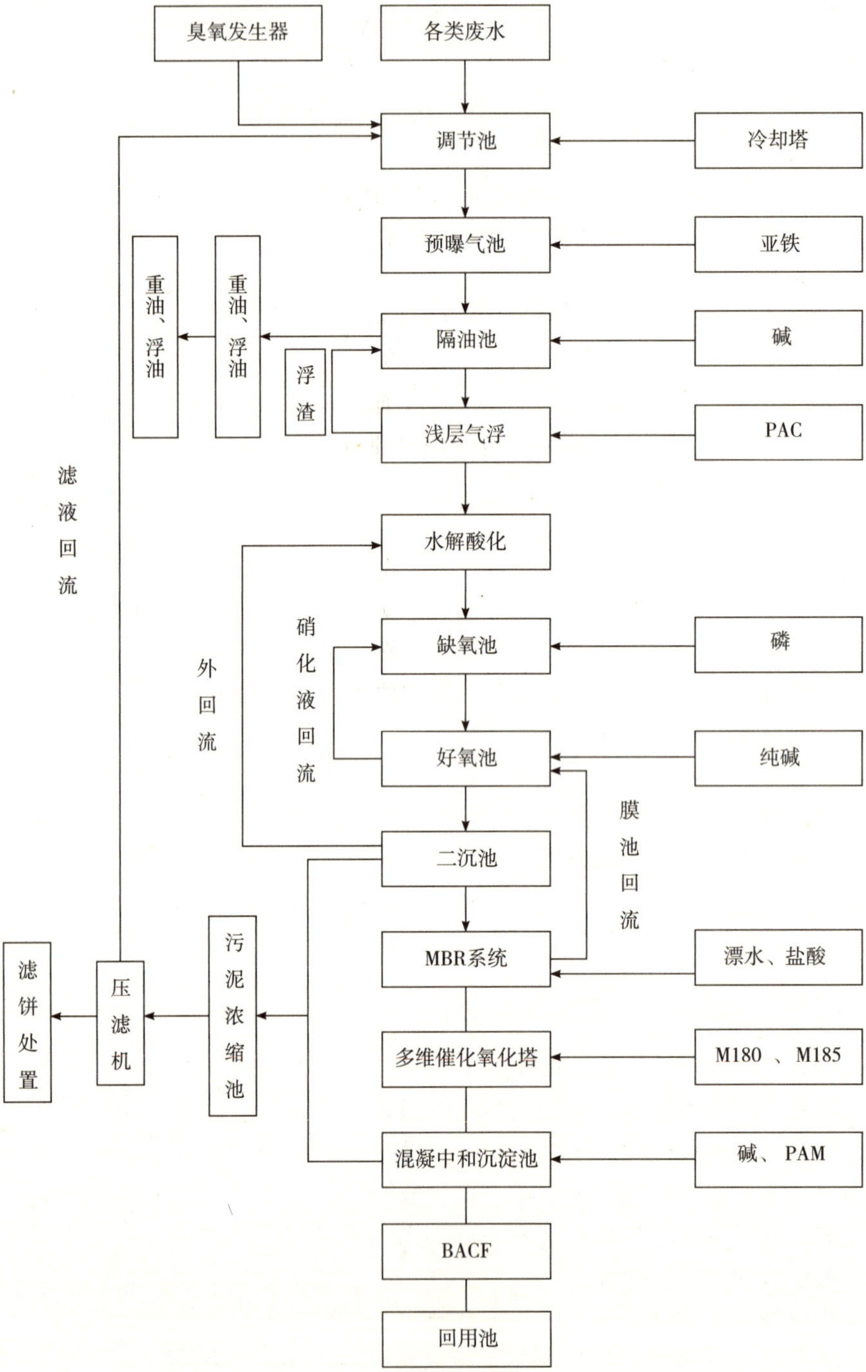

图6－13　湖南涟源某焦化厂废水处理工艺流程图

工艺说明：

（1）废水收集系统。收集熄焦余水和地位渗滤水。

（2）臭氧系统。发生臭氧，用于氧化氰化物、挥发酚，提高 BOD/COD 比。

（3）调节池。为了使管渠和构筑物正常工作，不受废水高峰流量或浓度变化的影响，需在废水处理设施之前设置调节池。

（4）预曝气池（利旧）。进行曝气和加药。

（5）隔油池。

通过加入碱，形成氢氧化物胶体，进入分离区之后重油沉降在底部污泥之中，随污泥进入排除系统，轻油浮在上方进入浮油收集系统，油泥和浮油外运处置。

（6）浅层气浮（新建）。

传统气浮分离区的有效水深通常为 2.1～3 m；浅层气浮因为零速理论的应用，出水管开始出水时，气浮过程已经完成。相比传统气浮，浅层气浮安全区和悬浮物低密度区不需要设置，减少了处理所需的停留时间，目前停留时间在 3～5 min，隔油之后的废水加入 PAC 等进入气浮进行分离，浮渣再回到隔油池。

（7）生化调节池。调节生化进水水质。

（8）水解酸化。

焦化废水所含污染物包括酚类、多环芳香族化合物及含氮、氧、硫的杂环化合物等，是一种典型的含有难降解的有机化合物的工业废水。焦化废水中的易降解有机物主要是酚类化合物和苯类化合物，吡咯、萘、呋喃、咪唑类属于可降解类有机物，难降解的有机物主要有吡啶、咔唑、联苯、三联苯等，需要采用对毒物冲击耐受较强的工艺，因此选择利用水解酸化。

水解（酸化）处理方法是一种介于好氧和厌氧处理法之间的方法，和其他工艺组合可以降低处理成本，提高处理效率。水解酸化工艺根据产甲烷菌与水解产酸菌生长速度不同，将厌氧处理控制在反应时间较短的厌氧处理第一阶段和第二阶段，即在大量水解细菌、酸化菌作用下将不溶性有机物水解为溶解性有机物，将难生物降解的大分子物质转化为易生物降解的小分子物质的过程，从而改善废水的可生化性，为后续处理奠定良好的基础。

（9）厌氧池（新建）。

焦化废水的 COD 高，直接利用好氧反应不仅效果有限而且能耗极大，因此通过对厌氧池构筑物中加入框架填料，让厌氧菌在上面大量增长，废水进入厌氧池与厌氧菌充分接触，从而达到去除有机物、降低 COD 的效果。厌氧生物处理是一个复杂的微生物化学过程，依靠三大主要类群的细菌，即水解产酸细菌、产氢产乙酸细菌和产甲烷细菌的联合作用完成。因而可以粗略地将厌氧消化过程分为三个连续的阶段，即水解酸化阶段、产氢产乙酸阶段和产甲烷阶段。

第一阶段为水解酸化阶段。复杂的大分子、不溶性有机物先分别在细胞外酶的作用下水解为小分子、溶解性有机物，然后渗入细胞体内，分解产生挥发性有机酸、醇类、醛类等。这个阶段主要产生较高级脂肪酸。含氮有机物分解产生的 NH_3 除了提供合成细胞物质的氮源外，还在水中部分电离形成 NH_4HCO_3，具有缓冲消化液 pH 的作用。

第二阶段为产氢产乙酸阶段。在产氢产乙酸细菌的作用下，第一阶段产生的各种有机酸被分解转化成乙酸和 H_2，在降解奇数碳素有机酸时还形成 CO_2。

第三阶段为产甲烷阶段。产甲烷细菌将乙酸、乙酸盐、CO_2和 H_2等转化成甲烷。

（10）缺氧池。

在此项目主要是利用缺氧池反硝化的效果。由于焦化废水的氨氮含量高，根据回流比和反硝化速率计算出对应的停留时间。反硝化反应主要是在反硝化细菌的厌氧或者缺氧的状态下，把硝酸盐还原为 N_2 的过程，从而达到去除总氮的目的。

（11）好氧池。

焦化废水的氨氮有机物等含量高，在好氧池内好氧微生物的作用下对有机物和氨氮进行氧化，最终把有机物氧化成 CO_2、水和硝酸盐。

（12）生化沉淀池。主要是达到分离活性污泥的目的。

（13）MBR 系统。利用中控纤维膜对混合液进行过滤。

（14）多维催化氧化塔。是指以产生氧化能力极强的高活性的羟基自由基（·OH）作为主要氧化剂的氧化过程。工艺组合有 O_3/UV、O_3/H_2O_2、H_2O_2/固体催化剂（金属及其氧化物、活性炭等）、UV/H_2O_2、H_2O_2/Fe^{2+}（芬顿试剂）、电化学氧化、光催化氧化、超声波氧化、催化湿式氧化等组合。与有机物发生反应生成的有机自由基可以继续参加·OH的链式反应。因其氧化能力极强，可将有机物彻底分解，从而达到去除总氰和挥发酚的目的。

（15）混凝中和沉淀池。中和絮凝沉淀，去除 SS。

（16）曝气生物活性炭滤池。

曝气生物活性炭滤池（BACF），是一种采用活性炭颗粒滤料固定生物膜的好氧或缺氧生物反应器。该工艺集生物接触氧化与悬浮物滤床截留功能于一体，是国际上兴起的污水处理新技术。在欧美和日本等国家已有上千座大小各异的污水处理厂应用了这种工艺。它可广泛应用于城市污水、工业污水、酿造厂等有机废水处理，具有去除 SS、COD_{Cr}、BOD、AOX、硝化与反硝化、脱氮除磷的作用，其最大特点是集生物氧化和截留悬浮固体功能于一体。该工艺有机物容积负荷高、水力负荷大、水力停留时间短、出水水质高，因而所需占地面积小、基建投资少、能耗及运行成本低。

（17）污泥浓缩池。

两套系统污泥浓缩共用，把含水率99%的污泥浓缩至97%～98%。

6.6 生活垃圾渗滤液的处理技术及药剂应用

6.6.1 生活垃圾渗滤液的特性及处理工艺认知

1. 生活垃圾渗滤液概述

生活垃圾渗滤液是指生活垃圾在填埋过程中，发生受压发酵等物理和生化反应，受到降水渗透淋洗而产生的液体。根据生活垃圾填埋的时间长短可分为前期渗滤液、中后期渗滤液和封场后渗滤液。一个选址合理科学、处置规范的生活垃圾填埋场是不应受到地表水和地下水直接影响的，渗滤液的产生量仅与当地的降雨量、渗漏量和生活垃圾自身的生化反应速率相关。

生活垃圾渗滤液具有明显特征：第一，有机污染物浓度很高，COD浓度可高达数万毫克每升。第二，颜色深，恶臭味重，这是有机物在长期的厌氧发酵中所形成的。第三，氨氮含量高，这是含氮有机物在厌氧分解过程中的必然产物。第四，金属离子的含量较高。据统计，渗滤液中可检测出的金属离子达26种，其中Cu、Zn、Pb、Cr、Cd、Hg等金属离子一般均可检出，这与我国生活垃圾分类收集不够严密有关联。第五，微生物所需营养元素比例失调，生活垃圾渗滤液BOD浓度高，一般磷元素比例较低，随着填埋过程的进行，中后期和封场后渗滤液中C/N比例不断走低，不利于生化处理。

我国生活垃圾填埋场渗滤液水质参考值见表6－15。

表6－15　我国生活垃圾填埋场渗滤液水质

单位：mg/L

项　目	初期渗滤液	中后期渗滤液	封场后渗滤液
BOD_5	4 000～20 000	2 000～4 000	300～2 000
COD	10 000～30 000	5 000～10 000	1 000～5 000
NH_3-N	200～2 000	500～3 000	1 000～3 000
SS	500～2 000	200～1 500	200～1 000
pH	5.0～8.0	6.0～8.0	6.0～9.0

2. 生活垃圾渗滤液的处理工艺

生活垃圾渗滤液处理一般可分为预处理、生物处理和深度处理三个阶段。《生活垃圾填埋场渗滤液处理工程技术规范》（HJ 564—2010）推荐的工艺流程图如图6－14所示。

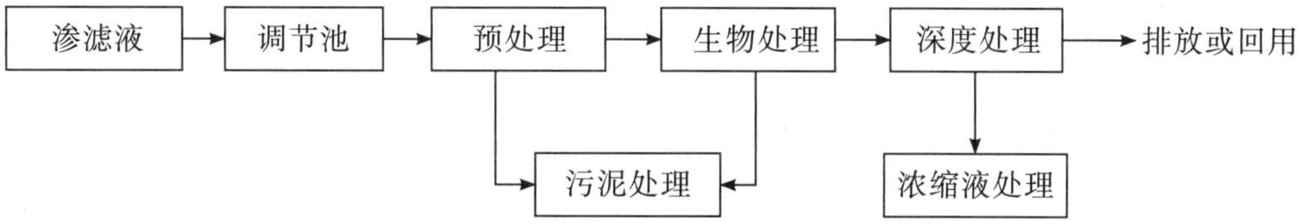

图6－14　生活垃圾填埋场渗滤液处理工艺流程

预处理的作用和目的有：①降低渗滤液中有害金属离子的含量，利于后续生化反应的进行；②削减有机负荷，使COD、BOD_5、SS大幅度降低；③降低氨氮浓度，提高C/N比，使后续生化反应能顺利进行；④提高可生化性，使BOD_5/COD值有所提高。

预处理目前常采用混凝法和脱氨法组合。混凝剂常采用聚合氯化铝、聚合硫酸铁、硫酸铝、硫酸铁、氯化铁、聚丙烯酰胺等，可以单独使用，也可以复配使用。混凝法可以很好地起到预处理的作用，同时产生大量的污泥，污泥应委托专业公司处理或并入市政污水处理厂污泥处理系统。脱氨目前常采用氨吹脱法。该工艺分为两步：第一步调节

pH 为强碱性（pH 值约为 10.5），使 NH_3 占氨氮的比例大幅提高；第二步，向渗滤液中通入微小气泡，使 NH_3 转移到气泡中并随气泡排除。吹脱法产生的尾气应综合利用处理，不能随意排放。

生物处理常采用厌氧生物处理与好氧生物处理工艺相结合工艺，处理对象是渗滤液中的可生物降解的有机污染物。厌氧生物处理常采用 UASB 工艺，可以进一步有效大幅削减有机负荷，其设计和运行主要参数为：①常温消化温度为 20～30 ℃，中温消化温度为 30～38 ℃；②COD 容积负荷为 5～15 kg/（m^3·d）；③pH 值范围为 6.5～7.8。好氧生物处理宜采用膜生物反应器或氧化沟法。膜生物反应器是生物法与膜法的有机结合，不仅节省了二次沉淀池的占地面积和投资费用，更重要的是大大提高了污泥浓度，提高了容积负荷，降低了污泥负荷，保持较长污泥龄，使剩余污泥的产量很低，同时使出水水质变得更好且更稳定。应用于膜生物反应器中的膜常采用微滤膜或超滤膜。膜生物反应器的工艺参数见表 6－16。

表 6－16　膜生物反应器的工艺参数

项　目	内置式膜生物反应器	外置式膜生物反应器
污泥浓度/（mg/L）	8 000～10 000	10 000～15 000
BOD_5污泥负荷/［kg/（kg·d）］	0.08～0.30	0.20～0.60
NO_3^-—N 污泥负荷［kg/（kg·d）］	0.05～0.25	0.05～0.30
进水 COD/（mg/L）	1 000～20 000	1 000～20 000

氧化沟法污泥龄长，出水水质较好，也常常应用于渗滤液处理，其工艺参数见表 6－17。

表 6－17　氧化沟法的工艺参数

项　目	参　数
进水 COD/（mg/L）	2 000～5 000
BOD_5污泥负荷/［kg/（kg·d）］	0.05～0.20
污泥浓度/（mg/L）	3 000～5 500
污泥龄/d	15～30

渗滤液的深度处理对象主要是色度、臭味、细菌和剩余 COD 等，目的是为了全面达到《生活垃圾填埋场控制标准》（GB 16889—2008）排放要求，常常采用纳滤和反渗透串联工艺。纳滤与反渗透的主要工艺参数分别见表 6－18 和表 6－19。

表 6－18　纳滤的主要工艺参数

项　目	参　数
进水 SS/（mg/L）	<100
进水电导率/（mS/m）	<0.4
进水水温/℃	8～30
进水 pH 值	5.0～7.0
膜通量/［m^3/（m^2·h）］	0.015～0.02
水回收率/%	>80

表 6－19　反渗透的主要工艺参数

项　目	参　数
进水 SS/（mg/L）	<50
进水电导率/（mS/m）	<0.25
进水温度/℃	8～30
膜通量/［m^3/（m^2·h）］	0.01～0.015
水回收率/%	>70

6.6.2　生活垃圾渗滤液处理的药剂应用

1. 应用于混凝处理

混凝法目前广泛应用于生活垃圾渗滤液生化处理中，既可以作为预处理的重要方法，又可用于生化处理后的深度处理。用于预处理时，不仅削减有机负荷、去除难降解有机物效果明显，而且对去除有害金属离子、NH_3—N、色度作用也很显著；不仅提高了BOD/COD 比值，增加了 C/N 值比，还减少了抑制微生物增殖组分的负面影响，对后续生化处理十分有利。

关于混凝剂的选择，湖南大学柳娴做了细致的比选工作，从 $Al_2(SO_4)_3$、$AlCl_3$、$Fe_2(SO_4)_3$、$FeCl_3$、PAC、PFS、PAFC 等七种混凝剂中筛选出 PFS 用于处理中后期生活垃圾渗滤液。其最佳投加量为 8 000 mg/L，混凝初始 pH 值为 6.0，实现了渗滤液中COD、色度、浊度、腐殖酸、SS 以及 NH_3—N 同时有效去除。

华东理工大学尚爱安等也就 $Al_2(SO_4)_3$、PAC、PFS、$FeCl_3$ 等混凝剂进行了比选，用于预处理上海市老港填埋物 COD 初始浓度为 12 000～22 000 mg/L 渗滤液，投加量为2 400 mg/L，COD 去除率为 11%～30.5%，其中以 PFS 处理效果最好，絮状体沉降性能好。用于处理生化处理后渗滤液时，采用 PFS 为混凝剂，投加量为 800 mg/L，pH 值为 6.0 时，COD 从 658 mg/L 下降到 264 mg/L，去除率达到 59.8%。

2. 应用于化学沉淀法去除氨氮

生活垃圾渗滤液中高浓度的氨氮会抑制后续生化反应的进行，因此目前常常在预处理阶段采用吹脱法去除。吹脱法去除氨氮需要两次调节 pH，耗费大量药剂，同时释放的氨气需要综合治理，运行费用较高，促使业内人士进一步寻求更妥当的处理方法。用化学法除氨氮就是一种较好的选择。具体方法是根据氨氮含量，定量投加 Mg^{2+} 和 PO_4^{3-}，并小幅度调节 pH 至碱性即可生成 $MgNH_4PO_4$ 沉淀。该沉淀无毒副作用，而且在沉降过程中会吸附渗滤液中部分污染物质，据报道可削减高达 40% 的 COD。采用富含磷酸盐和镁的鸟粪石替代化学试剂也有类似的处理效果。

3. 应用于高级氧化

目前广泛采用生化处理与 NF－RO 组合工艺处理生活垃圾渗滤液，在纳滤、反渗滤处理过程中产生大量浓缩液，按纳滤产水率 80%、反渗透产水率 70% 推算，浓缩液的产生量约占生化处理出水的 44%。浓缩液的处理常用回灌法和浓缩燃烧法，回灌法即将浓缩液回灌到生活垃圾填埋堆体中，这势必将导致盐分和其他部分有害废物的积累效应，使生化处理过程深受影响，并且可能发生中毒反应而不能正常运行。浓缩燃烧法是现行规范的处理方法，但一次性投资和运行费用一直居高不下。

探索高级氧化与生化处理工艺相结合可能是未来处理渗滤液的发展趋势，据报道，采用芬顿氧化法或臭氧氧化法在最佳实验条件下可使 COD 去除率分别达到 46% 和 72%，同时使渗滤液的可生化性提高。A. Lopez 等利用芬顿法处理垃圾渗滤液，研究结果表明：在 Fe^{2+} 用量为 275 mg/L、H_2O_2 用量为 3 300 mg/L、pH 值为 3.0、反应时间为 2 h 条件下，BOD/COD 从 0.2 升至 0.5；在 Fe^{2+} 用量为 830 mg/L、H_2O_2 用量为 10 000 mg/L 条件下，COD 从 10 540 mg/L 降至 4 216 mg/L，去除率最高可达 60%。我国采用“高级氧化＋生化处理”组合工艺的工程实例已相继在上海某垃圾处理场和杭州天子岭垃圾填埋厂投产运行。据陈雷等测算：以 100 t/d 的垃圾渗滤液处理规模核算，“高级氧化＋生化处理”总投资约为 300 万～500 万元，运行费用约为 35 元/吨；常规“生化处理＋膜法”工艺总投资约为 500 万～1 500 万元，运行费用约为 50 元/吨，高级氧化与生化处理工艺相结合具有良好的应用前景。

6.6.3 垃圾渗滤液处理案例

物化—生化—反渗透工艺处理垃圾渗滤液工程实例

卫生填埋是目前国内外应用最广泛的城市垃圾处置方式。填埋垃圾中有机物质分解产生的水和垃圾中的游离水、降水以及渗入的地下水，通过淋溶作用形成的垃圾渗滤液，是一种含高浓度氨氮和难降解有机物、成分复杂、危害性大的废水。废水中还含有重金属和有毒污染物，如不妥善处理则会对周围环境及地下水造成严重污染。

山西某固废处置中心主要负责城市生活垃圾处理工程，填埋库容为320万立方米，处理量为400 t/d。初建时，该固废处理中心未设置废水处理装置，渗滤液主要通过导排管收集排入调节池，后回喷至填埋场。随着垃圾渗滤液的逐年增加，回灌工艺已无法对渗滤液进行有效处理，生活垃圾填埋场需增设废水处理装置，以达到《生活垃圾填埋场污染控制标准》（GB 16889—2008）排放要求。

1. 水质与水量

根据建设方提供的资料以及现场考察、处理后的有关要求，渗滤液处理站的设计规模确定为100 m^3/d，运行时间24 h。进水水质和排放要求如表6－20所示。

表6－20　进水水质及排放要求

项目	COD/（$mg \cdot L^{-1}$）	BOD/（$mg \cdot L^{-1}$）	NH_3—N（$mg \cdot L^{-1}$）	SS/（$mg \cdot L^{-1}$）	pH值
进水	4 500	2 176	200	600	6.0～8.0
出水	30	100	25	30	6.0～9.0

2. 工艺流程及特点

垃圾渗滤液废水成分复杂，其水质水量因填埋垃圾的组成、规模大小、填埋方式、埋龄以及季节的不同会出现很大的差异，因此其一直是工业废水处理的难点。渗滤液的处理技术主要有物化法、生化法以及土地处理法。目前，渗滤液的处理以生物法为主，处理效果较好的生物法主要有好氧处理、厌氧处理及好氧—厌氧结合的方法。研究表明，厌氧—好氧组合工艺处理垃圾渗滤液是一种经济、有效的方法，既能充分发挥厌氧生物法的优点，又能达到很好的生物脱氮效果。生化处理后废水中的COD多为难降解有机物，反渗透技术可对其进行有效的深度处理，确保出水水质稳定达标。结合工程实际情况综合评估后，确定采用物化—生化—反渗透工艺处理该工程产生的垃圾渗滤液，主要设计工艺流程如图6－15所示。

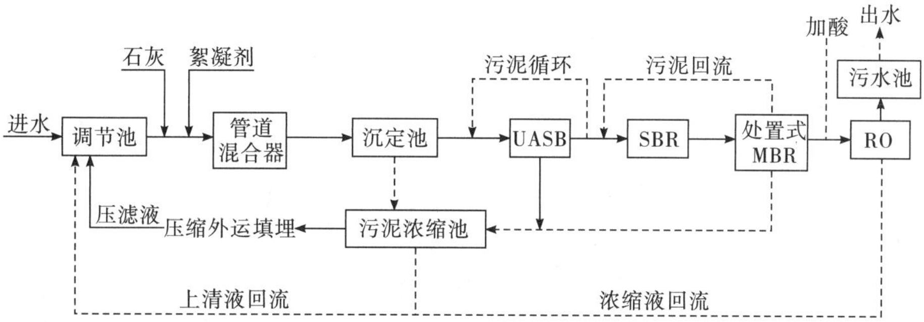

图6－15　废水处理工艺流程

垃圾渗滤液中SS较高，通过絮凝沉淀可对SS进行有效去除，选用聚合氯化铝（PAC）作为絮凝剂。为去除渗滤液中含有的重金属，同时投加石灰乳。废水由提升泵泵入管道混合器使药剂和渗滤液充分混合，之后流入沉淀池进行泥水分离。

沉淀池上清液由管道泵泵入上流式厌氧污泥床反应器（UASB），其内设气体、固体、液体三相分离器。待处理的废水从反应器底部进入配水系统，与污泥床中的污泥进行混合接触，污泥中的微生物分解废水中的有机物而转化为沼气，经三相分离器将沼气收集并分离，污泥沉淀后返回污泥床，出水经溢流堰排除。UASB 可大幅度去除废水中的有机物，减轻后续处理构筑物的处理负荷，减少工程投资。

厌氧出水经收集系统自流入好氧生化系统：SBR 反应池 + 外置式膜生化反应器（MBR）。

SBR 生化池集均化、初沉、生物降解、二沉等功能于一池，无污泥回流系统。MBR 是膜分离技术与生物技术有机结合的新型废水处理技术，利用膜分离设备将生化反应池中的活性污泥和大分子有机物质截留，使得系统内维持较高的微生物浓度，从而提高反应装置对污染物的整体去除效果，去除渗滤液中难降解的有机物和氨氮。并且该反应器可实现水力停留时间（HRT）和污泥停留时间（SRT）分别控制，运行操作更加灵活。

MBR 分为内置式和外置式两种。外置式 MBR 采用错流式管式超滤膜，每条超滤环路设有循环泵，可使活性污泥在膜管中形成紊流状态，从而避免污泥在膜管中堵塞，因此本案例选用外置式 MBR。

为使出水水质能稳定达标，强化排水安全防护，方案最后设置了反渗透（RO）系统。其在压力驱动下，借助于半透膜的选择截留作用将溶液中的溶质与溶剂分开，是有效的深度处理方式。反渗透装置会产生 20% ~25% 的浓缩液。浓缩液具有不可降解污染物浓度高、难处理等特点，处置不当会产生二次污染，考虑到本地区水的蒸发量大于降雨量的特点，可将浓缩液通过现有回喷系统回喷至垃圾堆体，不外排。

（1）预处理工艺。

调节池：渗滤液经导排管收集输送到调节池，进行水质水量的调节。调节池利用填埋场现有构筑物，为有效地阻止臭气自由挥发给大气造成污染，减少雨水流进池内从而减少污水的处理量，在渗滤液调节池上安装浮盖膜。浮盖采用 2 mm 厚的 HDPE 膜，通过焊接成为覆盖膜整体。调节池为钢筋混凝土结构，共 2 座，尺寸为 30 m × 15 m × 6 m，有效容积为 4 750 m^3，配备 50GW10 - 10 - 0.75 型号提升泵 2 台（1 用 1 备）。同时调节池内沿池壁四周设置闭路气体收集管系统，用于收集污水产生的气体，然后高空排放。

混凝反应装置：均质后的渗滤液经提升泵流经管道混合器，与药剂混合均匀后流入竖流沉淀池进行固液分离，在废水流经管道混合器前通过加药装置分别计量投加 PAC 和石灰。配备 DN50 管道混合器 1 台、80 L 的加药装置 2 台、尺寸为 1.4 m × 1 m 加药罐 2 个、ACS602 型号加药泵 2 台，分别用于投加 PAC 和石灰。

沉淀池：选用竖流式沉淀池，中心进水管进水，由周边出水，靠空气压力进行排泥。沉淀池是预处理的重要组成部分，主要去除废水中细小的悬浮物、胶体污染物质和重金属。双面搪瓷结构，共 1 座，尺寸为 3.82 m × 4.2 m，有效容积为 34 m^2，HRT 为 5 h，配备 50GW10 - 10 - 0.75 型号污泥泵 1 台、50GW10 - 10 - 0.75 型号管道泵 2 台（1 用 1 备）。

（2）生化处理工艺。

UASB 反应器：沉淀池出水泵入上流式厌氧污泥床反应器（UASB），厌氧将原污水中的非溶解性有机物转变为溶解性有机物，将难降解的有机物转化为易生物降解的有机物，提高废水的可生化性。地上式，双面搪瓷结构，共1座。设计处理流量5 m^3/h，容积负荷2.29 kg/（m^3·d），平面尺寸6.11 m×8.4 m，HRT为55 h。配备50CW10－10－0.75型号内循环泵1台，用于污泥循环。

SBR反应池：厌氧处理后渗滤液自流入SBR生化池，由鼓风曝气机间歇式曝气。曝气4 h，停曝2 h，循环进行。双面搪瓷结构，共1座，尺寸为4.58 m×4.2 m，HRT为14 h。配备SBR曝气装置1套、50CW10－10－0.75型号回流泵1台，将MBR反应器的污泥回流至SBR反应池。

外置式MBR反应器：MBR采用膜组件进一步去除废水中的有机物，强化生物反应。膜组件采用单排式膜架，尺寸为1.73 m×0.875 m×2.3 m。反应器采用中空纤维超滤膜，底部设有孔管，孔径为3 mm，用以冲洗膜和曝气；玻璃钢结构，共1座，尺寸为3 m×3 m×3 m，容积为22 m^3，HRT为4.5 h。配备膜组件1组，膜面积共计125 m^2。

（3）污泥处理工艺。

污泥浓缩池可有效降低污泥含水率，从而大大降低污泥的体积，降低后续处理的负荷，但浓缩的污泥含水率仍然较高，需进行污泥脱水。沉淀池、厌氧池、MBR产生的污泥经管道收集排入污泥池，浓缩处理后的污泥经板框压滤机脱水后外运到填埋场填埋，压滤液浓缩池上清液回流至调节池再处理。玻璃钢结构，共1座，污泥处理量为1 m^3/h，尺寸为3 m×3 m×3 m，浓缩时间为10 h，配备50GW10－10－0.75型号污泥泵2台（1用1备）。

（4）深度处理工艺。

RO系统：生化处理后的废水进入RO系统，进一步纯化废水。设计采用RO－40型反渗透装置1套，包括：提升泵、精密过滤器、高压泵、反渗透组件、配套仪表、阀门、管件、本体组架以及加药设备、清洗设备等。配备80 L的加药装置1台、尺寸为1.4 m×1 m加药罐1个、ACS602型号加药泵1台，用于投加盐酸。

清水池：MBR出水由自吸泵提升至清水池。清水池内设置1台反冲洗水泵，用于MBR和反渗透装置的冲洗以及加药罐的用水。玻璃钢结构，共1座，平面尺寸为3 m×3 m×3 m，配备CDL 4－30型号反冲洗泵2台（1用1备）、CDLA－4型号自吸泵2台（1用1备）。

（5）控制系统。

①PLC自控系统。

整个系统采用"集中监测、分散控制"的方式，工业控制计算机作为中央操作工作站，用1台工控机和DCS组态软件组态。根据工艺要求，控制系统的控制范围是废水生化处理系统（加药系统、各类水箱、各类水泵及故障监控等）。

②控制间。

控制间内设置PLC自控系统、配电柜、水质监测仪、反渗透出水监测仪，控制和监测水质的变化情况。轻钢结构，共1间，平面尺寸为2.7 m×10 m×3 m。

3. 运行效果

工程调试及运行结果表明，系统运行稳定，出水水质达到了《生活垃圾填埋场污染控制标准》（GB 16889—2008）排放标准。处理达标后的中水，部分送至废物厂综合利用，剩余部分回用于垃圾填埋场生产用水（包括填埋区抑尘洒水、道路洒水、洗车用水）和厂区绿化用水。工艺各单元 COD 和 NH_3—N 处理效果如表 6－21 所示。

表 6－21　各主体构筑物出水指标

构筑物	COD/（$mg \cdot L^{-1}$）	COD 去除率/%	NH_3—N/（$mg \cdot L^{-1}$）	NH_3—N 去除率/%
进水	5 000	—	400	—
混凝沉淀	4 500	10	400	0
UASB	675	85	704	－76
SBR＋MBR	27	96	7.04	99
RO	10.8	60	2.82	55.94

4. 成本分析

工程总投资 769.99 万元，其中土建工程 118.35 万元，设备和材料费用 537.08 万元，其他费用 114.56 万元。运行成本为：人工 8 元/吨，电费 5 元/吨，药剂费 0.615 4 元/吨，膜更换费用 0.783 8 元/吨，合计吨水运行费用 14.4 元。

5. 结论

生化法辅助絮凝沉淀预处理和反渗透深度处理可有效去除垃圾渗滤液中的污染物，可达到回用相关标准，并具有适应性强、效果明显、运行稳定的优势。该工程运行后，大大减轻了该项目对周边环境的影响，具有显著的环境效益、社会效益和较好的经济效益。

低能耗、高负荷的 UASB 与 SBR 相结合的处理工艺是有效去除垃圾渗滤液中有机物及氨氮的方式，是该系统工艺的主体处理工艺。

渗滤液废水在生化蒸发阶段会产生一定的有害气体及臭味，对大气环境有一定的影响。

该系统采用 PLC 自控系统，自动化程度高，操作简单，管理方便，可实现自动远程控制。该工艺灵活性好，占地面积小，易于在土地面积有限的厂区推行。

资料来源：林红，王增长，王小飞．物化—生化—反渗透工艺处理垃圾渗滤液工程实例［J］．工业水处理，2015（9）：90－92.

6.7　城镇生活污水的处理技术及药剂应用

6.7.1　城镇生活污水概况

与发达国家相比，我国城市污水处理率较低，其主要原因是我国的城市污水处理厂建设滞后。据资料介绍，美国现在平均每 1 万人就拥有 1 座污水处理厂，英国和德国每

7 000～8 000 人拥有 1 座污水处理厂。而我国城镇人口中，平均每 150 万人才拥有 1 座污水处理厂。据中华人民共和国住房和城乡建设部通报的全国污水处理情况，目前已建成的污水处理厂，除正在调试运行的外，尚有不能正常运行的。其原因主要有：第一，对污水处理组织管理不力，致使有的污水处理厂已建成半年甚至一年仍未运行。第二，一些已建成污水处理厂的城市仍未开征污水处理费，或收费标准和征缴率低，经费少，难以保障污水处理设施的正常运行。第三，污水收集管网建设滞后，污水处理厂运行负荷率低，甚至难以运行。第四，地方配套资金不落实，影响污水处理厂调试运行。另外，还有部分城市污水处理厂设计规模偏大，过度超前，造成设施能力部分闲置，不能充分发挥效益。

6.7.1.1 生活污水的来源

生活污水是人们日常生活中排出的废水。其是从住户、公共设施（饭店、宾馆、影剧院、体育场馆、机关、学校和商店等）和工厂的厨房、卫生间、浴室和洗衣房等生活设施中排放的废水。这类污水的水质特点是含有较高的有机物，如淀粉、蛋白质、油脂等，以及氮、磷等无机物，此外，还含有病原微生物和较多的悬浮物。相比工业废水，生活污水的水质一般比较稳定，浓度较低。

6.7.1.2 生活污水的性质

1. 物理性质

城市污水的物理性质包括颜色、气味、水温、氧化还原电位等指标。

（1）颜色。

以生活污水为主的污水厂，进水颜色通常为灰褐色，这种污水比较新鲜，但实际上进水的颜色通常变化不定，这取决于城市地下水管道的排水条件和排入的工业废水的影响。如果进水呈黑色且臭味特别严重，则说明污水陈腐，可能在管道中存积太久；如果进水中混有明显可辨的其他颜色如红、绿、黄等，则说明有工业废水进入。对于一个已建成的污水厂来说，只要它的服务范围与服务对象不发生大的变化，则进水的污水颜色一般变化不大。我们要按流程逐个观测各污水池上的污水颜色。此外，活性污泥的颜色也有助于判断构筑物运转状态，活性污泥正常的颜色为黄褐色，正常的气味应为土腥味。工作人员在现场巡视中应有意识地观察与嗅闻，如果颜色变黑或闻到腐化的气味，则说明供氧不足，或污泥已发生腐化。

（2）气味。

污水厂进水的气味除了正常的粪臭味外，有时在集水井附近还有臭鸡蛋味，这是管道内因污水腐化而产生的少量 H_2S 气体所致。活性污泥混合液也有一定气味，如果当操作工人在曝气池旁嗅到一股土腥味时，就能断定曝气池运转良好。若闻到城市污水中有汽油味、香味等，可能是有工业废水排入。

（3）水温。

水温对曝气生化反应有着很大的影响。一个污水厂的水温随季节转换而缓慢变化，一天内几乎无甚变化。如果在一天内变化很大，则需要进行检查是否有工业冷却水进入。

（4）氧化还原电位。

正常的城市污水具有约 +100 mV 的氧化还原电位，如果氧化还原电位小于 +40 mV 或是负值，说明污水已经厌氧发酵或有工业还原剂的大量排放；如果氧化还原电位超过 +300 mV，说明有工业氧化剂废水大量排入。

2. 化学指标

城市污水的化学指标很多，包括酸碱度（pH）、生化需氧量（BOD）、化学需氧量（COD）、固体物质、氨氮（NH_3—N）、总磷（TP）以及重金属含量等。

（1）酸碱度（pH）。

城市污水 pH 值一般为 6.5～7.5。pH 微小降低可能是城市污水输送管道中的厌氧发酵导致的。雨季时进水 pH 较低往往是城市酸雨造成的，这在合流系统尤其突出。pH 突然大幅度变化，不论是升高还是降低，通常是由于工业废水的大量排入造成的。

（2）生化需氧量（BOD）。

城市污水处理中，常用生化需氧量 BOD 指标反映污水中有机污染物的浓度。生化需氧量是在指定的温度和指定的时间段内，微生物在分解、氧化水中的有机物过程中所需要的氧的数量，单位为 mg/L。由于微生物的好氧分解速度开始很快，约 5 天后其需氧量即达到完全分解需氧量的 70% 左右，因此在实际操作中常用 5 天生化需氧量（BOD_5）来衡量污水中有机物的浓度。

（3）化学需氧量（COD）。

化学需氧量是指用强氧化剂使被测废水中的有机物进行化学氧化时所消耗的氧的数量。COD 测定速度快，不受水质限制，用其指导生产较方便。常用的氧化剂 $K_2Cr_2O_7$ 的氧化能力很强，能使污水中的绝大部分有机物氧化。

在城市污水处理分析中，把 BOD_5/COD 的比值作为可生化性指标。当 $BOD_5/COD \geq 0.3$ 时，可生化性较好，适宜采用生化处理工艺。城市污水的 BOD_5 和 COD 的均值之间保持着一定的相关关系，通过大量的数据分析对比，可以从 COD 值近似推求 BOD_5 值。

（4）溶解固体（DS）和悬浮固体（SS）。

城市污水中含有大量的固体物质，按其物理性质可分为悬浮固体（SS）和溶解固体（DS）。悬浮固体简称悬浮物，是检测污水的重要指标。SS 指标的意义为：①表示污水的污染情况，其含量的多少直接影响着水环境的外观情况；②可以反映用简单沉淀法去除污染物的效果和难易程度。

（5）总氮（TN）、氨氮（NH_3—N）和总磷（TP）。

氮、磷含量是重要的污水水质指标之一。在污水生化处理过程中微生物的新陈代谢需要消耗一定量的氮、磷，如果氮、磷排入水体中，将会导致水体中藻类的超量增长，造成水体富营养化。

总氮是污水中各类有机氮和无机氮的总和。氨氮是无机氮的一种，总磷是污水中各类有机磷和无机磷的总和。

（6）生物指标。

目前应用较多的生物指标是细菌总数和总大肠杆菌数，在生活污水、医院污水中常可检测到。

6.7.2 城镇生活污水处理

6.7.2.1 污水处理方法

城市污水处理方法，按原理可分为物理处理法、化学处理法和生物处理法三类。

物理处理法：利用物理作用分离污水中呈悬浮状态的固体污染物质的处理方法，主要有筛滤法（格栅、筛网）、沉淀法（沉砂池、沉淀池）、气浮法、过滤法（快滤池、慢滤池等）和反渗透法（有机高分子半渗透膜）等。

化学处理法：利用化学反应处理污水中的污染物质的处理方法，主要有中和、电解、氧化还原、电渗析、气提、吸附、吹脱、萃取等。

生物处理法：利用微生物的代谢作用，使污水中呈溶解性、胶体状态的有机污染物转化为稳定的无害物质的处理方法。主要可分为两大类：利用好氧微生物作用的好氧氧化法和利用厌氧微生物作用的厌氧处理法。好氧氧化法广泛用于处理城市污水，主要有活性污泥法（氧化沟、曝气池等）、生物膜法（生物转盘、生物滤池、接触氧化等）；厌氧处理法主要有厌氧塘处理法以及污泥的厌氧消化池处理法等。

6.7.2.2 城市污水的常规处理工艺

按照处理程度，城市污水的常规处理可以分为一级、二级和三级污水处理工艺。有污水需要处理的单位，也可以到污水宝项目服务平台咨询具备类似污水处理经验的企业。

（1）一级强化处理工艺。

非重点流域和非水源保护区的建制镇，根据当地经济条件和水污染的控制要求，可先实行一级强化处理，分期实行二级处理。一级强化污水处理工艺主要包括物化强化处理法（混凝沉淀法）、AB 法前段工艺、水解好氧法前段工艺和高负荷活性污泥法（即 AB 法之 A 段）等。

（2）二级处理工艺。

设市城市和重点流域和水源保护区的建制镇，必须建设二级污水处理厂，可分期分批实施。

二级处理可选用氧化沟法、SBR 法、水解好氧法、AB 法和曝气生物滤池（BAF）等技术，也可选用常规活性污泥法。

（3）三级强化处理工艺。

受纳水体为封闭或半封闭水体时，为防止水体富营养化，城市污水应进行三级强化处理，增强脱氮除磷的效果。三级处理工艺是指除有效去除碳源污染物外，且具备较强的脱氮除磷功能的处理工艺。

在对污染物有较严控制要求的地区，污水处理工艺除选用 A^2/O 工艺、A/O 工艺外，也可选用具有脱氮除磷效果的氧化沟法、SBR 法和生物滤池等技术，必要时也可选用物化方法强化除磷效果。

6.7.2.3 现阶段城市污水的主要处理工艺

1. AB 法工艺

（1）AB 法工艺原理。

AB 法是一种充分利用整个下水道系统中所繁殖的微生物的活动，使污水先进行短时间的吸附曝气处理，形成两种各自与其水质和运行条件对应的完全不同的微生物群落，通过物理—生物化学作用过程，达到处理污水目的的方法。

（2）AB 法工艺流程。

AB 法工艺流程如图 6－16 所示。

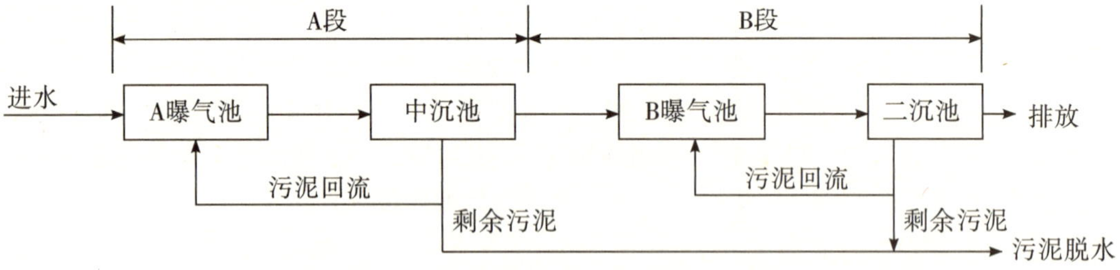

图 6－16 AB 法工艺流程

在处理过程中，A 段通常在缺氧环境中运行，A 段对于水质、水量、pH 和有毒物质等的冲击负荷有巨大的缓冲作用，能为后面的 B 段创造一个良好的进水环境。A、B 两段的 BOD_5 去除率为 90%～95%、COD 去除率为 80%～90%、TP 去除率为 50%～70%、TN 的去除率为 30%～40%。若想提高 AB 工艺的脱氮除磷效果，可将 B 段设计为脱氮除磷工艺。

（3）AB 法的优缺点。

主要优点：①技术成熟，处理高浓度生活污水效果好。②出水稳定，水质高。③对老厂的革新挖潜有明显效果。④能处理浓度较高、水质水量变化较大的污水。⑤可以应用于寒冷地区的生物处理系统。

主要缺点：①脱氮除磷效果不理想。②处理流程长，新建投资也较大。③污泥量多。

2. SBR 法工艺

序批式活性污泥法，又称间歇式活性污泥法，简称 SBR 法，是间歇运行的污水生物处理工艺。近年来，该工艺的研究与应用日益广泛。

（1）SBR 法工艺原理。

SBR 法的工艺设施是由曝气装置、上清液排出装置以及其他附属设备组成的反应器。以污水中有机物作为培养基，在有氧的条件下对各种微生物群落进行混合连续培养，形成活性污泥，利用活性污泥在污水中的凝聚、吸附、氧化分解和沉淀等作用过程，去除污水中的有机污染物。同时，微生物细胞增殖，最后将微生物细胞物质（活性污泥）与水沉淀分离，废水得以处理。

（2）SBR 法工艺流程。

SBR 法工艺流程如图 6－17 所示。

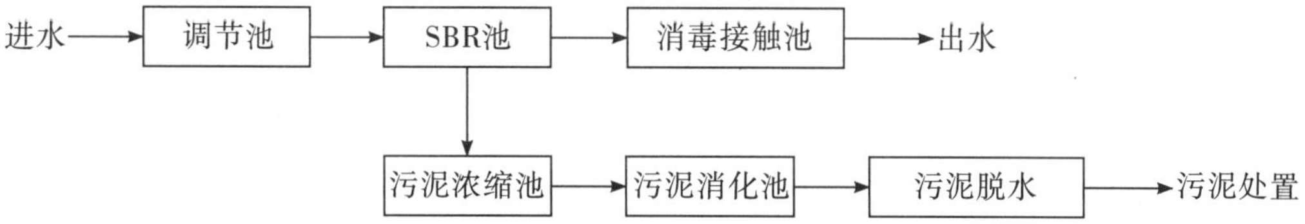

图 6－17　SBR 法工艺流程

SBR 法按有机物负荷可分为高负荷运行方式和低负荷运行方式。

（3）SBR 法的优缺点。

主要优点：①出水水质稳定，水质好。②运行管理简单，自控水平高。③占地少，造价低，耐冲击负荷。④组成系统简单，操作灵活。

主要缺点：①曝气系统易堵塞，故障率高。②人工操作管理烦琐，检测手段要求高。③基建费用较高。

3. A/O 工艺

A/O 工艺是在传统活性污泥法基础上发展起来的一种缺氧—好氧生物法处理工艺。

（1）A/O 工艺原理。

A/O 工艺分为生物除磷工艺和生物脱氮工艺两种。

生物除磷工艺是由厌氧和好氧两部分反应组成的污水生物处理系统。污水进入厌氧池后，污水中的磷以正磷酸盐的形式释放到混合液中。混合液进入好氧池后，聚磷菌较快生长，同时聚磷菌大量吸收混合液中的正磷酸盐，在二沉池随污泥沉降，磷就进入污泥中，进而达到污水除磷的目的。

生物脱氮工艺是由缺氧和好氧两部分反应组成的污水生物处理系统。污水进入缺氧池后，与回流污泥混合。活性污泥中的反消化菌在这一过程中的作用，是将污水中的硝态氮转化为氮气释放到大气中，氨态氮在好氧状态下形成硝态氮，随着污泥回流在缺氧状态下转化为氮气释放出来，以此达到脱氮目的。

（2）A/O 工艺流程。

生物除磷工艺流程如图 6－18 所示。

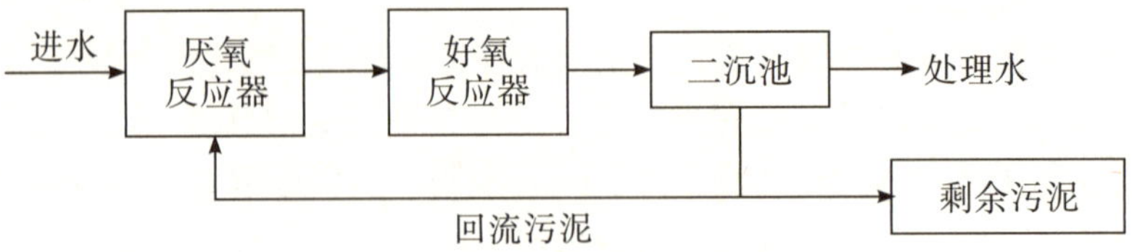

图 6－18　生物除磷工艺流程

生物脱氮工艺流程如图 6－19 所示。

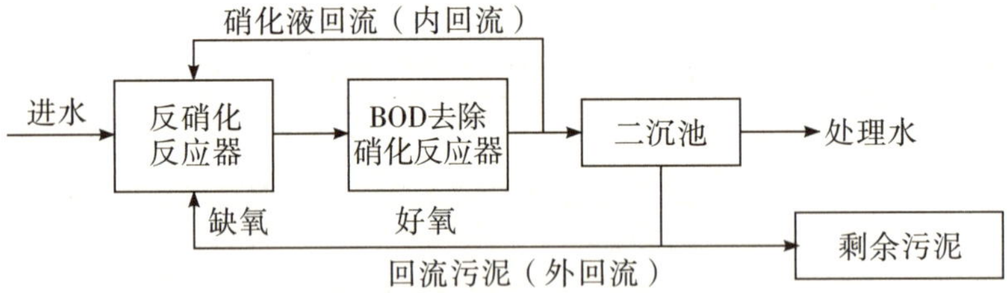

图 6－19　生物脱氮工艺流程

（3）A/O 工艺的优缺点。

主要优点：①流程简单，构筑物少。②反硝化反应器不需外加碳源，降低了运行费用。

主要缺点：效率不高。

4. 氧化沟工艺

氧化沟又称循环曝气池，是在 20 世纪 50 年代由荷兰卫生工程研究所开发的一种工艺技术。该法是活性污泥法的变种，属于低负荷、延时曝气活性污泥法。

（1）氧化沟的工艺原理。

氧化沟工艺的曝气池呈封闭的沟渠形，池体狭长，可达数十甚至百米以上，曝气装置多采用表面曝气器，污水和活性污泥的混合液在其中不停地循环流动，有机物质被混合液中的微生物分解。该工艺对水温、水质和水量的变动有较强的适应性，BOD 负荷低，污泥龄长，反应器内可存活硝化细菌，发生硝化反应。在流态上，氧化沟介于完全混合与推流之间，氧化沟内流态是完全混合式的，但又具有某些推流式的特性，如在曝气装置的下游，溶解氧浓度从高向低变动，甚至可能出现缺氧段。氧化沟这种独特的水流状态，有利于活性污泥的生物凝聚作用，而且可以将其区分为富氧区、缺氧区，用以进行硝化和反硝化反应，取得脱氮的效应。

（2）氧化沟的工艺流程。

如图 6－20 所示，氧化沟的工艺流程比一般生物处理流程简化。这是由于氧化沟水力停留时间和污泥龄长，悬浮物和可溶有机物可同时得到彻底的去除，排除的剩余污泥已得到高度稳定，因此，氧化沟不设初沉池，污泥不需要进行厌氧消化。

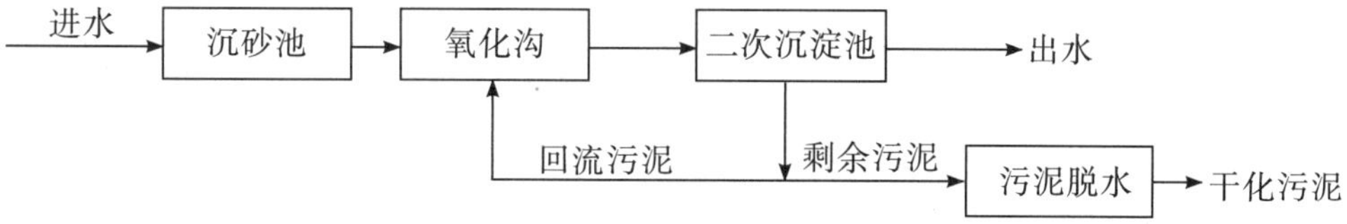

图 6－20　氧化沟工艺流程

（3）氧化沟工艺的优缺点。

主要优点：①有效去除 COD、BOD、SS，出水水质好。②运行管理方便，操作维护简单。③耐冲击负荷能力强。④运行方式灵活。

主要缺点：占地较大，氧利用率相对低，耗能稍大。

5. A^2/O 工艺

A^2/O 工艺是厌氧—缺氧—好氧生物脱氮除磷工艺的简称，该工艺可具有同时脱氮除磷之功能。

（1）A^2/O 工艺原理。

首段厌氧池，流入原污水及同步进入的从二沉池回流的含磷污泥，由于聚磷菌释放磷，使污水中的磷的浓度升高，溶解性有机物被微生物细胞吸收而使污水中的 BOD 浓度下降。

在缺氧池中，反硝化菌利用污水中的有机物作碳源，将回流混合液中带入的大量硝基化氮还原为 N_2 释放至空气中，因此 BOD 浓度下降，硝基化氮浓度大幅下降，而磷的变化很小。

在好氧池中，有机物被微生物生化降解，其含量继续下降；有机氮被氨化继而被硝化，使氨氮浓度显著下降；磷随着聚磷菌的过量摄取，其含量也以较快的速度下降。

（2）A^2/O 工艺流程。

A^2/O 工艺流程如图 6－21 所示。

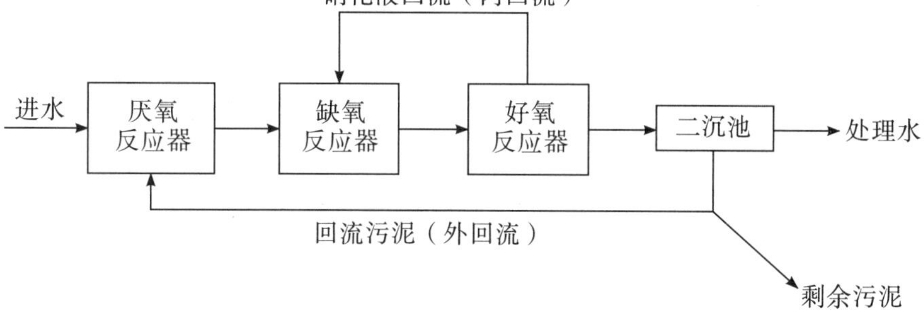

图 6－21　A^2/O 工艺流程

A^2/O 工艺是通过厌氧、缺氧、好氧三种不同的环境条件和不同种类微生物菌群的有机配合，达到去除有机物、脱氮、除磷的功能。

(3) A^2/O 工艺的优缺点。

主要优点：①对 COD、BOD、SS 等有较高的去除率。②对脱氮除磷有较高的去除效果。③运行费用低，占地少。④出水水质好。

主要缺点：①运行管理要求较高。②投资较大。③磷元素不能完全去除。

6. CASS 工艺

(1) CASS 工艺原理。

CASS 工艺是序批式活性污泥 SBR 的改良技术，又称循环式活性污泥系统。CASS 工艺主要由生物选择器和可调容积式反应器两部分组成，工艺充分利用微生物的生长的选择机理，减少了丝状菌的产生，同时提高了除磷脱氮的效率，从而可提高出水水质而不增加运行费用。

(2) CASS 工艺流程见图 6－22。

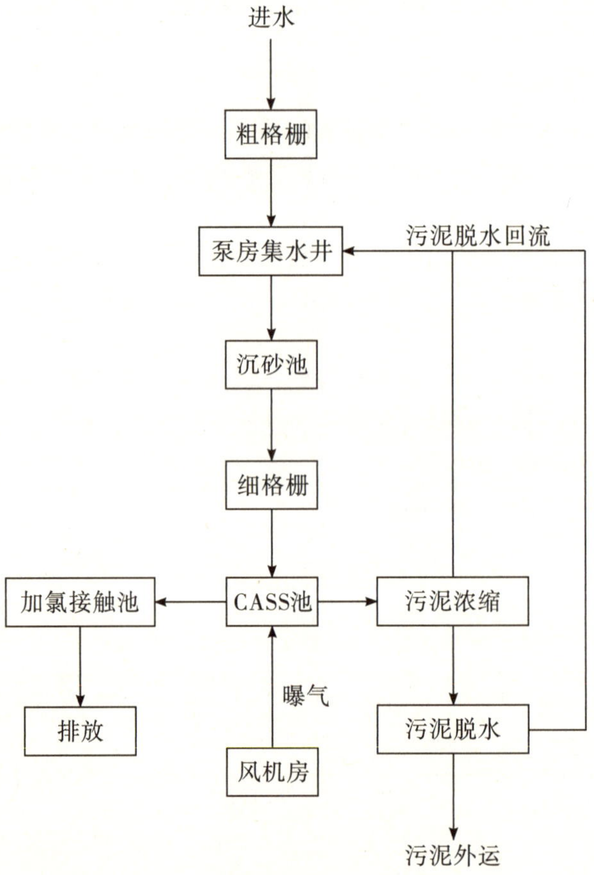

图 6－22　CASS 工艺流程

(3) CASS 工艺优缺点。

主要优点：①处理效果好，出水水质稳定。②耐冲击负荷大，可除磷脱氮。

主要缺点：①操作人员素质要求高，设备质量要求高。②国内运行经验不多。

6.7.3 城镇生活污水处理的药剂应用

城市污水处理中使用许多化学药剂，具体包括：混凝剂（聚合硫酸铁、硫酸铝、聚合氯化铝铁、聚合氯化铝、碱式氯化铝等）、氧化和消毒剂（氯、臭氧等）、助凝剂（活性二氧化硅、聚电解质等）、碱（氢氧化钠、石灰等）和酸（硫酸和盐酸）。其中混凝剂、助凝剂以及消毒剂是城市污水处理中应用的典型药剂。

1. 混凝剂

在城市污水处理方面，混凝剂主要用于污泥脱水，同时也可作为一种强化的固液分离手段，用于污水的初级沉淀及活性污泥法之后的二次沉淀。硫酸铝是世界上使用最多的混凝剂，目前全世界年产硫酸铝约500万吨，其中将近一半用于给水和废水处理。市销硫酸铝有固、液两种形态，我国使用的大部分为固体产品。硫酸铝在20～40 ℃的水温条件下使用效果最佳，当水温低于10 ℃时，使用效果很差。

从20世纪60年代起，国际无机混凝剂研究的重点是开发各种新型的无机高分子混凝剂，经过几十年的发展，目前无机高分子混凝剂的种类已有几十种，产量也达到混凝剂总量的30%～60%，其中广泛使用的为聚合氯化铝。

聚合氯化铝（PAC），是一种多价电解质，能显著降低水中黏土类杂质的胶体电荷。由于相对分子质量大，吸附能力强，形成的絮凝体较大，絮凝沉淀性能优于其他混凝剂。PAC聚合度较高，投加后快速搅拌，可以大大缩短絮凝体形成时间；PAC受水温影响较小，低温时使用效果也很好；其对pH影响较少，使用的pH范围宽（可在pH值为5.0～9.0范围内使用），故可不加碱剂。另外，PAC的投加量少，产泥量也少，且使用、管理、操作都较方便，对设备、管道等腐蚀性也小。这几年聚合氯化铝已经逐步替代了硫酸铝。

2. 混凝剂的选用及其投加量确定

混凝剂的选用和用量应根据相似条件下的水厂运行经验或原水混凝沉淀试验结果，结合当地药剂供应情况，通过技术经济比较后确定。选用的原则是价格便宜，易得，净水效果好，使用方便，生成的絮凝体密实、沉淀快，容易与水分离等。

混凝的目的在于生成较大的絮凝体，由于其影响因素较多，一般通过混凝试验来取得相应数据。混凝试验在烧杯中进行，包括快速搅拌、慢速搅拌和静止沉降三个步骤。投入的混凝剂经快速搅拌，使冰与水样中迅速分散的胶体相接触，胶粒开始凝聚并形成絮体；通过慢速搅拌，微絮体进一步互相接触长成较大的颗粒；停止搅拌后，形成的胶粒聚集体依靠重力自然沉降至烧杯底部。通过对混凝效果的综合评价，如絮凝体沉降性、上清液浊度、色度、pH、耗氧量等，确定合适的混凝剂品种及其最佳用量。下面举例说明。

试验用六联搅拌机，其有6个可垂直移动的转轴，其底部带有搅拌叶片，叶片尺寸6 cm×2 cm。转轴的旋转速度和旋转时间可以预先设定，能自动工作。一般试样按

300 r/min 快搅 2 min，再按 60 r/min 慢搅 3 min。试验时，先将 6 个大烧杯各装原水1 L，分别放在 6 个转轴的正下方，将转轴下移到底。再在一水平转轴上连接的 6 个小玻璃瓶内依次加入不同数量的药剂，转动水平轴，则小管内的药液同时倒入相应的原水中。启动搅拌器使其自动工作；搅动自动停止后，将叶片从烧杯中缓慢拉起，静置 20 min，用移液管自水面下约 10 cm 处吸取水样 25 mL，用分光光度计测出水样的浊度。以投药量为横坐标，上清液的剩余浊度为纵坐标，绘制曲线，得出最佳的加药量。

3. 助凝剂

在污水的混凝处理中，有时使用单一的混凝剂不能取得良好的混凝效果，往往需要投加某些辅助药剂以提高混凝效果，这种辅助药剂称为助凝剂。助凝剂种类较多，但按其在混凝过程中所起的作用来说，大致可分为如下两种：①调节或改善混凝条件的药剂；②加大矾花粒度、比重和结实性的助凝剂。

4. 混凝剂、助凝剂在城市污水强化处理中的应用

污水处理中投加混凝剂可加速污水中固体颗粒物的聚沉，同时也能去除部分溶解性有机物。用这种方法处理生活污水或城市污水，具有投资小、操作简单、灵活等优点，特别适合原水量小、技术水平低的小城镇。

混凝处理还可以去除污水中的磷酸盐和重金属离子。长期以来，人们一直采用投加金属盐的方法来去除污水中的部分磷酸盐。污水处理中使用的滤池有砂滤池、生物滤池及硅藻土滤池等。在过滤时使用聚电解质做助凝剂可以提高滤池出水水质，延长滤池有效工作时间，加强滤池对污水流速变化的承受能力。据报道，各种阳离子型聚丙烯酰胺、阴离子型聚丙烯酰胺及非离子型聚丙烯酰胺均可作为助滤剂用于污水过滤处理。

思考与练习

1. 结合实际情况分析，电镀废水处理的难点是什么？
2. 传统电镀废水处理时投加了大量的化学药剂，最终这些药剂和污染物是怎么处理的？
3. 电镀废水的一类污染物有哪些，其超标的临界值是多少？
4. 造纸厂废水大致有哪些种类？
5. 造纸厂的水污染可从哪些方面控制？
6. 试述造纸厂综合废水处理的一般工艺流程。
7. 举例说明高级氧化法在造纸废水处理中的应用。
8. 部分医院废水具有传染性，其处理工艺与一般医院有何不同？
9. 氯气消毒法和臭氧消毒法中，哪一种方法消毒更加彻底？
10. 在消毒处理前先进行混凝处理有何作用？
11. 一级强化处理后消毒处理的加氯量参考范围为多少？

12. 生活用水给水和工业给水技术的区别是什么？
13. 当前生活用水给水技术的缺陷是什么？该缺陷能否通过药剂的投加来弥补？
14. 生活用水给水最常用的混凝药剂是什么？有何弊端？
15. 焦化废水的处理难点是什么？
16. 如果使用膜法处理焦化废水，对药剂选择有何要求？
17. 焦化废水零排放技术的技术瓶颈是什么？
18. 生活垃圾填埋场渗滤液 COD 的浓度范围是多少？
19. 试论述生活垃圾渗滤液处理的工艺流程。
20. 混凝剂在垃圾渗滤液处理过程中可应用于哪些环节？

第7章 水处理药剂的相关标准及测定方法

学习目标

1. 了解水处理药剂的产品标准分类。
2. 掌握我国目前主要的水处理药剂产品国家标准。
3. 熟悉我国主要水处理药剂的通用判定标准及测定方法。

水处理药剂产品的使用及检测中涉及许多标准，包括国家标准、行业标准、企业标准等。在生产实践中，优先选用国家标准、行业标准，如果没有国标、行标，则可以选用企业标准。

7.1 主要水处理药剂的产品标准

本节介绍我国目前主要的水处理药剂的产品标准，包括聚合硫酸铁、聚合氯化铝、硫酸亚铁、聚丙烯酰胺、氢氧化钠、过氧化氢、硫酸铝等。

7.1.1 国家标准

国家标准是由国务院标准化行政主管部门制定，水处理药剂产品的常见国家标准简介如下。

1. 聚合硫酸铁国家标准（GB/T 14591—2016）

（1）范围。

本标准规定了水处理剂聚合硫酸铁产品的要求、试验方法、检验规则、标志、包装、运输、贮存及安全要求。

本标准适用于水处理剂聚合硫酸铁。该产品主要用于生活饮用水、工业用水、污水及污泥的处理，其中一等品可用于生活饮用水处理，其原料应为硫酸亚铁（Ⅰ类产品）和工业硫酸。

(2) 技术要求。

外观：液体为红褐色黏稠透明液体；固体为淡黄色至黄褐色无定型固体。

聚合硫酸铁指标应符合表 7－1 技术要求。

表 7－1　聚合硫酸铁指标

指标项目	指标			
	一等品		二等品	
	液体	固体	液体	固体
全铁质量分数/%	≥11.0	≥19.5	≥11.0	≥19.5
还原性物质（以 Fe^{2+} 计）质量分数/%	≤0.10	≤0.15	≤0.10	≤0.15
盐基度/%	≤8.0～16.0		≤5.0～20.0	
pH 值（10 g/L 水溶液）	1.5～3.0			
密度（20 ℃）/（g/cm^3）	≥1.45	—	≥1.45	—
不溶物质量分数/%	≤0.2	≤0.4	≤0.3	≤0.6
砷（As）质量分数/%	≤0.000 1	≤0.000 2	≤0.000 5	≤0.001
铅（Pb）质量分数/%	≤0.000 2	≤0.000 4	≤0.001	≤0.002
镉（Cd）质量分数/%	≤0.000 05	≤0.000 1	≤0.000 25	≤0.000 5
汞（Hg）质量分数/%	≤0.000 01	≤0.000 02	≤0.000 05	≤0.000 1
铬（Cr）质量分数/%	≤0.000 5	≤0.001	≤0.002 5	≤0.005
锌（Zn）质量分数/%	—		≤0.005	≤0.01
镍（Ni）质量分数/%	—		≤0.005	≤0.01
本产品一等品用于生活饮用水处理时，应符合《生活饮用水化学处理剂卫生安全评价规范》及相关法律法规要求				

2. 聚合氯化铝国家标准（GB 15892—2009）

(1) 范围。

本标准规定了生活饮用水聚合氯化铝的要求、试验方法、检验规则、包装、标志、运输和贮存。

本标准适用于生活饮用水用聚合氯化铝。该产品主要用于生活饮用水的净化。生产聚合氯化铝的原料是盐酸，应采用工业合成盐酸。含铝原料、高岭土、一水软铝石、三水铝石和水处理剂用铝酸钙。

(2) 产品分类。

聚合氯化铝按形态分为液体和固体两类。

（3）技术要求。

生活饮用水用聚合氯化铝指标应符合表7－2要求。

表7－2　生活饮用水用聚合氯化铝指标

指标项目	指标	
	液体	固体
氧化铝（Al_2O_3）的质量分数/%	≥10.0	≥29.0
盐基度/%	40.0～90.0	
密度（20 ℃）/（g/cm^3）	≥1.12	—
不溶物的质量分数/%	≤0.2	≤0.6
pH值（10 g/L水溶液）	3.5～5.0	
砷（As）的质量分数/%	≤0.000 2	
铅（Pb）的质量分数/%	≤0.001	
镉（Cd）的质量分数/%	≤0.002	
汞（Hg）的质量分数/	≤0.000 1	
六价铬［Cr（+6）］的质量分数/%	≤0.000 5	

注：表中液体产品所列As、Pb、Cd、Hg、Cr（+6）、不溶物指标均按Al_2O_3的含量为10%计算，当Al_2O_3含量≥10%时，应按实际含量折算成Al_2O_3含量为10%的产品比例计算各项杂质指标

3．硫酸亚铁国家标准（GB 10531—2006）

（1）范围。

本标准规定了水处理剂硫酸亚铁的技术要求、分类、实验方法、检验规则以及标志、标签和包装。

本标准适用于水处理剂硫酸亚铁。该产品除用于水的处理外，也可作为铁系水处理剂的生产原料使用。

（2）产品分类。

硫酸亚铁按用途可分为两类。Ⅰ类：用于饮用水处理，以及作为铁系水处理剂的生产原料；Ⅱ类：用于工业用水、废水和污水处理。

（3）技术要求。

外观：淡绿色或淡黄绿色结晶。

水处理剂硫酸亚铁指标应符合表7－3要求。

表 7-3　水处理剂硫酸亚铁指标

指标项目	指标	
	Ⅰ类	Ⅱ类
硫酸亚铁铵（$FeSO_4 \cdot 7H_2O$）质量分数/%	≥90.0	≥90.0
二氧化钛（TiO_2）质量分数/%	≤0.75	≤1.00
水不溶物质量分数/%	≤0.50	≤0.50
游离酸（以 H_2SO_4 计算）质量分数/%	≤1.00	—
砷（As）质量分数/%	≤0.000 1	—
铅（Pb）质量分数/%	≤0.000 5	—

4. 国家标准聚丙烯酰胺（GB/T 17514—2017）

（1）范围。

本标准规定了水处理剂阴离子和非离子型聚丙烯酰胺产品的要求、试验方法、检验规则以及标志、包装、运输、贮存等。

本标准适用于阴离子和非离子型聚丙烯酰胺产品。该产品主要用作饮用水、工业用水及废水、污水处理的絮凝剂和污泥脱水剂。

（2）技术要求。

外观：阴离子和非离子型聚丙烯酰胺固体产品为白色或微黄色颗粒或粉末；阴离子和非离子型聚丙烯酰胺胶体产品为无色或微黄色胶状物。

相对分子质量：根据用户要求提供，与标称值的相对偏差不大于10%。

阴离子度：阴离子型产品与标称值的绝对差值不大于2%，或根据用户要求提供。非离子型产品，阴离子度不大于5%。

固含量：阴离子和非离子型聚丙烯酰胺固体产品的固含量应符合表4-9要求，阴离子和非离子型聚丙烯酰胺胶体产品的固含量应不小于标称值，且烘干后满足表4-9要求。

水处理剂阴离子和非离子型聚丙烯酰胺产品指标还应符合表4-9要求。

5. 氢氧化钠国家标准（GB 209—2006）

（1）范围。

本标准规定了工业用氢氧化钠的要求、采样、试验方法、检验规则及标志、包装、运输和贮存。

本标准适用于工业用氢氧化钠产品。

（2）技术要求。

外观：固体（包括片状、粒状、块状等）氢氧化钠为白色，有光泽，允许微带颜色。

固体（包括片状、粒状、块状等）氢氧化钠应符合国家标准中给出的指标要求。

液体氢氧化钠应符合国家标准中给出的指标要求。

6. 过氧化氢国家标准（GB 1616—2014）

（1）范围。

本标准规定了工业过氧化氢的要求、试验方法、检验规则以及标志、标签、包装、运输和贮存。

本标准适用于工业过氧化氢。该产品主要用作氧化剂、漂白剂和清洗剂等，广泛用于纺织、化工、造纸、电子、环保、采矿、医药、航天及军工行业。

（2）技术要求。

外观：无色透明液体。

工业过氧化氢指标应符合表 4 - 15 要求。

7. 水处理剂阳离子型聚丙烯酰胺的技术条件和试验方法（GB/T 31246—2014）

（1）范围。

本标准规定了阳离子型聚丙烯酰胺的要求、试验方法、检验规则以及标志、包装、运输和贮存。

本标准适用于水处理剂用阳离子型聚丙烯酰胺产品，该产品主要用作工业用水、废水和污水处理及污泥脱水处理的絮凝。

（2）技术要求。

外观：水处理剂阳离子型聚丙烯酰胺为白色或微黄色颗粒或粉末。

相对分子质量：根据客户要求提供，与标准值的相对偏差不大于 10%。

阳离子度：根据用户要求提供，与标称值的绝对差值不大于 3%。

7.1.2 行业标准及企业标准

1. 行业标准

行业标准是在全国某个行业范围内统一的标准，行业标准由国务院有关行政主管部门制定，并报国务院标准化行政主管部门备案。

以下简单介绍硫酸铝水处理药剂的行业标准（HG 2227—2004）。

（1）范围。

本标准规定了水处理剂硫酸铝的技术要求、分类、试验方法、检验规则以及标志、标签和包装。

本标准适用于水处理剂硫酸铝（固体、溶液）。该产品主要用于饮用水以及工业用水、废水和污水处理，其中用于饮用水的原料硫酸应采用工业硫酸。

（2）产品分类。

水处理药剂硫酸铝按用途可分为两类。Ⅰ类：用于饮用水；Ⅱ类：用于工业用水、废水和污水。

（3）技术要求。

外观：固体产品为白色、淡绿色或淡黄色片状或块状。液体产品为无色透明至淡绿或淡黄色。

水处理剂硫酸铝指标应符合表 4 - 2 要求。

2. 企业标准

企业标准是对企业范围内需要协调、统一的技术要求、管理要求和工作要求所制定的标准。企业标准由企业制定，由企业法人代表或法人代表授权的主管领导批准、发布。企业标准编号一般以“Q”开头。

以下以深圳长隆科技有限公司企业标准复合碱（QB/CL 056—2016）为例，进行企业标准的简介。

（1）范围。

本标准规定了污水处理剂复合碱产品的定义、适用范围、主要成分、技术要求、试验方法、检验规则以及标志和包装、运输、贮存。

本标准适用于水处理剂复合碱。该产品主要用于工业污水的处理，可代替氢氧化钠（烧碱）、液碱（氢氧化钠液体）、工业纯碱（碳酸钠）。该产品适用于工业电镀污水、线路板污水、纺织印染污水、制革污水、食品工业污水等污水处理，不适用于饮用水及食品添加剂方面的使用。

（2）定义。

复合碱，别名代用碱，是以氢氧化钙、硅藻土等天然矿物质为主要原料，经改性反应化合而成具有稳定结构和性能的，主要用于工业污水处理方面的新型碱性絮凝沉降剂。

（3）技术要求。

外观：白色粉末。

水处理剂复合碱指标应符合表 7 -4 要求。

表 7 -4　水处理剂复合碱指标

指标项目	指　　标
有效碱当量质量分数/%	≥42.5
白度	≥85.0
酸不溶物质量分数/%	≤1.00
目数/目	≥250

7.2　主要水处理药剂的通用判定方法

本节介绍我国主要水处理药剂的通用判定标准，以及从腐蚀性、阻垢性能、密度、pH、生物降解、极限粘数等方面对水处理药剂进行评价。

7.2.1　水处理剂缓蚀性能的测定—— 旋转挂片法（GB/T 18175—2000）

1. 范围

本标准规定了用旋转挂片法测定水处理剂缓蚀性能的实验室方法。

本标准适用于水处理剂缓蚀性能的测定。

2. 方法原理

旋转挂片腐蚀试验方法是在实验室给定条件下，用试片的质量损失计算出腐蚀率和缓蚀率来评定水处理剂的缓蚀性能。

7.2.2 水处理剂可生物降解性能评价方法——CO_2生成量法（GB/T 20778—2006）

1. 范围

本标准规定了水处理剂可生物降解性能的评价方法。

本标准适用于在实验室条件下易溶于水或微溶于水、无挥发性且在实验浓度下对试验微生物无抑制作用的水处理剂（有机物）。

2. 方法提要

通过静态实验，可以测定水处理剂（有机物）对好氧微生物的生物降解性能。试验溶液包括无机培养液、作为唯一碳源和能量源的水处理剂（有机碳浓度 10 ~ 40 mg/L）以及从废水处理厂或其他环境中得到的混合接种物。该试液在实验中连续搅拌并通以不含 CO_2 的空气，一般需连续 28 d。微生物降解所产生的 CO_2 用外置的吸收瓶吸收，并用适当的分析方法测定其生成量，并与理论生成量（$TbCO_2$）相比，所得结果用百分率表示。

对于水溶性化合物，可测定 DOC 去除率以获得最终生物降解的补充信息。DOC 去除率可用给定的方法测得。如果有特定物质的测定方法，也可以得到初级生物降解的信息。

7.2.3 水处理剂 pH 值测定方法通则（GB/T 22592—2008）

1. 范围

本标准规定了电位法测定水处理剂 pH 的方法通则。

本标准适用于 pH 值在 0 ~ 14.0 范围内的水处理剂溶液测定。

2. 方法原理

将规定的指示电极浸入同一被测溶液中，成一原电池，其电动势与溶液的 pH 有关。通过测量原电池的电动势即可得出溶液的 pH。

7.2.4 水处理剂极限粘数测定方法通则（GB/T 22593—2008）

1. 范围

本标准规定了水处理剂极限粘数测定的通用方法。

本标准适用于水处理剂极限粘数的测定。

2. 方法原理

用所选取的空白溶液将水处理剂配制成稀溶液，用乌氏黏度计测定其极限粘数。

7.2.5 水处理剂密度测定方法通则（GB/T 22594—2008）

1. 范围

本标准规定了水处理剂密度测定的通用方法。

本标准适用于液态水处理剂密度的测定。

2. 方法提要

（1）密度计法。

方法提要：由密度计在被测样品中达到平衡状态时所浸没的深度，读出该液体的密度。

（2）密度瓶法。

方法提要：在同一温度下，将密度瓶用蒸馏水标定其体积，然后测定同体积试样的质量以求其密度。

7.2.6 水处理剂铁含量测定方法通则（GB/T 22596—2008）

1. 范围

本标准规定了水处理剂中铁含量的测定方法通则。

本标准适用于所取水处理剂试液中铁含量为10～500 μg范围内的测定。

2. 方法原理

用抗坏血酸将试液中的Fe^{3+}还原成Fe^{2+}，在pH值为2.0～9.0时，Fe^{2+}与1，10－菲啰啉生成橙红色络合物，在分光光度计最大吸收波长（510 nm）处测定其吸光度。

在特定的条件下，络合物在pH值为4.0～6.0时测定。

大量的碱金属、Ca、Sr、Ba、Mg、Mn（+2）、As（+3）、As（+5）、铀（+6）、Pb、Cl^-、Br^-、I^-、硫氯酸根、乙酸根、ClO_3^-、SO_4^{2-}、NO_3^-、S^{2-}、偏硼酸根、石西酸根、柠檬酸根、酒石酸根、PO_4^{3-}和100 mg以下的锗（+4）在试验溶液中，对测定物干扰。如试液溶液中存在柠檬酸根、酒石酸根、砷酸根或大于100 mg的磷酸根，显色速度变慢。

7.2.7 水处理剂阻垢性能的测定——磷酸钙沉积法（GB/T 22626—2008）

1. 范围

本标准规定了同类水处理剂抑制磷酸钙析出的阻垢性能的测定方法——磷酸钙沉积法。

本标准适用于同类水处理剂抑制磷酸钙析出的阻垢性能的测定。

2. 方法原理

以含有一定量PO_4^{3-}和Ca^{2+}的配置水和水处理剂制备成试液，在加热条件下，促使

PO_4^{3-} 和 Ca^{2+}形成磷酸钙。分析测定达到平衡后澄清液中的 PO_4^{3-} 浓度，以评定阻垢剂的阻垢性能，PO_4^{3-} 浓度越大，则该水处理剂的磷酸钙阻垢性能越好。

思考与练习

1. 我国水处理药剂产品的标准分类有哪些？优先使用顺序如何？

2. 国家标准是由国务院标准化行政主管部门制定的，水处理药剂产品的常见国家标准范围包括哪些？

3. 聚合氯化铝国家标准中按形态分为液体和固体两类，对其重金属［As、Pb、Cd、Hg、Cr（+6）］的含量要求如何？

4. 我国主要水处理药剂的通用判定标准，对水处理药剂的评价通常包括哪些指标？

5. 简述水处理剂密度测定的两种方法及其原理。

参考文献

[1] 武书彬. 造纸工业水污染控制与治理技术 [M]. 北京：化学工业出版社，2001.

[2] 张自杰. 环境工程手册：水污染防治卷 [M]. 北京：高等教育出版社，1996.

[3] 中华人民共和国国家环境保护标准：制浆造纸废水治理工程技术规范 HJ 2011—2012 [S]. 北京：中国环境科学出版社，2012.

[4] 中华人民共和国国家环境保护标准：医院污水处理工程技术规范 HJ 2029—2013 [S]. 北京：中国环境科学出版社，2013.

[5] 中华人民共和国国家环境保护标准：生活垃圾填埋场渗滤液处理工程技术规范 HJ 564—2010 [S]. 北京：中国环境科学出版社，2010.

[6] 李俊生，蒋宝军. 生活垃圾卫生填埋及渗滤液处理技术 [M]. 北京：化学工业出版社，2014.

[7] 陈广飞. 工业污水及渗滤液处理技术 [M]. 北京：化学工业出版社，2015.

[8] 尚爱安，赵庆祥，徐美燕，等. 混凝在垃圾渗滤液处理中的作用研究 [J]. 中国给水排水，2004，20（1）.

[9] 王杰，马溪平，唐凤德，等. 微波催化氧化法预处理垃圾渗滤液的研究 [J]. 中国环境科学，2011，31（7）.

[10] 袁宗宣，郑怀礼，舒型武. 絮凝科学与技术的进展 [J]. 重庆大学学报（自然科学版），2001，24（2）.

[11] 万鹰昕，程鸿德. 无机高分子絮凝剂絮凝机制的研究进展 [J]. 矿物岩石地球化学通报，2001，20（1）.

[12] 王海军. 有关采油施工废水回注处理的分析 [J]. 化学工程与装备，2010（11）：60－61.

[13] 王凤英，李利红，于凤娥. 改性沸石除磷性能的试验研究 [J]. 广东化工，2007，34（10）.

[14] 董婧蒙. 传统钙法除磷的机理及改良 [D]. 重庆：重庆大学，2009.

[15] 李亚峰，张文静. 物化＋生化＋活性炭吸附组合工艺处理造纸废水 [J]. 工业水处理，2013（12）.

[16] 郑丽娜. 复合型生物絮凝剂絮凝特性及絮体分形特征研究 [D]. 哈尔滨：哈尔滨工业大学，2001.

[17] 周庆. 含硅无机高分子复合絮凝剂的合成及应用研究 [D]. 上海：上海师范大学，2008.

[18] 邱会东. 天然高分子阳离子改性絮凝剂的制备及其性能研究 [D]. 重庆：重庆大学，2007.

[19] 商洪涛. 新型污水缓蚀剂的开发及缓蚀机理研究 [D]. 青岛：中国石油大学（华东），2006.

[20] 朱静. 饮用水消毒副产物中溴酸盐的分析方法及生成动力学研究 [D]. 天津：南开大学，2006.

[21] 陈光华. 用复合消毒剂处理东鄱污水厂出水的试验研究 [D]. 武汉：华中科技大学，2006.

[22] 孙浩. 吡啶类季铵盐型缓蚀剂的合成及其缓蚀性能的研究 [D]. 南京：东南大学，2015.

[23] 乔怡娜. 二氧化氯杀菌机理及其对城市污水杀菌消毒应用研究 [D]. 太原：中北大学，2008.